汽车类 职业技能培养 "十三五"规划教材

汽车

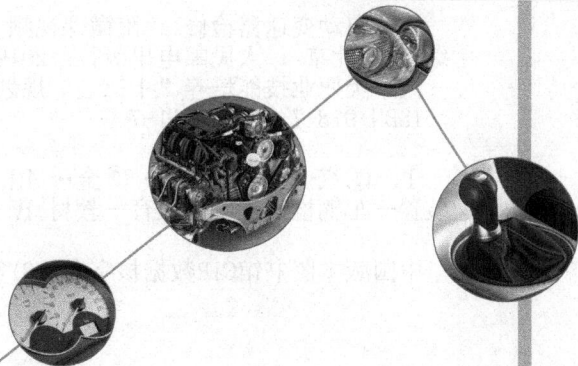

自动变速器检修

附微课视频

杨智勇 金雷／主编

边伟 阳娣莎 王立刚／副主编

人民邮电出版社

北京

图书在版编目（CIP）数据

汽车自动变速器检修：附微课视频 / 杨智勇，金雷
主编. — 北京：人民邮电出版社，2019.2
汽车类职业技能培养"十三五"规划教材
ISBN 978-7-115-48711-7

Ⅰ. ①汽… Ⅱ. ①杨… ②金… Ⅲ. ①汽车—自动变
速装置—车辆检修—职业教育—教材 Ⅳ. ①U472.41

中国版本图书馆CIP数据核字(2018)第137035号

内 容 提 要

本书从实际出发，根据项目教学的要求，将具体内容按照学习目标、案例引入、相关知识、项目（任务）实施的结构形式进行编排。全书共 9 个项目，主要内容包括自动变速器维修基础知识、液力变矩器与行星齿轮机构、辛普森式行星齿轮变速器、拉维娜式行星齿轮变速器、平行轴式变速器、自动变速器液压控制系统、自动变速器电子控制系统、无级变速器与双离合器自动变速器、自动变速器故障诊断与检查调整等。本书以国内外中高档轿车为例，系统地介绍了汽车自动变速器的基本结构、工作原理及检修方法。

本书既可作为高职高专院校汽车类相关专业的教材，也可作为相关从业人员的参考书。

- ◆ 主　编　杨智勇　金　雷
　　副主编　边　伟　阳娣莎　王立刚
　　责任编辑　王丽美
　　责任印制　马振武
- ◆ 人民邮电出版社出版发行　　北京市丰台区成寿寺路 11 号
　　邮编　100164　电子邮件　315@ptpress.com.cn
　　网址　http://www.ptpress.com.cn
　　北京天宇星印刷厂印刷
- ◆ 开本：787×1092　1/16
　　印张：15.5　　　　　　　　　　2019 年 2 月第 1 版
　　字数：376 千字　　　　　2024 年 10 月北京第 4 次印刷

定价：46.00 元

读者服务热线：(010)81055256　印装质量热线：(010)81055316
反盗版热线：(010)81055315
广告经营许可证：京东市监广登字 20170147 号

前　言

"汽车自动变速器检修"是高职高专院校汽车检测与维修技术、汽车电子技术等专业的一门核心专业课程。为了适应新的高职高专教育模式的要求，使学生能够系统地学习汽车自动变速器检修的知识与技能，并体现"做中学"和"基于工作过程"的教学理念，我们组织高职高专院校教师及汽车维修企业的专家编写了本书。

为了适应高职高专教育教学改革及移动互联网技术的发展，本书按技能型、应用型人才培养的模式进行设计与构思，具有以下特点。

（1）针对重要的知识点开发了大量的动画、视频资源，并以二维码的形式嵌入书中相应位置。读者可以通过手机等移动终端扫描书中二维码观看学习。

（2）从高职高专教育的实际出发，结合教学和行业的实际需要，在内容上注重实训环节，具有针对性和实用性，强化了动手能力的培养。

（3）采用大量的实物图片来介绍汽车新技术和实用技术知识，同时列举一些通俗易懂的维修实例，注重理论与实践的紧密结合。

本书的参考学时为 64 学时。其中，理论环节为 38 学时，实训环节为 26 学时。各部分的参考学时参见下面的学时分配表。

项目	课程内容	学时分配	
		理论	实训
项目一	自动变速器维修基础知识	2	—
项目二	液力变矩器与行星齿轮机构	4	2
项目三	辛普森式行星齿轮变速器	8	4
项目四	拉维娜式行星齿轮变速器	4	4
项目五	平行轴式变速器	4	4
项目六	自动变速器液压控制系统	4	4
项目七	自动变速器电子控制系统	4	4
项目八	无级变速器与双离合器自动变速器	4	2
项目九	自动变速器故障诊断与检查调整	4	2
学时总计		38	26

本书由辽宁省交通高等专科学校杨智勇和金雷任主编，辽宁省高速公路路政管理局边伟、湖南电气职业技术学院阳娣莎和辽宁省交通高等专科学校王立刚任副主编，全书由杨智勇统稿。参加本书编写工作的还有辽宁省交通高等专科学校的耿炎、汪涛、金艳秋、翟静、

郭明华等。

　　本书在编写的过程中，参阅了许多国内外公开出版的文献，在此对文献作者一并表示感谢。

　　由于编者水平所限，书中难免有不当之处，恳请读者批评指正。

编　者

2018 年 9 月

目 录

□ 学习目标 □

（1）熟悉自动变速器维修的安全操作规程。
（2）熟悉自动变速器型号的识别。
（3）掌握自动变速器的功用与安装位置。
（4）熟悉自动变速器的分类方法。
（5）熟悉自动变速器的拆装方法。

□ 案例引入 □

车主刘先生来到某汽车 4S 店反映，他的上汽大众 Polo 汽车（装备的是自动变速器）在平直的公路上行驶时基本正常，但在上坡时发动机转速很高，车辆却行驶无力。经进一步问询，刘先生说该车行驶里程为 3.6 万千米，车辆使用不到 3 年。

很明显，案例现象是由自动变速器故障引起的，为了正确地判断自动变速器的故障，查明故障原因，汽车维修人员必须了解自动变速器的分类、组成等相关的基础知识，熟悉自动变速器的结构、工作原理与故障诊断方法。

□ 相关知识 □

随着电子技术和计算机技术的快速发展，由微型计算机控制的自动变速器已经在各种车辆上得到了广泛应用。使用自动变速器的车辆，驾驶员不需经常变换挡位，自动变速器会根据汽车行驶条件和载荷情况，以低油耗及合理的换挡时间进行自动换挡，使自动变速器的综合性能指标达到较高水平。汽车上的自动变速器必须满足车辆的正常行驶需要，如果自动变速器维护或使用不当，会导致车辆行驶无力或不能行驶，直接影响车辆的正常使用，因此在汽车维修过程中，应经常对自动变速器进行检查、维护等作业。

一、自动变速器维修的安全操作规程

（一）个人安全操作规程

1. 安全防护

在对自动变速器进行维修时，高温、压缩空气、自动变速器油（Automatic Transmission Fluid，ATF）油压、化学物质等也许会给人身带来伤害。为了保护自己，维修人员需穿戴必要的安全服饰。常见的个人安全防护装备如图 1-1 所示。个人安全防护装备的作用如表 1-1 所示。

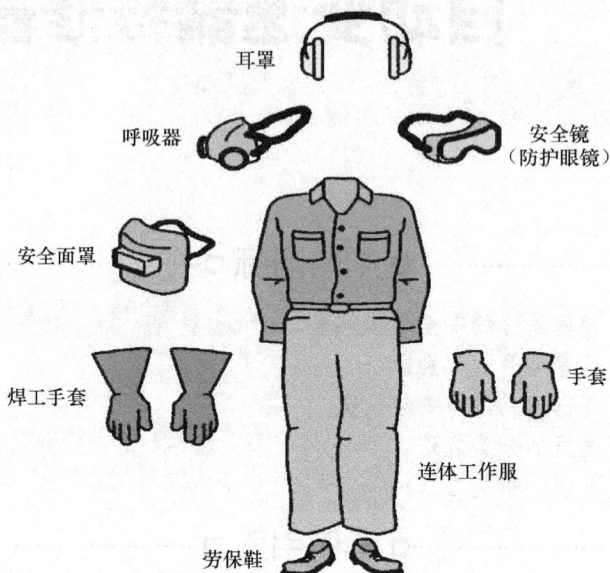

图 1-1　常见的个人安全防护装备

表 1-1　　　　　　　　　　　　　个人安全防护装备的作用

序号	安全防护装备	功能
1	安全面罩	安全面罩可以保护眼睛、脸部和头部，而防护眼镜仅能保护眼睛
2	手套	手套可以保护操作人员的手，而且手套应隔热且足够长，以防止炙热的 ATF 等灼伤手臂
3	连体工作服	要穿能够遮住全身的连体工作服，防止可能引起的伤害
4	皮围裙	在开始维修时，为了防止溅出的炙热的 ATF 等油液对人身造成的危害，应穿戴皮围裙

（1）高温。维修自动变速器时，温度较高的部分主要包括 ATF、炙热的零部件、特别炙热的排气系统。所以，强烈建议在零部件冷却后再进行自动变速器的维修。但是有时也需要对还未完全冷却的零部件进行操作，这时一定要小心。

（2）压缩空气。在汽车修理厂中，压缩空气可作为一些设备（如冲击扳手、喷枪等）的动力源。当用压缩空气吹干零件或清洁零件时，有可能会造成危险。

提示

压缩空气的压力可高达 850kPa。

使用压缩空气时，稍有不慎就会造成下列伤害。

① 硬颗粒进入眼睛或皮肤。

② 气流刺穿耳鼓造成耳聋。

③ 眼球脱离眼窝造成失明。

④ 压缩空气进入血管对皮肤引起严重的伤害甚至导致死亡。

⑤ 压缩空气吹过皮肤表面，造成皮肤擦伤。

当使用压缩空气时一定要穿戴防护装备，建议至少穿戴安全面罩、工作手套、耳塞或耳套等。

修理厂中的压缩空气及噪声会引起工业耳聋，所以必须使用保护耳朵的装备。

（3）ATF 油压。在诊断自动变速器的故障时，有时需要检查 ATF 油压，此时要小心炙热的 ATF、可能爆裂的液压管路。例如，典型 ATF 冷却器管路中的压力高达 1 050 kPa，温度可达 300℃。

检查 ATF 及其压力时一定要穿戴防护装备，建议至少穿戴安全面罩、连体工作服、工作手套。

（4）化学物质。与自动变速器有关的化学物质有 ATF、零件清洗剂等。

当使用各种清洗剂的时候，稍有不慎就会导致以下的伤害。

① 皮肤刺痛或炎症：皮炎、皮肤灼伤、溃疡等。

② 内部伤害：如果吸入蒸发物会导致肺部伤害；如果不小心吞咽这些清洗剂会导致中毒。

③ 眼睛伤害：失明、充血发红、感染等。

所以，建议至少要戴工作手套。

2. 个人安全操作守则

（1）工作前应检查所使用的工具是否完整无损；施工中，工具必须摆放整齐；工作完后应清点工具并擦干净，最后按要求放入工具车或工具箱内。

（2）拆装零件时，必须使用合适工具或专用工具，不得大力蛮干，不得用锤子直接敲击零件，所有零件拆卸后要按一定顺序整齐安放，不得随地堆放。拆装车辆要做到油、水、零件不落地，保持双手、零件、工具和场地的清洁。

（3）如图 1-2 所示，废油应倒入指定的废油回收桶收集，不得随地倒泼或倒入排水沟内，防止废油污染。

图 1-2　废油回收桶

（4）修理作业时应注意保护汽车漆面的光泽，必要时要对地毯及座椅使用保护垫布、座椅套，以保持待修理车辆的整洁。

（5）在车上进行修理作业及用汽油清洗零件时，不得吸烟；不准在修理汽车的旁边烘烤零件或点燃喷灯等。

（6）用千斤顶进行底盘作业时，必须选择平坦、坚实场地并用三角木将前后轮塞稳，然后用搁车凳将车辆支撑稳固，严禁在单纯用千斤顶顶起车辆的车底作业。放松千斤顶时，要先看车下及周围是否有人，只有确认人员都在安全位置时，才能放松千斤顶。

（7）在修理过程中应认真检查原零件或更换件是否合乎技术要求，并严格按修理技术规范精心进行施工和检查调试。

（二）设备与工具

维修自动变速器所需要的设备和工具包括手动 / 电动工具、专用工具、排油和储存设备、电子检测和诊断装置。

1. 手动 / 电动工具

（1）手动工具的安全使用

手动工具看起来是安全的，但使用不当也会导致事故，如用一字旋具代替撬棍，导致旋具崩裂、损坏，飞溅物打伤自己或他人；扳手从油腻的手中滑落，掉到旋转的元件上，再飞出来伤人等。

另外，使用带锐边的工具时，锐边不要对着自己和别人。传递工具时要将手柄朝向对方。

（2）电动工具的安全使用

所有的电气设备都要使用三相插座，地线要安全搭铁，电缆装配松动时应及时维护；所有旋转的设备都应有安全罩，以减小部件飞出伤人的可能性。

在进行电子系统维修时，应断开电路的电源，方法是断开蓄电池的负极搭铁线，这不仅保护人身安全，还能防止对电器的损坏。

许多维修工序需要将车升离地面，在升起车辆前应确保汽车已被正确支撑，并应使用安全锁以免汽车落下。用千斤顶支起汽车时应当确保千斤顶支撑在汽车底盘大梁部分或较结实的部分。

> **提示**
>
> 升起汽车时要先看维修手册，找到正确的支撑点，错误的支撑点不仅危险，而且会破坏汽车的结构。

正确使用工具和设备能尽可能地减少人身伤害，以及减少对工具和设备的损害。

2. 专用工具

在维修自动变速器的时候，可能需要使用下面的专用工具。

（1）可调适配器和垫圈：用于自动变速器某些部位形状不规则、工作场所位置拗手或非标准尺寸等场合，使得手动工具可以作用于自动变速器上。

（2）安装工具：用于安装自动变速器的零部件，防止零部件从工作台上滑落，而引起人身、工具、零部件的伤害或损坏。

（3）力矩扳手：这是一种带有精确测量功能的工具，必须小心使用和维护。

3. 排油和储存设备

在维修自动变速器时，ATF 需要正确地排出、储存和处置。

（1）排油设备

在维修自动变速器时，排出的 ATF 要用专用容器收集和储存，以防止 ATF 的损失和浪费。容器使用完后需要进行清洁。

（2）储油装置

储油装置通常是一个较大的容器，安装在地面上或工厂外，储油装置与工作台之间通过排油管相连。废油处理公司会定期清理储油容器。

4. 电子检测和诊断装置

（1）使用电子检测和诊断装置时要小心，碰撞、冲击、水、溶剂、太阳光都会损伤液晶显示屏，并且多数不可修复。

（2）使用电子检测和诊断装置时要正确连接并使用正确的程序，这样才能保证检测结果准确。连接不正确有可能导致设备内部线路损坏或车辆的电子系统损坏；如果设备显示的结果是错误的，在维修自动变速器时就会采取错误的方法。

（3）不使用电子检测和诊断装置时要将其放在安全的地方，既可保护设备，又可防止丢失和意外损坏。

对于其他设备，如测试灯、油压表等也需要正确地使用、存放和维护。

二、自动变速器的基本知识

（一）自动变速器的发展史

1. 自动变速器的发展过程

自动变速器的发展过程如表 1-2 所示。

表 1-2　　　　　　　　　　自动变速器的发展过程

序号	时间	事件
1	1914年	德国奔驰（Benz）汽车公司生产出第一台自动变速器，但只安装在少数车型上，并没有商品化
2	1926年	美国通用（GM）汽车公司第一次在别克汽车上将液力耦合器和机械变速器装在一起
3	1939年	美国通用汽车公司首先在其生产的奥兹莫比尔（Oldsmobile）汽车上装用了液力变矩器、行星齿轮机构组成的液力变速器，这是现代自动变速器的雏形
4	20世纪40年代末—20世纪50年代初	这一时期出现了根据车速和节气门开度自动控制换挡的液力控制换挡自动变速器，使自动变速器进入了迅速发展时期
5	1975年	自动变速器在美国重型汽车及公共汽车上的应用已相当普及
6	1978年	法国雷诺（Renault）汽车公司第一次在自动变速器上使用电子元件
7	1982年	日本丰田（Toyota）汽车公司生产出第一台由微机控制的电控自动变速器，即丰田A140E自动变速器
8	1983年	德国研制成功电喷发动机和自动变速器共用的电子控制单元
9	1984年	美国第一台电控自动变速器THM440-T4由通用汽车公司推出
10	至今	以电子控制单元为控制核心的电控自动变速器迅速发展。目前美国大部分的汽车装用了自动变速器，日本和西欧国家汽车上自动变速器的普及率也达到了80%左右。中国生产的车辆中自动变速器的使用也日益增长

2. 自动变速器的发展趋势

（1）向多挡位方向发展。早期的自动变速器多为 3 挡。20 世纪 70 年代中期开始生产 4 挡自动变速器。5 挡电控自动变速器较早由德国的 ZF 公司生产，用于 1991 年左右生产的宝马汽车上。

随着自动变速器技术的成熟，宝马公司和 ZF 公司 2002 年合作开发了 6 挡自动变速器。奔驰汽车公司在 2003 年以后的 V8 车型上使用了 7 挡自动变速器。多挡位自动变速器的主要优点是变速器的换挡品质、加速性能以及经济性都较好，因此多挡位自动变速器成为自动变速器的发展趋势。

（2）向手动 / 自动一体化方向发展。自动变速器可以实现自动换挡，减轻了驾驶员的疲劳，但部分驾驶员认为自动变速器车辆没有手动挡操纵的驾驶乐趣，因此 20 世纪 90 年代末开始在中高档轿车上采用手动 / 自动一体化变速器，可兼顾自动挡的便利和手动挡的操纵乐趣。

（3）向高智能、模糊逻辑控制方向发展。智能型的电控自动变速器可以在汽车行驶过程中，对汽车的运行参数进行控制，合理地选择换挡点，而且在换挡过程中对恶化的参数进行修正，以达到舒适化、人性化的要求。

（4）向无级变速方向发展。传统的自动变速器采用液力传动，因此传动效率低于机械变速器。无级变速器（Continuously Variable Transmission，CVT）的传动比可以在一定范围内连续变化，从而得到传动系统与发动机工况的最佳匹配，最大限度地利用发动机的特性，提高汽车的动力性和经济性，目前在汽车上的应用越来越多。

（5）向双离合方向发展。双离合自动变速器也称直接换挡变速器（Direct Shift Gearbox，DSG），是基于手动变速器发展而来的，综合了手动变速器与自动变速器的优点。

3. 国内自动变速器的应用

一汽 - 大众汽车有限公司 1998 年底在国内首次推出批量生产的装用电控自动变速器的汽车——捷达 AT，该车采用德国大众（VW）原厂生产的第三代 95 型 01M 电控 4 挡自动变速器。神龙汽车公司也于 1999 年初推出了装备 4 挡电控自动变速器的富康 988 汽车，这种自动变速器由法国的雪铁龙公司和雷诺公司共同研制，在意大利生产，1998 年 6 月开始应用。上海通用汽车公司的 4T65E 自动变速器是通用汽车公司 1994 年正式投产的。目前我国汽车和豪华大客车装用电控自动变速器已呈普及之势。国产汽车普遍装用自动变速器的时代已经到来，国产汽车装用自动变速器的车型与型号如表 1-3 所示。

表 1-3　　　　　　　　　　　国产汽车装用自动变速器车型与型号

汽车公司		车型	自动变速器型号
一汽集团	一汽-大众	捷达、高尔夫、宝来	01M、DSG
		奥迪A6	01V（又称5HP19或AG5）、DSG
		奥迪A4、A6	01J、DSG
		奥迪A6L	09L、01J、DSG
		奥迪A8	09E、DSG
		速腾、迈腾	DSG
	一汽丰田	卡罗拉、花冠	U341E
		皇冠、锐志	A760E
		威驰	U540E
		普拉多	A340F
	一汽马自达	马自达6	Activematic
	海马	福美来、普力马	FN4A-EL

续表

汽车公司		车型		自动变速器型号
上汽集团	上汽大众	桑塔纳2000/3000、朗逸		01N（又称AG4）、DSG
		帕萨特		01V（又称5HP19或AG5）、DSG
		波罗		001、DSG
		途安		09G（又称AG6）、DSG
	上汽通用	别克	世纪、君威、GL8	4T65E
			君越	4T45E、AF20
			荣御	5L40E
			凯越	4HP16
		雪佛兰	赛欧	AF13
			景程	4HP16
			乐聘、乐风	81-40LE
雪铁龙汽车		富康、爱丽舍、赛纳、毕加索、标志307		AL4
东风集团	东风日产	蓝鸟		RL4F03A/RL4F03V
		阳光、颐达/骐达		RE4F03B
		天籁		RE4F04B
	东风本田	CR-V		GRVA、GRXA
		思域		BMXA、SLXA
	悦达起亚	千里马		A4AF3
		嘉华		50-40LE
		远舰		F4A42
		赛拉图		A4AF3
北京现代		索纳塔、伊兰特、途胜、御翔		F4A42-2
长安福特		蒙迪欧		CD4E
		福克斯		4F27E
		嘉年华		81-40LE
广州本田		雅阁		MAXA、B7XA、BCLA、MCLA、BAYA
		飞度		飞度CVT
		奥德赛		S-Matic

（二）自动变速器型号的识别

一种变速器可能被用在多个公司不同款式的汽车上，而同一种车型也可能装用不同型号的变速器。如果对自动变速器的型号不了解，在维修中就会对故障分析、资料查找及零配件采购等造成障碍。

1. 自动变速器型号的含义

自动变速器的型号主要表示了变速器的性质、自动变速器的生产公司、驱动方式、前进挡位数、控制方式、改进序号及额定输出转矩等。

提示

变速器性质：它指变速器是自动变速器还是手动变速器。一般用"A"表示自动变速器，"M"表示手动变速器。

自动变速器的生产公司：有的自动变速器型号前会加上表明生产厂家的字母，如"ZF"表示德国 ZF 公司生产的自动变速器。

驱动方式：它指车辆是前轮驱动还是后轮驱动。一般用"F"表示前轮驱动，"R"表示后轮驱动。但丰田汽车公司的自动变速器是用数字表示驱动方式，如"1""2""5"表示前轮驱动，"3""4""6""7"表示后轮驱动，用"H"或"F"表示四轮驱动。

前进挡位数：它一般用数字表示。

控制方式：它指自动变速器是电控、液控还是电液控制。一般用"E"表示电控，"L"表示液控，"EH"表示电液控制。

改进序号：它指自动变速器是基本型还是改进型。

额定输出转矩：它指自动变速器能够传动的最大转矩。

下面以几个常见公司的自动变速器为例具体说明。

（1）丰田自动变速器

① 早期的丰田自动变速器型号以"A43DE"为例进行说明，这种形式的自动变速器主要有 A40、A40D、A42DL、A45DF、A55、A55F 等。

"A"——表示自动变速器。

"4"——表示驱动方式。这里为后轮驱动。

"3"——表示改进序号。"0"是基本型，"1"是一次改进型，"3"是三次改进型。

"D"——表示前进挡位数。"D"表示具有超速挡，即 4 挡自动变速器；若无"D"，则表示为 3 挡自动变速器。

"E"——表示电控自动变速器，同时具有锁止离合器。若无"E"，则表示变速器为液控自动变速器。

"L"——表示具有锁止离合器。

"H"或"F"——表示四轮驱动自动变速器。

② 目前的丰田自动变速器型号以"A340E"为例进行说明，这种形式的自动变速器主要有 A140E、A245E、A541E、A650E、A750E、A760E、U341E、U241E、U151F、A540H 等。

"A"——表示自动变速器。若是"U"，则表示变速器为超级智能自动变速器，且都为前轮驱动。

"3"——表示驱动方式。这里为后轮驱动。

"4"——表示前进挡位数。"4"表示 4 挡自动变速器,"5"表示 5 挡自动变速器,"6"表示 6 挡自动变速器。

"0"——表示改进序号。"0"是基本型,"1"是一次改进型,"2"是二次改进型等。

"E"——表示为电控自动变速器,同时具有锁止离合器;"H"或"F"表示四轮驱动自动变速器,均省略了"E"。

（2）通用自动变速器

通用汽车公司的自动变速器以"4T65E"为例进行说明,其他常见的自动变速器还有 4T60E、4L50E、5L40E、3T40 等。

"4"——表示前进挡位数。"4"表示 4 挡自动变速器,"5"表示 5 挡自动变速器。

"T"——表示驱动方式。"T"表示横置前轮驱动变速器,"L"表示纵置后轮驱动变速器。

"65"——表示产品系列。

"E"——表示控制方式。"E"表示电控自动变速器。无"E"表示液控自动变速器。

（3）宝马自动变速器

宝马汽车公司的自动变速器以"ZF5HP18"为例进行说明,其他常见的自动变速器还有 ZF3HP22、ZF4HP24、ZF5HP24、ZF5HP30、ZF6HP26 等。

"ZF"——表示变速器生产厂商。"ZF"表示德国 ZF 公司。

"5"——表示前进挡位数。"4"表示 4 挡自动变速器,"5"表示 5 挡自动变速器,"6"表示 6 挡自动变速器。

"H"——表示变速器最终是通过液压作用于执行机构。

"P"——表示变速器是行星齿轮机构。

"18"——表示额定转矩指标。

（4）奔驰自动变速器

该公司的自动变速器以"722.6"为例进行说明,其他常见的自动变速器还有 722.4、722.5、722.7、722.8、722.9 等。

"722"——表示汽车用自动变速器。

"6"——表示自动变速器型号。"4"表示液控 4 挡自动变速器,"5"表示液控 5 挡自动变速器,"6"表示 5 挡电控自动变速器,"9"表示 7 挡电控自动变速器。

2. 自动变速器型号识别方法

（1）变速器铭牌识别法

提示

在很多自动变速器的壳体上都有金属铭牌,上面一般标有自动变速器的生产公司名称、型号、生产序号代码及液力变矩器规格等,因此可以很方便地对自动变速器进行识别。

例如,丰田 A340E 自动变速器在铭牌栏中的字符为"30-40LE"。宝马汽车自动变速器铭牌上直接标有"ZF5HP-18"或"ZF6HP-26"。上海通用别克汽车 5L40E 自动变速器的铭牌如图 1-3 所示。

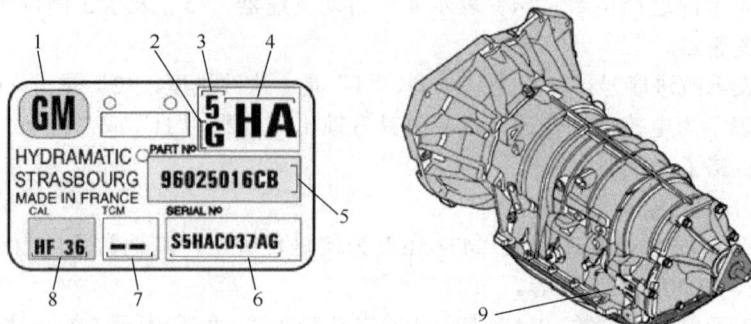

图 1-3　上海通用别克汽车 5L40E 自动变速器的铭牌

1—产品标识牌；2—变速器系列；3—车型年；4—HA表示3.6L V6（HB表示V6全轮驱动，
HF表示2.8L V6）；5—零件号；6—序列号；7—空白；8—校准码；9—铭牌位置

（2）汽车铭牌识别法

提示

有些车辆在发动机舱、驾驶室或门柱等位置有汽车铭牌，这些铭牌上一般有生产厂商名称、汽车型号、车身型号、底盘型号、发动机型号、变速器型号、出厂编号等。

通过汽车铭牌上的内容可对自动变速器的型号进行识别。

图 1-4 所示为丰田陆地巡洋舰轿车的铭牌，在变速器型号（TRANS/AXLE）一栏内标有自动变速器型号（A442F）。图 1-5 所示为一汽丰田花冠轿车的铭牌，自动变速器的型号为 U341E。

图 1-4　丰田陆地巡洋舰轿车的铭牌

图 1-5　一汽丰田花冠轿车的铭牌

（3）壳体标号识别法

有些变速器的壳体或油底壳部位，在生产时将其型号留在上面，所以可以很方便地识别自动变速器的型号。

例如，福特汽车公司的 AXOD 自动变速器在其端部的阀体油底壳上有很大的"AXOD"字符。奔驰汽车的自动变速器在壳体侧部、油底壳接合面上面一点的部位，有一串字符，其中"722×××"的 6 位字符即为自动变速器的型号。

（4）变速器结构特征识别法

除了上述的识别方法外，还可以根据自动变速器一些独特的结构特征进行识别。例如，日产千里马 RE4F04A 自动变速器的油底壳在上方，宝马 4L30E 自动变速器有一大一小两个油底壳，奔驰 S320 汽车的 722.502 5 挡自动变速器有加长壳体，克莱斯勒 41TE 自动变速器在外部有电磁阀阀体等。

（5）车型与变速器型号对照识别法

一般汽车生产厂家的技术资料上会有车型与变速器型号的对照表，查表也可知道相应的自动变速器型号。但有些车型配置不同的自动变速器，这种情况还需要进一步判断。

（三）自动变速器的功用与安装位置

1. 自动变速器的功用

自动变速器的功用与手动变速器基本相同，即可以起到变速、变矩、变向、中断发动机传给驱动车轮的动力等功能，只是装配有自动变速器的汽车在驾驶中离合器的操纵和变速器的操纵都实现了自动化。目前自动变速器的自动换挡等过程都是由自动变速器的电子控制单元（英文缩写为 ECU，俗称电脑）控制的。自动变速器如图 1-6 所示。

图 1-6 自动变速器（宝马车用）

2. 自动变速器安装位置

自动变速器一般安装在发动机后部，位置如图 1-7 所示。

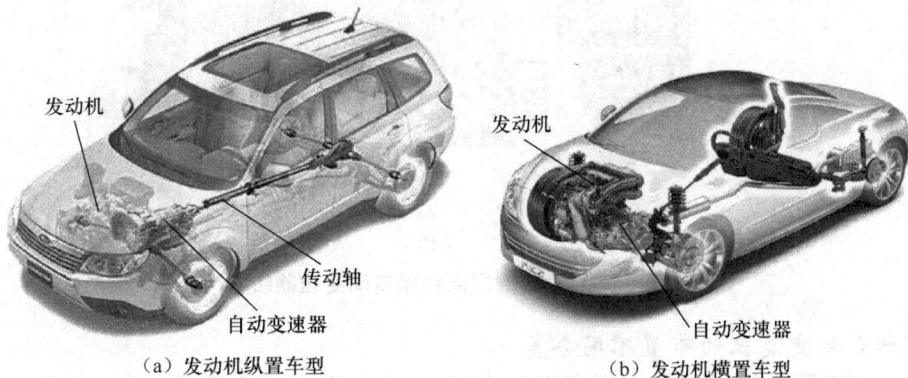

（a）发动机纵置车型　　　　　（b）发动机横置车型

图 1-7 自动变速器安装位置

（四）自动变速器的类型

1. 按齿轮变速机构的结构不同分类

按齿轮变速机构的结构不同，自动变速器可分为行星齿轮式和平行轴式 2 种。行星齿轮式又分为辛普森式和拉维娜（又称拉威诺）式2种。

（1）行星齿轮式自动变速器。采用行星齿轮传动，通过换挡执行元件实现挡位的变换。它具有结构紧凑、体积小的特点，是目前多数汽车采用的结构形式。

（2）平行轴式自动变速器。它采用普通齿轮啮合传动，通过换挡离合器改变不同齿轮的搭配，实现挡位（传动比）的变换。广州本田雅阁轿车采用的便是平行轴式自动变速器。

（3）双离合器自动变速器（Dual Clutch Transmission，DCT）。DCT有别于一般的自动变速器系统，DCT内含两台自动控制的离合器，由电子控制及液压推动，能同时控制两台离合器的工作。当变速器工作时，一组齿轮被啮合，而接近换挡时，下一组挡段的齿轮已被预选，但离合器仍处于分离状态；当换挡时，一台离合器将使用中的齿轮分离，同时另一台离合器啮合已被预选，在整个换挡期间能确保最少有一组齿轮在输出动力，从而不会出现动力中断的状况。

基于DCT技术的各汽车公司有不同的变速器，如大众DSG、奥迪S-Tronic、宝马M-DKG、福特与沃尔沃Powershift、保时捷PDK、三菱Twin Clutch SST等。图1-8所示为大众迈腾汽车的双离合器自动变速器结构。

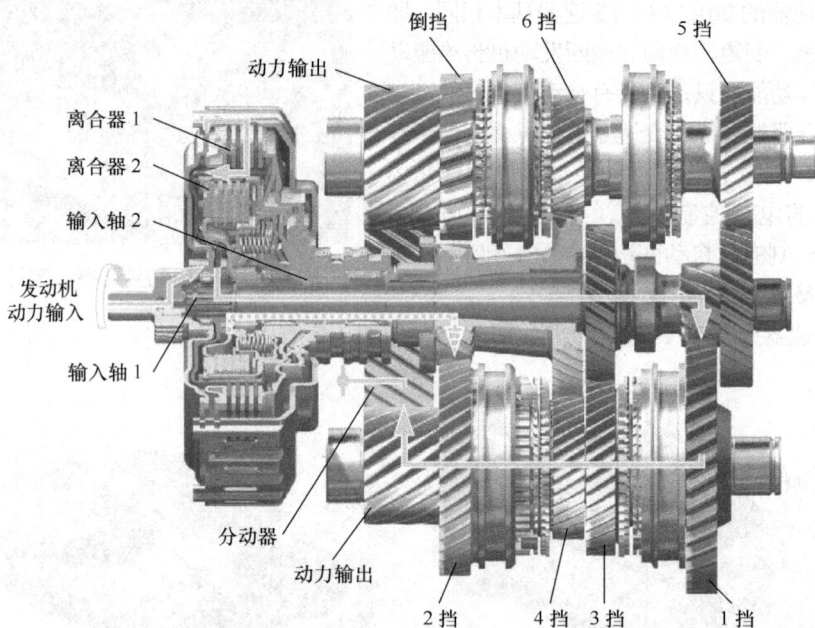

图 1-8　迈腾汽车的双离合器自动变速器结构

2.　按自动变速器的布置不同分类

按自动变速器的布置不同，自动变速器可分为前置前驱动型和前置后驱动型2种，如图1-9所示。

（1）前置前驱动型自动变速器应用在发动机前置前轮驱动的传动系统中，自动变速器与驱动桥合为一体，因此又被称为自动变速驱动桥。

（2）前置后驱动型自动变速器应用在发动机前置后轮驱动的传动系统中，自动变速器与驱动桥各自独立，因此被称为自动变速器。

（a）前置前驱动自动变速器

（b）前置后驱动自动变速器

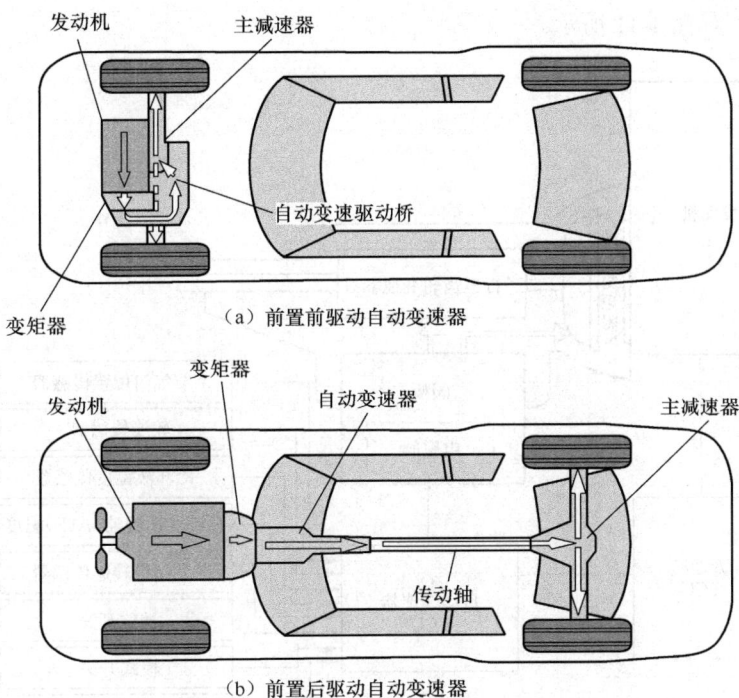

图 1-9　自动变速器和自动变速驱动桥

3.　按换挡控制方式不同分类

按换挡控制方式不同，自动变速器可分为液力自动变速器和电控自动变速器 2 种。

（1）液力自动变速器。它通过机械手段将节气门开度和汽车车速转化为液压控制信号，阀体中各控制阀按照设定的换挡规律控制各换挡执行机构的动作，实现自动换挡，如图 1-10 所示。

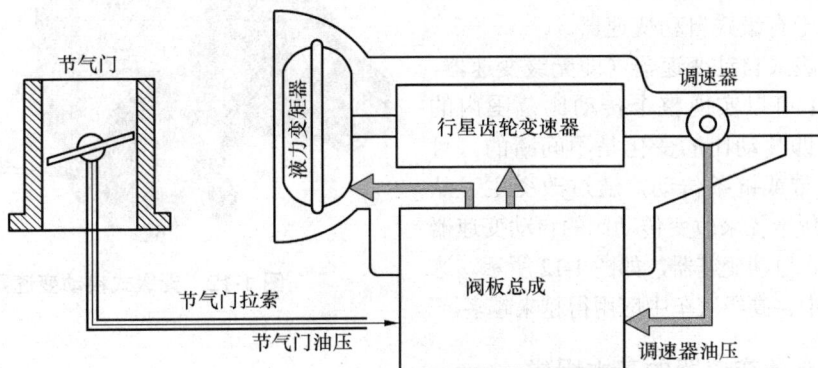

图 1-10　液力自动变速器的组成和原理示意图

（2）电控自动变速器。它通过各种传感器将发动机转速、节气门开度、车速、发动机冷却液温度、自动变速器油温度等转变为电信号，输入自动变速器 ECU，ECU 根据这些电信号计算出换挡控制信号并输入到相应的换挡电磁阀，通过换挡阀控制换挡执行机构的动作，实现自动换挡，如图 1-11 所示。

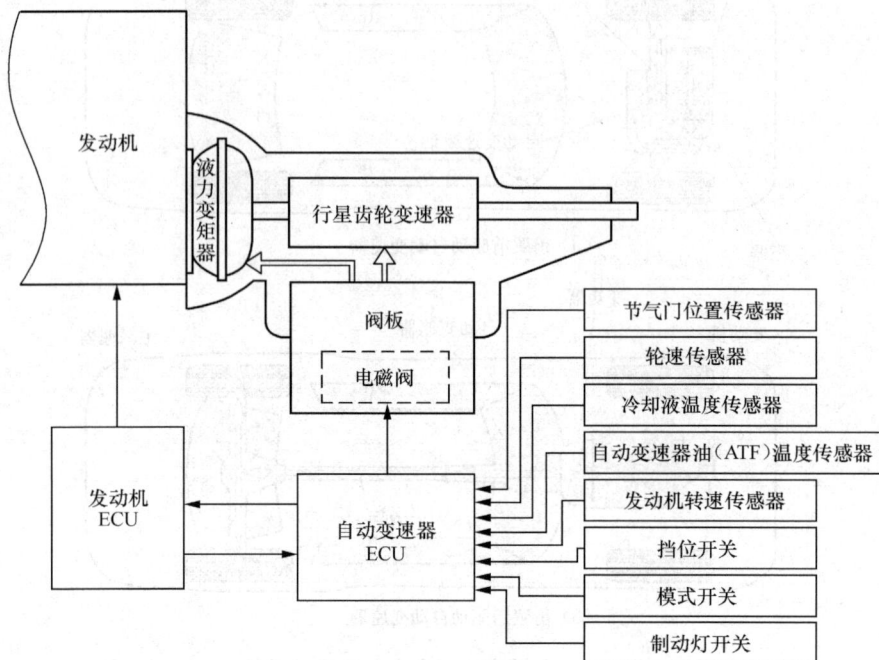

图 1-11　电控自动变速器的组成和原理图

4. 按传动比是否连续变化分类

按传动比是否连续变化，自动变速器分为有级式和无级式 2 种。

（1）有级式自动变速器。它各挡位的传动比是一个定值，各挡传动比之间是间断的，前述行星齿轮式自动变速器和平行轴式自动变速器均属于有级式自动变速器。

（2）无级式自动变速器（即无级变速器，CVT）。CVT 可以实现整个传动比范围内的连续变化，即传动比的变化是不间断的。目前，采用钢带或链条传动，通过改变主、从动带轮的工作半径来改变传动比的自动变速器即属于无级式自动变速器，如图 1-12 所示。这种变速器在中、高级汽车中应用得越来越多。

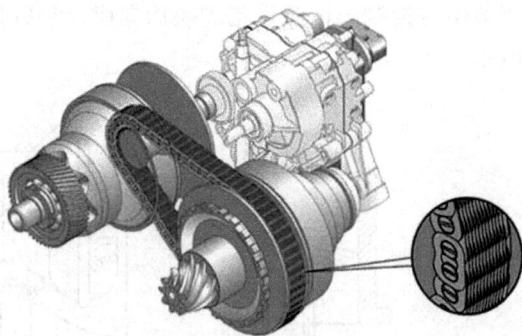

图 1-12　无级式自动变速器

（五）自动变速器的基本组成

如图 1-13 所示，液力自动变速器主要由液力变矩器、齿轮变速机构、换挡执行机构、液压控制系统、电子控制系统和冷却滤油装置（图 1-13 中未画出）等组成，液力自动变速器组成部件的作用如表 1-4 所示。

液力变矩器　　　　　　齿轮变速机构

电子控制系统

液压控制系统

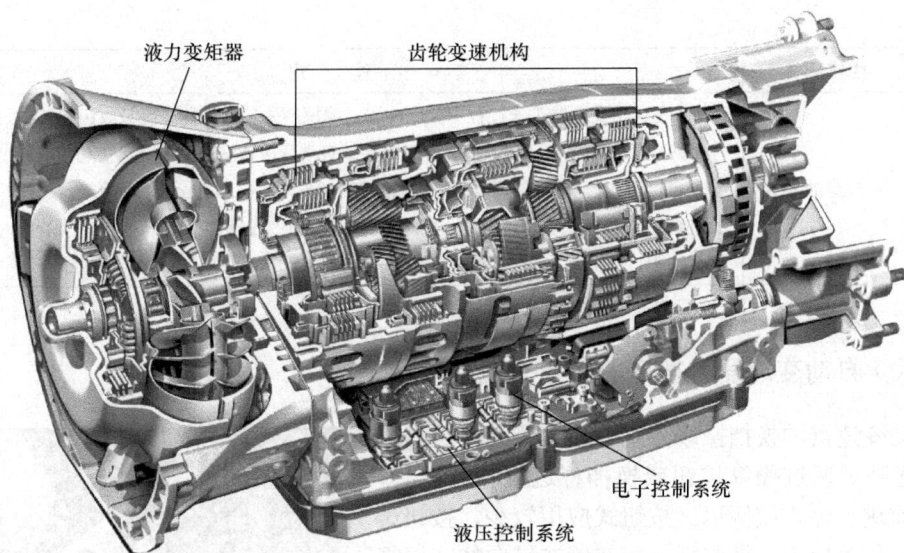

图 1-13　液力自动变速器的组成

表 1-4　　　　　　　　　　液力自动变速器组成部件的作用

序号	组成部件	作　　用
1	液力变矩器	液力变矩器位于自动变速器的最前端，安装在发动机的飞轮上。它是一个通过ATF传递动力的装置，可以实现动力的柔和传递。液力变矩器的主要作用是利用油液循环流动将发动机的动力传递给自动变速器的输入轴，并能根据汽车行驶阻力的变化，在一定范围内自动改变传动比和扭矩比，具有一定的减速增扭功能。液力变矩器还具有自动离合器的功用，在发动机不熄火、自动变速器位于动力挡（"D"位或"R"位）的情况下，汽车可以处于停车状态
2	齿轮变速机构	齿轮变速机构是为实现变速或变向而传递动力的机构。自动变速器中的齿轮变速机构所采用的形式有行星齿轮式和非行星齿轮式（普通齿轮式）2种。非行星齿轮式的变速器尺寸较大，最大传动比较小，只用于少数车型（如本田汽车）。目前绝大多数汽车自动变速器中的齿轮变速器采用的是行星齿轮式
3	换挡执行机构	换挡执行机构主要用来改变齿轮变速机构中的主动元件或限制某个元件的运动，改变动力传递的方向和速比。它主要由多片式离合器、制动器和单向超越离合器等组成
4	液压控制系统	自动变速器的液压控制系统主要包括供油部分和液压控制部分。供油部分由油泵、调压阀、油箱、过滤器及管道等组成。液压控制部分由各种控制阀和相应的油路所组成。各种控制阀和油路设置在一个板块内，称为阀体总成。液压控制系统是由油泵、各种控制阀及与之相连通的液压换挡执行元件（如离合器、制动器）组成的液压控制回路。汽车行驶中根据驾驶员的要求和行驶条件的需要，控制离合器和制动器工作状况的改变来实现变速器的自动换挡
5	电子控制系统	电子控制系统将自动变速器的各种控制信号输入ECU，经ECU处理后发出控制指令，控制各种电磁阀的接通或断开，通过液压系统控制换挡离合器和制动器的供油油路，使离合器接合或分开、制动器制动或释放，实现自动换挡，并改善换挡性能

序号	组成部件	作　用
6	冷却滤油装置	ATF在自动变速器工作过程中会因冲击、摩擦产生热量，并还要吸收齿轮传动过程中所产生的热量，油温会升高。油温升高将导致自动变速器油黏度下降，传动效率降低，因此必须对自动变速器油进行冷却，保持油温在80～90℃。ATF是通过油冷却器与冷却水或空气进行热量交换来实现冷却的。自动变速器工作中各部件磨损产生的机械杂质，由滤油器从油中过滤分离出去，以减小机械的磨损、液压油路的堵塞和控制阀的卡滞

（六）自动变速器换挡杆的布置与使用

　　自动变速器的换挡操纵方式有按钮式和换挡杆式2种。驾驶员通过操纵按钮或换挡杆进行挡位选择，使车辆前进、停止或倒退。按钮式应用较少，按钮一般布置在仪表板上，换挡杆一般布置在转向柱（已很少见）或驾驶室地板上。

　　如图1-14所示，自动变速器的挡位一般分为P、R、N、D、3、2和L；有的自动变速器挡位分为P、R、N、O/D、3、2和1。其中，O/D挡为超速挡，3、2、1挡为低速挡。目前，大部分自动变速器换挡杆广泛采用手自一体形式的。

图1-14　自动变速器换挡杆位置示意图

　　换挡杆各挡位名称及功用如表1-5所示。

表1-5　　　　　　　　　　　　　　自动变速器各挡位名称及功用

挡位	挡位名称	挡位功用
P	驻车挡	驻车时使用。换挡杆在"P"位时，驻车锁定机构将变速器的输出轴锁住，使驱动轮不能转动，可防止车辆移动。当换入其他挡位时，停车锁定机构被解除锁定
R	倒挡	倒车时使用。换挡杆在"R"位时，自动变速器处于倒挡状态，驱动轮反转，实现倒挡行驶
N	空挡	起动及临时停车时使用。换挡杆处于"N"位时，换挡执行机构的动作和驻车挡相同，处于空挡状态。发动机只有在换挡杆处于"P"位或"N"位时，汽车才能起动。该功能依靠空挡起动开关来实现
D	前进挡	一般行驶条件下使用。当换挡杆处于"D"位时，换挡执行机构使变速器处在前进挡中，并能实现自动升降挡
3	驱动挡	用于一般和上下坡行驶条件下。当换挡杆处在"3"位时，变速器可根据换挡条件在前进1～3挡间自动升降
2（S）	中间挡	用于发动机制动或在松软打滑路面上行驶。当换挡杆处在"2"位时，自动变速器只能在1、2挡间自动换挡，并使汽车获得发动机的制动作用
1（L）	低速挡	用于发动机制动，当换挡杆位于"1"位时，变速器被锁定在前进挡的1挡，这时发动机的制动作用更强，该挡多用于山区行驶、爬陡坡或下坡时，能有效地利用发动机的制动作用来稳定车速

挡位	挡位名称	挡位功用
O/D	超速挡	超速挡用于高速行驶。它一般为最高前进挡,设有专门的锁止开关,只有在规定条件达到后才能接通开关

（七）自动变速器的优点和缺点

自动变速器的优点和缺点如表 1-6 所示。

表 1-6　　　　　　　　　　　　自动变速器的优点和缺点

优点	缺点
操纵简单省力,减轻驾驶员的劳动强度,提高行车安全性,行驶平稳,舒适性好; 有效地衰减传动系统的扭转振动,并能防止传动系统过载; 延长发动机及传动部件寿命,改善和提高了汽车的动力性; 减少燃油消耗,降低排放污染	与手动变速器相比结构较为复杂,制造难度大,生产成本高; 维修困难,维修费用高; 传动效率低

□ 项目实施 □

当对自动变速器进行故障诊断和检修时,必须先将自动变速器从车辆上拆卸下来。

本项目以丰田 LS400 汽车的 A341E 自动变速器为例进行介绍。自动变速器的拆卸、安装如图 1-15 所示,其具体步骤如下。

操作一　准备工作

步骤一　将车辆开到或推到举升机适当的位置,要求车辆的前后、左右相对于举升机基本对称。

步骤二　装好翼子板布、前罩、地板垫、转向盘套和座椅套。

步骤三　将点火开关置于"OFF"位置,拆下蓄电池负极电缆。

步骤四　拆卸附件,拧松节气门拉索调整螺母,从托架上拆下拉索套管,拆卸与节气门摇臂连接的自动变速器节气门拉索,拆下自动变速器上的所有线束插头,拆除车速表软轴、ATF 加油管、散热器油管、换挡杆与手控阀摇臂的连接杆等所有与自动变速器连接的零部件。

操作二　用举升机升起车辆

步骤一　查看维修手册,找到举升时的支撑位置。

步骤二　将举升机的 4 个支腿放到车下正确支撑位置处,试着举升车辆,并再次确认举升支撑位置正确、可靠。

步骤三　用手在车辆的前后晃动车辆,确保支撑正常。

步骤四　将车辆举升到合适的高度（即便于维修人员拆装自动变速器的高度）,并锁上举升机的保险。

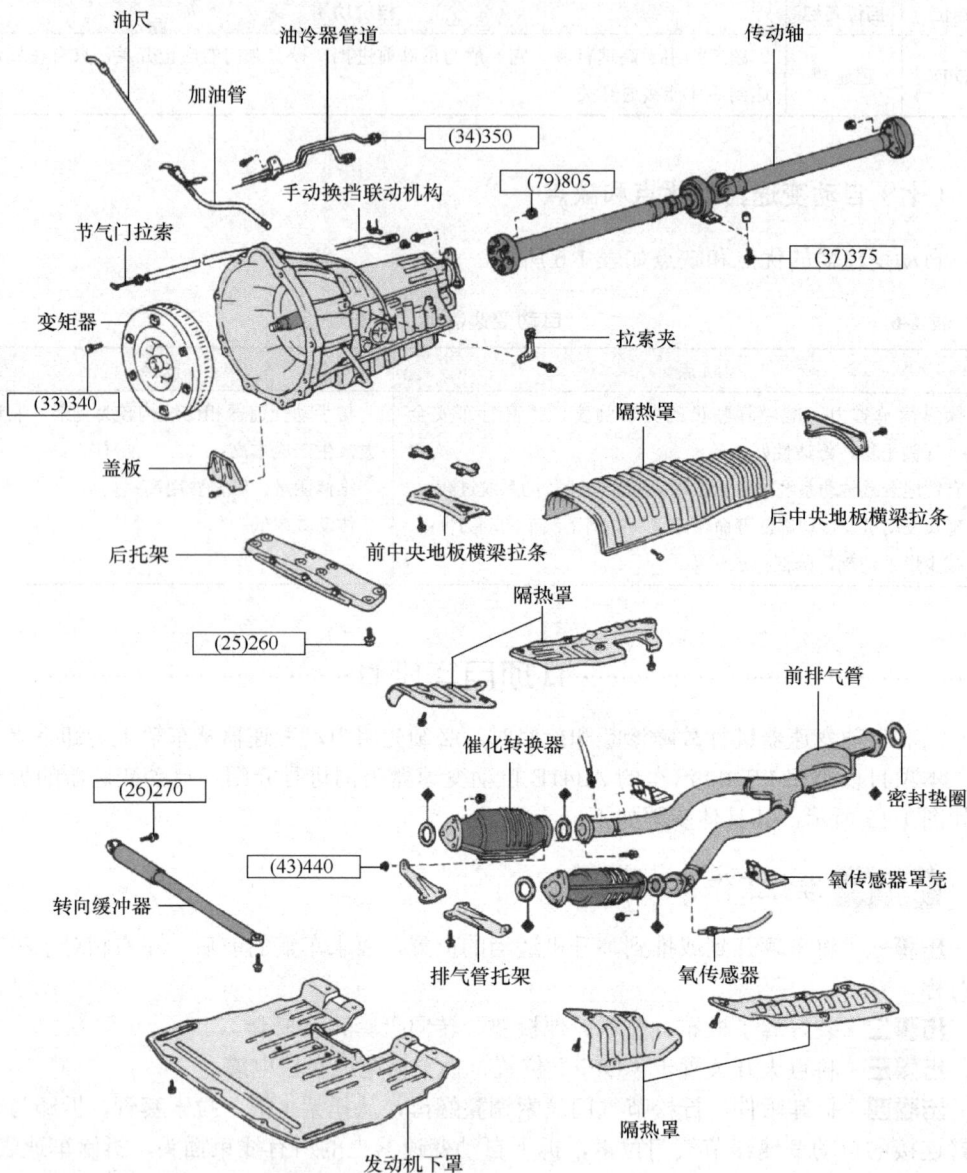

油尺

加油管

油冷器管道

(34)350

手动换挡联动机构

传动轴

(79)805

(37)375

节气门拉索

变矩器

(33)340

拉索夹

盖板

隔热罩

后托架

前中央地板横梁拉条

后中央地板横梁拉条

(25)260

隔热罩

(26)270

催化转换器

前排气管

密封垫圈

转向缓冲器

(43)440

氧传感器罩壳

排气管托架

氧传感器

隔热罩

发动机下罩

⬜ ：规定力矩；单位为 N·m（kgf·cm）
◆：不可重复使用的零件

图 1-15　自动变速器的拆卸、安装

操作三 **将自动变速器从车辆上拆下**

步骤一　拆去排气管中段，拆除自动变速器下方的护罩、护板等。

步骤二　将传动轴各凸缘做好装配标记，松开传动轴与自动变速器输出轴的连接螺栓，拆下传动轴。

步骤三　撬开发动机后部的检修孔盖，转动曲轴，逐个拆卸飞轮与液力变矩器的连接螺栓。

步骤四　拆卸起动机。

步骤五　拆下自动变速器与车架的连接支架，用千斤顶托住自动变速器。

步骤六　拆下自动变速器和飞轮壳的连接螺栓，将液力变矩器和自动变速器一同抬下。在抬下自动变速器时，应用手扶住液力变矩器，以防止滑落。

步骤七　将变速器放在拆装翻转架或工作台上。

操作四 **将自动变速器安装到车辆上**

按照与上述操作三相反的顺序将自动变速器安装到车辆上。

............□ **维修实例** □............

宝来轿车冷车起步时易熄火且"窜车"抖动

（1）故障现象

一辆 2006 款一汽大众宝来 1.8 L 轿车，装配有 01M 型自动变速器。驾驶员说，该车在冷车起步行驶时，发动机易熄火；等发动机冷却液温度正常后，将自动变速器换挡杆挂入前进挡时，车辆起步时有"窜车"现象，而且起步时车速提高很快，在挂入倒挡时，车辆则有严重的抖动现象。

（2）故障原因

变速器的阀体工作不正常。

（3）故障诊断

① 基本检查。先对车辆进行路试，验证故障现象。通过试车发现，当踩制动踏板将自动变速器挂入倒挡时，车身严重抖动。检查自动变速器油液，符合规定。

② 读取故障码和数据流。使用专用故障诊断仪 V.A.G 1551 对自动变速器进行故障诊断，没有发现故障码。读取数据流，各个数据值均正常。

③ 检查电气部件。使用故障诊断仪 V.A.G 1551 进行"执行器检查"，能清楚地听到相关电气部件工作时动作的声音，说明电气部件工作正常。

④ 试验测试。先进行油压试验。将压力表连接到自动变速器油路上，测量 D 挡油压为 350kPa；倒挡油压为 740kPa。将发动机的转速提高到 2000r/min 时，D 挡油压为 690kPa；倒挡油压为 880kPa，均正常，符合标准。

再进行失速试验。发动机的失速转速为 1 400r/min，比正常值 2 500 ~ 2 900r/min 偏低。失速转速偏低，说明发动机动力不足、液力变矩器导轮损坏或单向离合器卡死。经检查，发动机工作正常。当踩制动踏板挂倒挡时，此车有抖动现象，说明液力变矩器的导轮工作正常。故障原因只能是单向离合器卡死。然而，当更换液力变矩器后，故障依旧。

根据上述的检查做进一步分析，如果自动变速器的阀体卡滞，也会导致失速转速偏低，自动变速器工作不正常。

对该车的阀体进行分解检查，发现阀体中的锁止离合器控制阀、油压调节阀有卡滞现象。锁止离合器控制阀卡滞，会导致发动机冷车起动时油压供给了锁止离合器，使发动机与变速器之间变为机械传动，造成车辆起步熄火；油压调节阀卡滞，则导致自动变速器的油压过高，失速转速偏低，挂倒挡时车辆抖动，挂前进挡有"窜车"现象。

更换阀体中的锁止离合器控制阀、油压调节阀后试车，该车的故障现象消失，自动变速器恢复了正常工作。

小 结

1．自动变速器的维修安全操作规程包括个人安全操作规程和设备与工具的安全操作规程。

2．自动变速器的发展趋势有以下几个方面。

（1）多挡位方向发展。

（2）手动/自动一体化方向发展。

（3）高智能、模糊逻辑控制方向发展。

（4）无级变速方向发展。

（5）双离合器方向发展。

3．自动变速器的型号主要表示了变速器的性质、自动变速器的生产公司、驱动方式、前进挡位数、控制方式、改进序号及额定输出转矩等。

4．自动变速器型号识别方法有变速器铭牌识别法、汽车铭牌识别法、壳体标号识别法、变速器结构特征识别法和车型与变速器型号对照识别法等。

5．自动变速器的功用与手动变速器基本相同，即可以起到变速、变矩、变向、中断发动机传给驱动车轮的动力等功能，只是装配有自动变速器的汽车在驾驶中离合器的操纵和变速器的操纵都实现了自动化。

6．按齿轮变速机构的结构不同，自动变速器可分为行星齿轮式和平行轴式2种。行星齿轮式又分为辛普森式和拉维娜（又称拉威诺）式2种；按自动变速器的布置不同，自动变速器可分为前置前驱动型和前置后驱动型2种；按换挡控制方式不同，自动变速器可分为液力自动变速器和电控自动变速器2种；按传动比是否连续变化，自动变速器分为有级式和无级式2种。

7．液力自动变速器主要由液力变矩器、齿轮变速机构、换挡执行机构、液压控制系统、电子控制系统和冷却滤油装置等组成。

8．自动变速器的换挡操纵方式有按钮式和换挡杆式2种。自动变速器换挡杆一般设有P挡（驻车挡），R挡（倒挡），N挡（空挡），D挡（前进挡），3、2和L挡（前进低速挡）。

练习思考题

1．个人安全防护装备的作用有哪些？

2．个人安全操作守则有哪些？

3．设备与工具安全操作规程的内容是什么？

4．简述自动变速器的发展过程。

5. 简述自动变速器的发展趋势。

6. 自动变速器的型号如何识别？

7. 试说明丰田自动变速器型号"A340E"的含义。

8. 自动变速器是如何分类的？

9. 自动变速器的基本组成有哪些？

10. 液力自动变速器组成部件有何作用？

11. 简述自动变速器的优点和缺点。

液力变矩器与行星齿轮机构

（1）熟悉液力变矩器的功用、组成、工作原理与工作特性。
（2）熟悉典型液力变矩器的结构。
（3）熟悉行星齿轮机构的分类。
（4）熟悉行星齿轮机构的动力传递方式。
（5）掌握液力变矩器的检修方法。

◻ 案例引入 ◻

　　一辆帕萨特轿车，装有 01N 自动变速器，该车行驶里程为 6.5 万千米。驾驶员反映这辆车在行驶过程中不能提速，出现了只能以 50km/h 的速度行驶、油耗增加的现象。

　　对发动机进行检查，发现发动机动力充足，运转正常，经分析应该是自动变速器出现故障。那么从哪里入手进行维修呢？

◻ 相关知识 ◻

一、液力变矩器

（一）液力变矩器的功用

　　在装备有手动变速器的汽车上，发动机是通过离合器连接到变速器的，也就是说发动机的动力先传到离合器，然后再传递给手动变速器。如果没有这个连接，汽车在发动机不熄火的情况下将无法完全停下来。装备自动变速器的汽车没有手动变速器车型的离合器，而是使用一种叫做液力变矩器的装置，便可以使发动机与变速器的动力分离，实现汽车的起步与停止。

　　液力变矩器如图 2-1 所示。液力变矩器位于发动机和自动变速器之间，以自动变速器油（ATF）为工作介质，其安装位置如图 2-2 所示。

　　液力变矩器的功用如表 2-1 所示。

（二）液力变矩器的组成

　　如图 2-3 所示，液力变矩器一般由泵轮、涡轮、导轮、单向离合器和锁止机构组成。其中，单向离合器安装在导轮内。

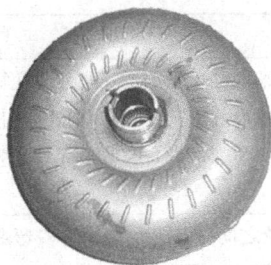

图 2-1　液力变矩器

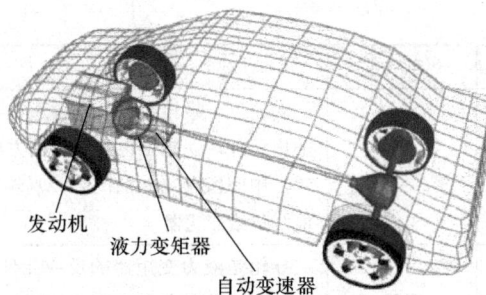

发动机
液力变矩器
自动变速器

图 2-2　液力变矩器的安装位置

表 2-1　　　　　　　　　　　　　　液力变矩器的功用

序号	功用	说明
1	传递动力	发动机的动力通过液力变矩器的主动元件，再通过ATF传给液力变矩器的从动元件，最后传给变速器，由于采用ATF传递动力，故液力变矩器的动力传递柔和，且能防止传动系统过载
2	无级变速	根据工况的不同，液力变矩器可以在一定范围内实现转速和转矩的无级变化
3	自动离合	液力变矩器由于采用ATF传递动力，当踩下制动踏板时，发动机也不会熄火，此时相当于离合器分离；当抬起制动踏板时，汽车可以起步，此时相当于离合器接合
4	减速增扭，缓冲振动	在涡轮转速较低时，可增大发动机的输出扭矩及减小变速器的输出转速，易于车辆起步；由于采用ATF作为传力介质，故可减小发动机的振动
5	驱动油泵	ATF在工作的时候需要油泵提供一定的压力，而油泵一般是由液力变矩器壳体驱动的

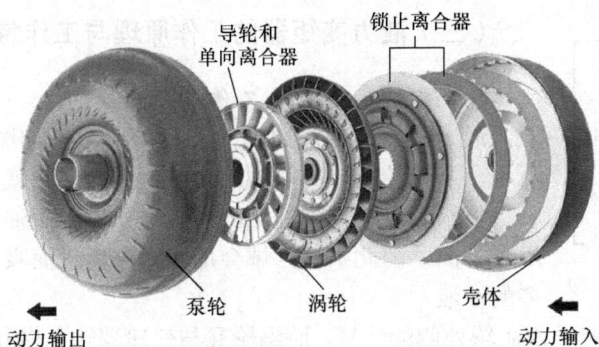

导轮和单向离合器
锁止离合器
泵轮
涡轮
壳体
动力输出
动力输入

动画
认识液力变矩器

图 2-3　液力变矩器的组成

液力变矩器主要部件的功用如表 2-2 所示。

表 2-2　　　　　　　　　　　　　　液力变矩器主要部件的功用

序号	部件	功用
1	泵轮	泵轮位于液力变矩器的后端与液力变矩器壳体刚性连接，变矩器壳体总成用螺栓固定于发动机曲轴后端，随发动机曲轴一起旋转。因此，泵轮是液力变矩器的输入元件，将发动机的机械能转变为ATF的液力能以驱动涡轮旋转，同时，泵轮还是自动变速器油泵的驱动装置

续表

序号	部件	功用
2	涡轮	涡轮位于泵轮前方，涡轮通过花键孔与自动变速器的输入轴相连，是液力变矩器的输出元件。涡轮上也装有弯曲方向与泵轮叶片相反的叶片，其叶片与泵轮叶片相对放置，中间留有3mm的间隙。涡轮是自动变速器的输入元件，将ATF液力能转变为机械能，传给变速器
3	导轮	导轮是液力变矩器的反应元件，位于泵轮和涡轮之间，其上也装有许多弯曲的叶片，通过单向离合器单向固定在导轮轴或导轮套管上。因此，导轮只能向一个方向自由转动，可以在汽车起步和低速行驶时，增大变速器的输入扭矩
4	单向离合器	单向离合器的功用是实现导轮的单向锁止，即在一个方向可以旋转，另一个方向则不能转动
5	锁止离合器	使变矩器输入轴与输出轴刚性连接，提高传动效率，提高汽车在正常行驶时的燃油经济性，并防止ATF过热

　　液力变矩器总成封在一个钢制壳体（变矩器壳体）中，内部充满ATF。液力变矩器壳体通过螺栓与发动机曲轴后端的飞轮连接，与发动机曲轴一起旋转。泵轮位于液力变矩器的后部，与变矩器壳体连在一起。涡轮位于泵轮前，通过带花键的从动轴向后面的机械变速器输出动力。导轮位于泵轮与涡轮之间，通过单向离合器支撑在固定套管上，使得导轮只能单向旋转（顺时针旋转）。泵轮、涡轮和导轮上都带有叶片，液力变矩器装配好后形成环形内腔，其间充满ATF。

动画
液力变矩器工作原理（1）

动画
液力变矩器工作原理（2）

（三）液力变矩器的工作原理与工作特性

1. 液力变矩器的工作原理

　　液力变矩器内的泵轮是一种离心泵。如图2-4所示，当泵轮旋转时，油液将被甩到外面，就像洗衣机将水和衣物甩到洗涤缸外围一样。由于油液被甩到外面，因此中心区域会形成真空，进而吸入更多的油液。

　　如图2-5所示，从泵轮甩出的油液进入涡轮外侧的叶片，而涡轮又与变速器输入轴相连。这样，涡轮会使变速器输入轴旋转，把发动机传递的动力传给变速器内部相应元件。涡轮的叶片形状是弯曲的，这样，从外部进入涡轮的油液在从涡轮中心出来之前必须改变方向。正是这种方向的改变导致了涡轮旋转。

　　如图2-6所示，从涡轮里侧流出的油液经过导轮，导轮的作用是迫使从涡轮返回的液流在再次到达泵轮之前改变方向，这样可极大地提高液力变矩器的效率。

　　液力变矩器工作时，壳体内充满ATF，发动机带动壳体旋转，壳体带动泵轮旋转，泵轮的叶片将ATF带动起来，并冲击到涡轮的叶片；如果作用在涡轮叶片上的冲击力大于作用在涡轮上的阻力，涡轮将开始转动，并使自动变速器的输入轴一起转动。由涡轮叶片流出的ATF经过导轮后再流回到泵轮，形成图2-7和图2-8所示的循环流动。

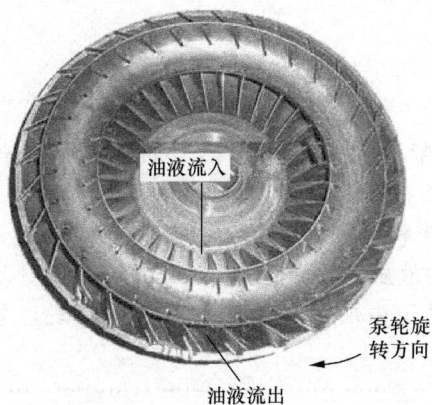

油液流入

泵轮旋
转方向

油液流出

图 2-4 泵轮油液的流动

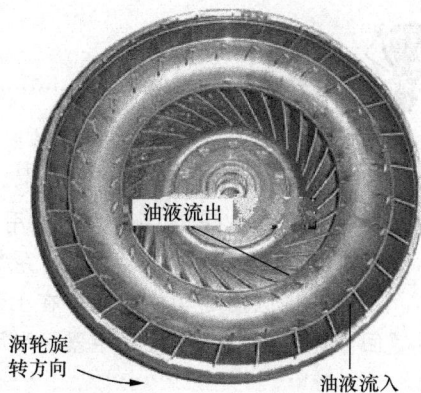

油液流出

涡轮旋
转方向

油液流入

图 2-5 涡轮油液的流动

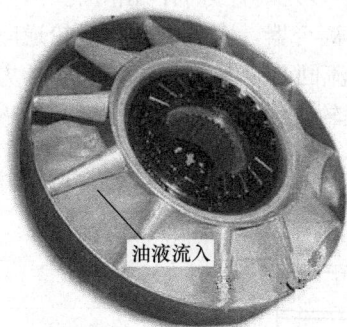

油液流入

图 2-6 导轮

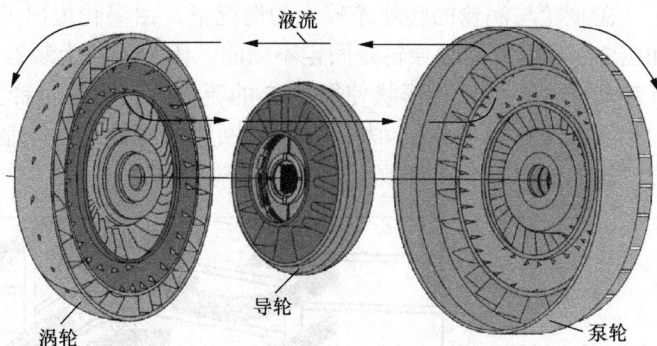

液流

涡轮

导轮

泵轮

图 2-7 ATF 在液力变矩器中的循环流动

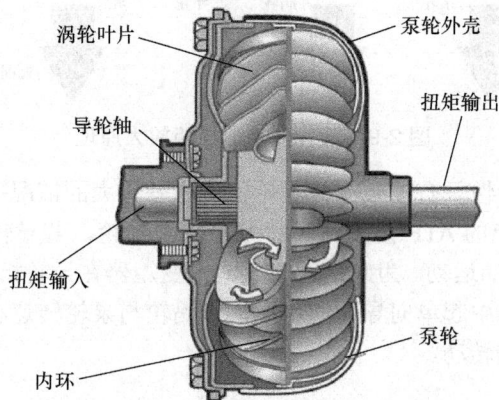

涡轮叶片

泵轮外壳

导轮轴

扭矩输出

扭矩输入

内环

泵轮

图 2-8 ATF 在液力变矩器中的内部流动示意图

也就是说，上述 ATF 的循环流动是两种运动的合运动。

　　当液力变矩器工作，泵轮旋转时，泵轮叶片带动 ATF 旋转起来，ATF 绕着泵轮轴线做圆周运动；同样随着涡轮的旋转，ATF 也绕着涡轮轴线做圆周运动。

　　旋转起来的 ATF 在离心力的作用下，沿着泵轮和涡轮的叶片从内缘流向外缘。

　　当泵轮转速大于涡轮转速时，泵轮叶片外缘的液压大于涡轮外缘的液压。

　　ATF 在做圆周运动的同时，在上述压差的作用下由泵轮流向涡轮，再流向导轮，最后返回泵轮，形成在液力变矩器环形腔内的循环运动。

2. 液力变矩器的工作特性

（1）扭矩放大特性

在泵轮与涡轮的转速差较大的情况下，由涡轮甩出的 ATF 以逆时针方向冲击导轮叶片，如图 2-9 所示，此时导轮是固定不动的，因为导轮上装有单向离合器，它可以防止导轮逆时针转动。导轮的叶片形状使得 ATF 的流向改变为顺时针方向流回泵轮，即与泵轮的旋转方向相同。泵轮将来自发动机和从涡轮回流的能量一起传递给涡轮，使涡轮输出扭矩增大。液力变矩器的扭矩放大倍数一般为 2.2 左右。

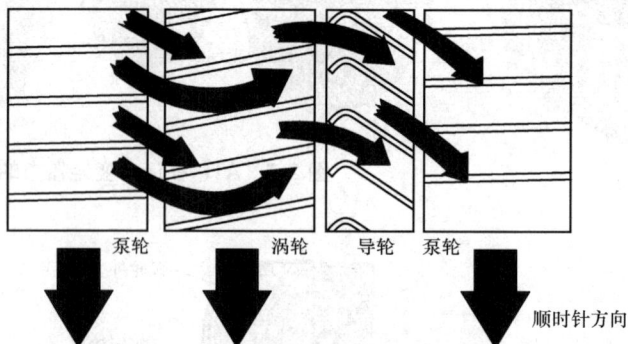

泵轮　　　涡轮　导轮　泵轮

顺时针方向

图 2-9　液力变矩器扭矩放大原理

液力变矩器的变矩特性只有在泵轮与涡轮转速相差较大的情况下才成立，随着涡轮转速的不断提高，从涡轮回流的 ATF 会按顺时针方向冲击导轮。若导轮仍然固定不动，ATF 将会产生涡流，阻碍其自身的运动。为此绝大多数液力变矩器在导轮机构中增设了单向离合器。单向离合器在液力变矩器中起单向导通的作用，当涡轮与泵轮转速相差较大时，单向离合器处于锁止状态，导轮不能转动。

　　涡轮转速升高到一定程度后，单向离合器处于解锁状态，允许导轮按涡轮的旋转方向转动，避免涡流的产生，使油液顺利回流至泵轮。

（2）耦合工作特性

液力变矩器工作时，当涡轮转速达到泵轮转速的 85% ～ 90% 时，单向离合器解锁，液力变矩器进入耦合工作区，即导轮空转，变矩器不能改变输出扭矩，只有液力耦合器的功能。液力变矩器进入耦合区的转速受发动机节气门开度和车速的影响而有所不同。液力变矩器在低速时按变矩器特性工作；在高速时按耦合器特性工作，高效区工作的范围有所扩大。

（3）失速特性

液力变矩器失速状态是指涡轮因负荷过大而停止转动，但泵轮仍保持旋转的现象，此时液力变矩器只有动力输入而没有输出，全部输入能量都转化成热能，因此变矩器中的油液温度急剧上升，会对变矩器造成严重危害。失速点转速是指涡轮停止转动时的液力变矩器输入转速，该转速大小取决于发动机扭矩、变矩器的尺寸和导轮、涡轮的叶片角度。

3. 四元件液力变矩器

为了使液力变矩器工作效率在进入耦合区之前不会显著下降，可采用 2 个导轮，分别安装在各自的单向离合器上，形成双导轮，即四元件液力变矩器，如图 2-10 所示。

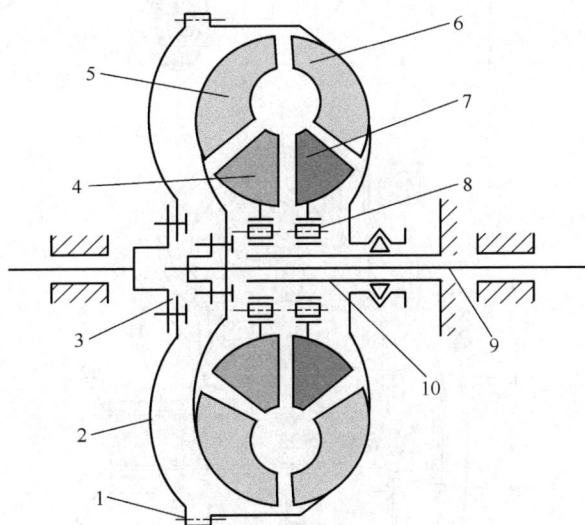

图 2-10　四元件液力变矩器结构

1—起动齿圈；2—变矩器壳；3—曲轴凸缘；4—第1导轮（Ⅰ）；5—涡轮；6—泵轮；

7—第2导轮（Ⅱ）；8—自由轮机构；9—输出轴；10—导轮固定套管

四元件液力变矩器中的 2 个导轮具有不同的叶片进口角度，在低转速比时，2 个导轮均被单向离合器锁住，按变矩器工况工作。在中转速比时，涡轮出口液流开始冲击第 1 导轮叶片背面，第 1 单向离合器松开，第 1 导轮与涡轮同向旋转，仅第 2 导轮仍在起变矩作用。在高速比时，涡轮出口液流开始冲击第 2 导轮叶片背面，其单向离合器松开，第 2 导轮也与涡轮同向旋转，变矩器全部转入耦合器工况工作。

提示

四元件液力变矩器虽然可增大变矩器的高效率工作范围，但结构更加复杂，很少使用。

（四）典型液力变矩器结构

典型的液力变矩器如图 2-11 所示。它主要由泵轮、涡轮、带单向离合器的导轮、变矩器壳体、涡轮轴、锁止离合器等组成。下面只介绍单向离合器和锁止离合器。

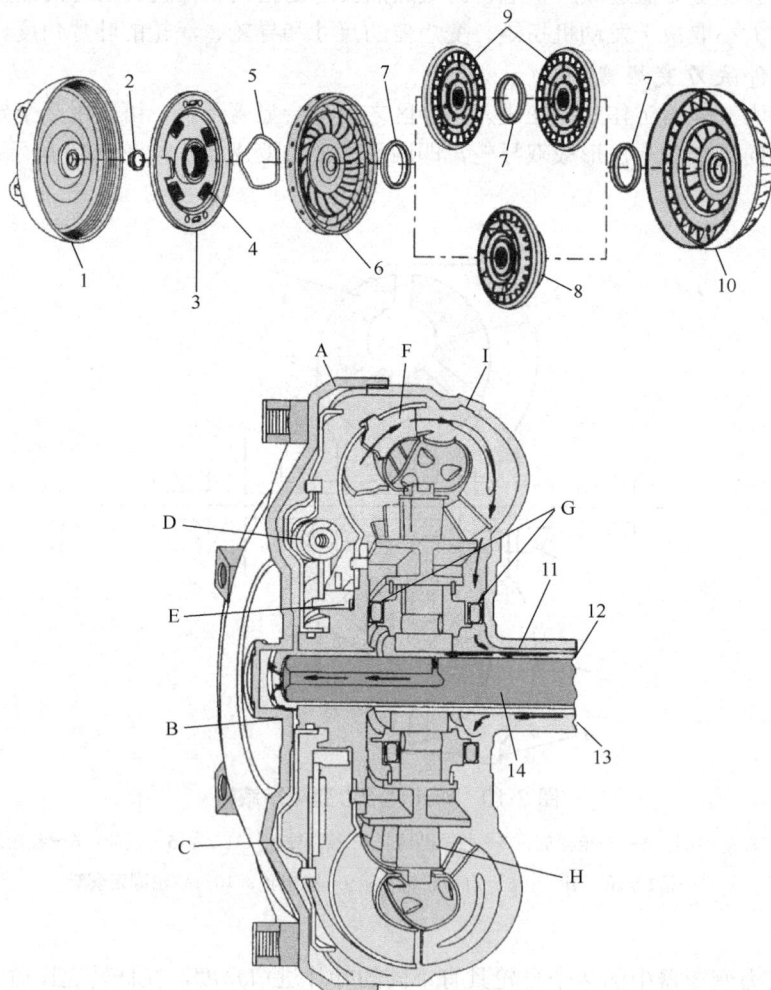

图 2-11　典型的液力变矩器

1—变矩器壳体（A）；2—涡轮止推垫片（B）；3—压盘（C）；4—扭转减振器（D）；5—压盘弹簧（E）；

6—涡轮（F）；7—止推轴承（G）；8—带单向离合器的单导轮（H）；9—带单向离合器的

双导轮（H）；10—泵轮（I）；11—导轮轴；12—分离油液；13—接合油液；14—涡轮轴

1. 单向离合器

（1）单向离合器的功用

单向离合器又称为自由轮机构、超越离合器。其功用是实现导轮的单向锁止，即导轮只能顺时针转动而不能逆时针转动，当涡轮与泵轮转速差较大时，单向离合器处于锁止状态，导轮不能转动；当涡轮转速升高到一定程度后，单向离合器锁止解除，即导轮空转，使得液力变矩器不能改变输出扭矩，在高速区实现耦合传动。

（2）单向离合器的类型

常见的单向离合器有楔块式和滚柱斜槽式 2 种。

① 楔块式单向离合器［见图 2-12（a）］的结构和工作原理。楔块式单向离合器由内座圈、外座圈、楔块、保持架等组成，如图 2-12 所示。

导轮与外座圈连为一体，内座圈与固定套管刚性连接，不能转动。

当导轮带动外座圈顺时针旋转时，外座圈和内座圈的相对运动使楔块顺时针转动，楔块的短径与内、外座圈接触，如图 2-12（b）所示。由于短径长度小于内、外座圈之间的距离，因此，楔块不干涉外座圈的顺时针旋转，外座圈可以自由转动。

当导轮带动外座圈逆时针旋转时，外座圈和内座圈的相对运动使楔块逆时针转动，楔块的长径与内、外座圈接触，如图 2-12（c）所示。由于长径长度大于内、外座圈之间的距离，所以外座圈被卡住而不能转动，楔块将内、外座圈锁成一体。

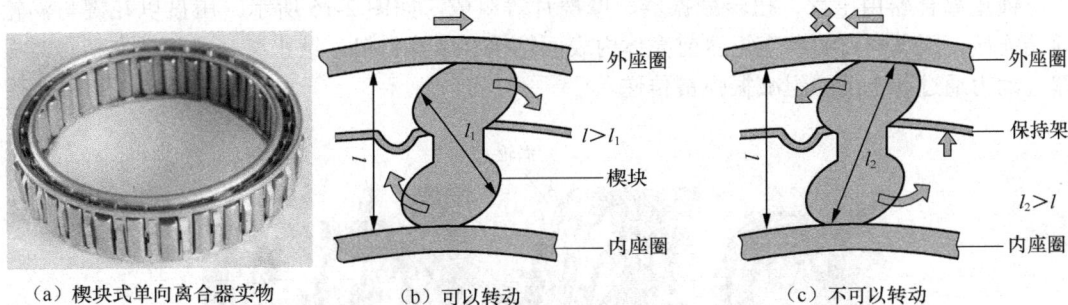

（a）楔块式单向离合器实物　　（b）可以转动　　（c）不可以转动

图 2-12　楔块式单向离合器的结构与工作原理

l—内、外座圈之间的距离；l_1—楔块的短径；l_2—楔块的长径

② 滚柱斜槽式单向离合器的结构与工作原理。滚柱斜槽式单向离合器由内座圈、外座圈、滚柱、叠片弹簧等组成，如图 2-13 所示。

滚柱斜槽式单向离合器的工作原理如图 2-14 所示。当导轮带动外座圈顺时针转动时，滚柱进入楔形槽的宽处，内、外座圈不能被滚柱楔紧，外座圈和导轮可以顺时针自由转动。当导轮带动外座圈逆时针转动时，滚柱进入楔形槽的窄

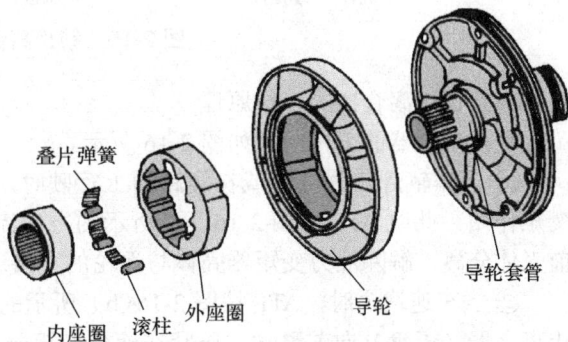

图 2-13　滚柱斜槽式单向离合器的结构

处，内、外座圈被滚柱楔紧，外座圈和导轮固定不动。

2. 锁止离合器

（1）锁止离合器的功用

由于液力变矩器的泵轮和涡轮之间存在着转速差和液力损失，其效率不如普通机械式变速器高。为了提高液力变矩器在高转速比工况下的效率，绝大部分液力变矩器中都增设了锁止机构，可以将泵轮和涡轮直接连接起来，使变矩器输入轴与输出轴刚性连接，提高了传动效率，提高了汽车在正常行驶时的燃油经济性，并防止 ATF 过热。

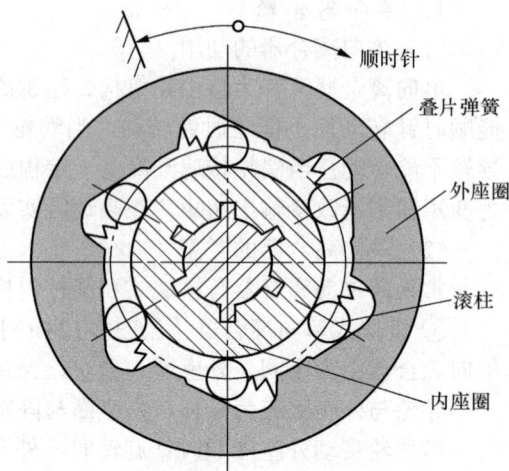

图 2-14　滚柱斜槽式单向离合器的工作原理

（2）锁止离合器的类型

锁止离合器有 3 种类型：离心式、液压式和行星齿轮机构式。目前多数液力变矩器上采用锁止离合器作为锁止装置，其接合和分开是由液力变矩器中的液压油的流向改变决定的。

（3）锁止离合器的结构

锁止离合器由压盘、扭转减振器、摩擦片等组成，如图 2-15 所示。压盘以花键与涡轮前端连接，压盘的前面和变矩器前壳体内表面粘接有摩擦材料。锁止离合器都装有扭转减振器，动力通过其上的一组减振弹簧传递。

图 2-15　锁止离合器的结构

（4）锁止离合器的工作原理

锁止离合器的工作原理如图 2-16 所示。

① 当车辆起步、低速或在坏路面上行驶时，应将锁止离合器分离，使液力变矩器具有变矩作用。此时 ATF 按图 2-16（a）所示的方向流动，将锁止离合器（压盘）与液力变矩器前壳体分离，解除液力变矩器壳体与涡轮的直接连接，锁止离合器分离。

② 当车速增高时，ATF 按图 2-16（b）所示的方向流动，锁止离合器接合（锁止），使锁止离合器（压盘）向前移动，压紧在液力变矩器前壳体上，通过摩擦力矩使二者一起转动。此时发动机的动力经液力变矩器壳体、锁止离合器（压盘、扭转减振器）、涡轮轮毂传给后

面的机械变速器,相当于将泵轮和涡轮刚性连在一起,传动效率为 100%。此时液力变矩器无变矩作用。

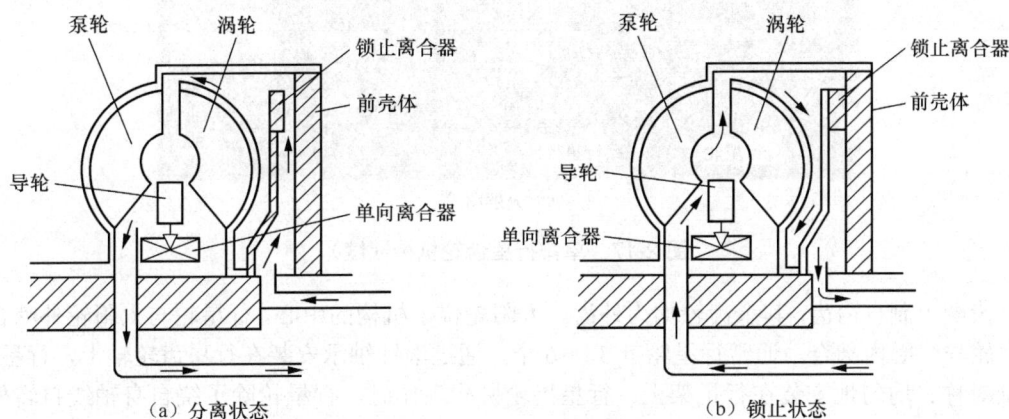

（a）分离状态　　　　　　　　　　　（b）锁止状态

图 2-16　锁止离合器的结构及工作原理

当车辆在良好路面行驶,满足下面 5 个条件时,锁止离合器将锁止。

- 冷却液温度不低于 65℃。
- 换挡杆处于"D"位,且挡位在 D_2、D_3 或 D_4 挡。
- 没有踩下制动踏板,即制动灯开关没有闭合。
- 车速高于 50km/h。
- 节气门开启,即节气门位置传感器信号电压要高于最低电压。

二、行星齿轮机构

行星齿轮机构根据其组合形式的不同可分为单排行星齿轮机构和双排行星齿轮机构。

1. 单排行星齿轮机构

如图 2-17 所示,单排行星齿轮机构主要由 1 个太阳轮(或称为中心轮)、1 个带有若干个行星轮的行星架和 1 个齿圈组成。

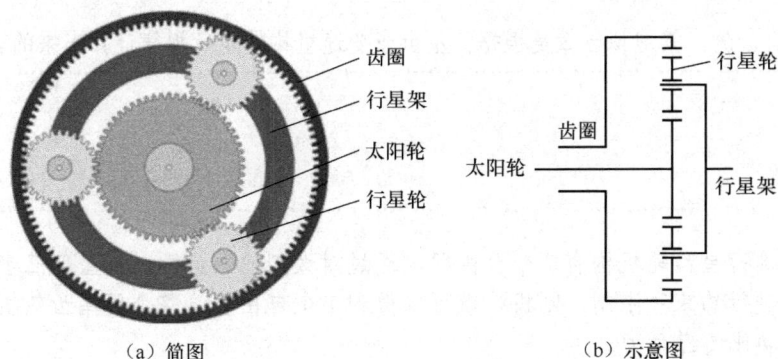

（a）简图　　　　　　　　　　　（b）示意图

图 2-17　单排行星齿轮机构

动画

单排行星齿轮机构
工作原理

动画

行星齿轮传动原理

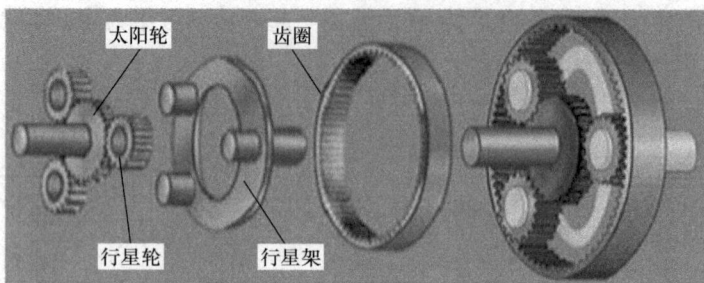

（c）分解图

图 2-17　单排行星齿轮机构（续）

齿圈上制有内齿，其余齿轮均为外齿。太阳轮位于机构的中心，行星轮与太阳轮外啮合，行星轮与齿圈内啮合。通常行星轮有 3 ～ 6 个，通过滚针轴承安装在行星齿轮轴上，行星齿轮轴对称、均匀地安装在行星架上。行星齿轮机构工作时，行星轮除了绕自身轴线自转外，同时还绕着太阳轮公转，行星轮绕太阳轮公转，行星架也绕太阳轮旋转。

> **提示**
>
> 由于太阳轮与行星轮是外啮合，所以二者的旋转方向是相反的；而行星轮与齿圈是内啮合，所以二者的旋转方向是相同的。

设太阳轮、齿圈、行星架的转速分别为 n_1、n_2、n_3，齿数分别为 z_1、z_2、z_3（虚拟齿数），齿圈齿数与太阳轮齿数之比为 α，即 $\alpha=z_2/z_1$。根据能量守恒定律，由作用在单排行星齿轮机构各元件上的力矩和结构参数，可得出表示单排行星齿轮机构运动规律的特性方程式为

$$n_1+\alpha n_2-(1+\alpha)n_3=0$$

> **提示**
>
> 行星架本身是没有齿的，其虚拟齿数是根据行星齿轮变速机构的运行规律计算出来的。

> **提示**
>
> 由上式可知，单排行星齿轮机构有 2 个自由度，通过对太阳轮、齿圈和行星架三者中的某个元件的运动进行约束和限制，则机构就可以得到 1 个自由度，整个行星齿轮机构就可以以一定的传动比传递动力。

单排行星齿轮机构的动力传递方式如图 2-18 所示。

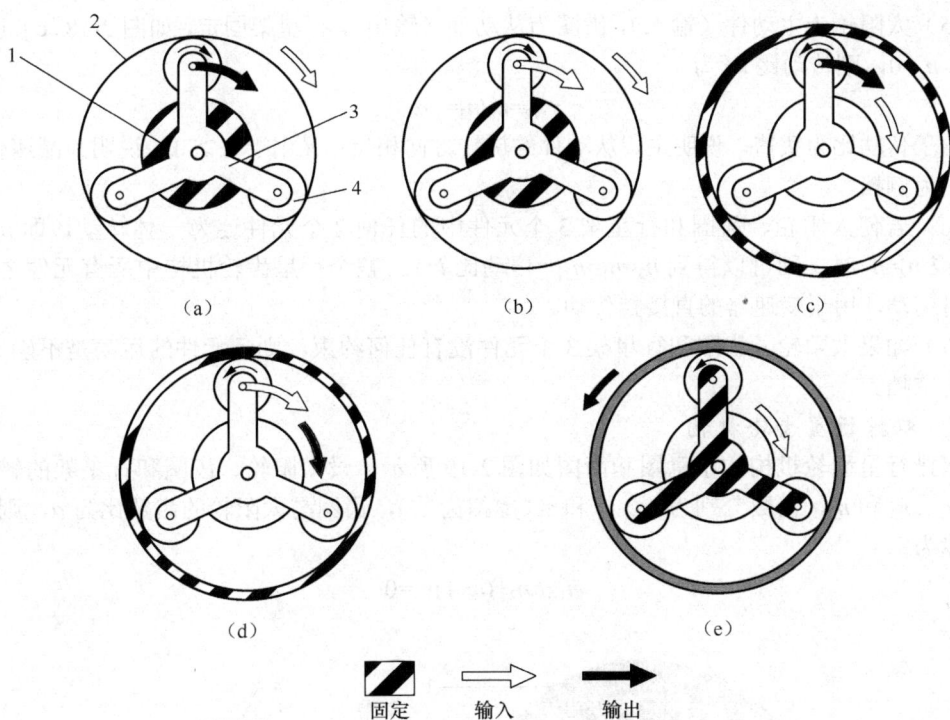

图 2-18 单排行星齿轮机构的动力传递方式

1—太阳轮；2—齿圈；3—行星架；4—行星轮

（1）齿圈为主动件（输入），行星架为从动件（输出），太阳轮固定，如图 2-18（a）所示。此时，$n_1=0$，则传动比 i_{23} 为

$$i_{23}=n_2/n_3=1+1/\alpha>1$$

由于传动比大于 1，说明为减速传动，可以作为降速挡。

（2）行星架为主动件（输入），齿圈为从动件（输出），太阳轮固定，如图 2-18（b）所示。此时，$n_1=0$，则传动比 i_{32} 为

$$i_{32}=n_3/n_2=\alpha/(1+\alpha)<1$$

由于传动比小于 1，说明为增速传动，可以作为超速挡。

（3）太阳轮为主动件（输入），行星架为从动件（输出），齿圈固定，如图 2-18（c）所示。此时，$n_2=0$，则传动比 i_{13} 为

$$i_{13}=n_1/n_3=1+\alpha>1$$

由于传动比大于 1，说明为减速传动，可以作为降速挡。

对比（1）、（3）两种情况的传动比，由于 $i_{13}>i_{23}$，虽然都为降速挡，但 i_{13} 是降速挡中的低挡，而 i_{23} 为降速挡中的高挡。

（4）行星架为主动件（输入），太阳轮为从动件（输出），齿圈固定，如图 2-18（d）所示。此时，$n_2=0$，则传动比 i_{31} 为

$$i_{31}=n_3/n_1=1/(1+\alpha)<1$$

由于传动比小于 1，说明为增速传动，可以作为超速挡。

（5）太阳轮为主动件（输入），齿圈为从动件（输出），行星架固定，如图2-18（e）所示。此时，$n_3=0$，则传动比i_{12}为

$$i_{12}=n_1/n_2=-\alpha$$

由于传动比为负值，说明主、从动件的旋转方向相反；又由于$\alpha>1$，说明为减速传动，可以作为倒挡。

（6）若使太阳轮、齿圈和行星架3个元件中的任何2个元件连为一体转动，即$n_1=n_2$，$n_1=n_3$或$n_2=n_3$时，则可以得到$n_3=n_1=n_2$，传动比$i=1$。整个行星齿轮机构中所有元件之间均无相对运动，用于变速器的直接挡传动。

（7）如果太阳轮、齿圈和行星架3个元件没有任何约束，则各元件的运动是不确定的，此时为空挡。

2. 双排行星齿轮机构

双排行星齿轮机构的示意图和简图如图2-19所示。设太阳轮、齿圈和行星架的转速分别为n_1、n_2和n_3，齿数分别为z_1、z_2和z_3（虚拟齿数），齿圈与太阳轮的齿数比为α，则其运动规律为

$$n_1-\alpha n_2+(\alpha-1)n_3=0$$

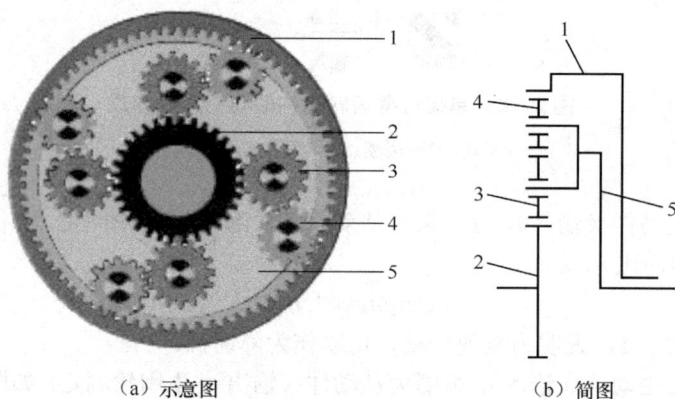

（a）示意图 　　　　　　（b）简图

图2-19　双排行星齿轮机构

1—内齿圈；2—太阳轮；3—内行星轮；4—外行星轮；5—行星架

双排行星齿轮机构的运动分析与单排行星齿轮机构相同。

提示

　　自动变速器中的行星齿轮变速器一般是采用2排以上行星齿轮机构传动，其各挡传动比就是按照上述单排行星齿轮机构传动规律进行合理组合而得到的。常见的行星齿轮变速器有辛普森式的和拉维娜式的。

.... □ 项目实施 □ ....

提示

液力变矩器检修要求及注意事项如下。

（1）拆装及检修前将车辆可靠驻停。

（2）正确选用拆装与检修工具。

（3）检修前对变矩器进行清洗。

（4）拆卸液力变矩器时，最好打上装配位置标记，以便装复时按原位装回，避免影响动平衡。

（5）将变速器总成与液力变矩器组合时，要注意油泵驱动轴与油泵主动齿轮之间的配合键槽应确实对齐、插牢，否则会造成液力变矩器或油泵的损坏。

操作一 **检查液力变矩器的外部**

步骤一 目视检查液力变矩器的外部有无损坏和裂纹。

步骤二 目视检查油泵驱动毂外部有无磨损、缺口有无损伤。

如有异常应更换液力变矩器。

操作二 **单向离合器的检查**

步骤一 单向离合器的检查如图 2-20 所示，用专用工具插入油泵驱动毂和单向离合器外座圈的槽口中。

步骤二 用手指压住单向离合器的内座圈并转动它，检查是否顺时针转动平稳而逆时针方向锁止。

如果单向离合器损坏，则需要更换液力变矩器总成。

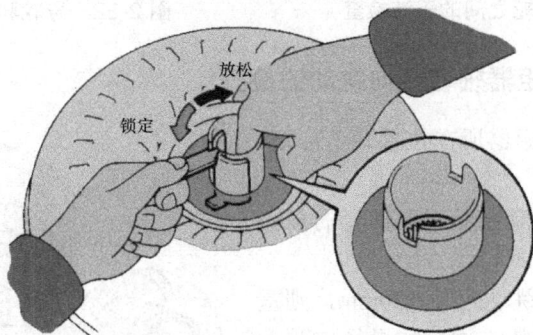

图 2-20 检查单向离合器

操作三 **导轮和涡轮之间的干涉检查**

导轮和涡轮之间的干涉检查如图 2-21 所示。液力变矩器内部干涉主要指导轮和涡轮、导轮和泵轮之间的干涉。如果有干涉，液力变矩器运转时会有噪声。

步骤一 将液力变矩器与飞轮连接侧朝下放在台架上。

步骤二 装入油泵总成，确保液力变矩器油泵驱动毂与油泵主动部分接合好。

步骤三 把变速器输入轴（涡轮轴）插入涡轮轮毂中，使油泵和液力变矩器保持不动。

步骤四 顺时针、逆时针反复转动涡轮轴，如果转动不顺畅或有噪声，则更换液力变矩器。

操作四 导轮和泵轮之间的干涉检查

导轮和泵轮之间的干涉检查如图 2-22 所示。

步骤一 将油泵放在台架上，并把液力变矩器安装在油泵上。

步骤二 旋转液力变矩器使液力变矩器的油泵驱动毂与油泵主动部分接合好。

步骤三 固定住油泵并逆时针转动液力变矩器。

步骤四 如果转动不顺畅或有噪声，则更换液力变矩器。

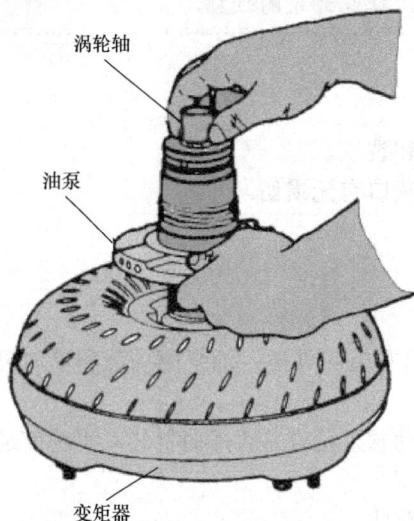

图 2-21 导轮和涡轮之间的干涉检查

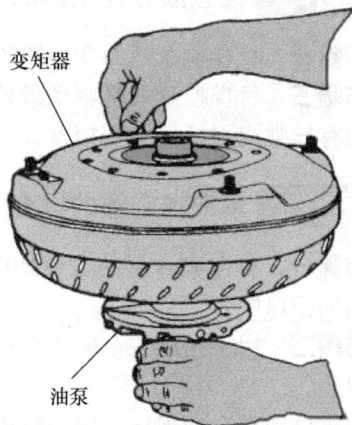

图 2-22 导轮和泵轮之间的干涉检查

操作五 液力变矩器轴套径向跳动的检查

步骤一 将液力变矩器所在位置做个标记，暂时装到飞轮上。

步骤二 用百分表检查变矩器轴套的径向跳动误差，如图 2-23 所示。

步骤三 如果径向跳动超过 0.30mm，则重新调整液力变矩器的安装方位；如果径向跳动过大，而仍然得不到修正，则应更换液力变矩器。

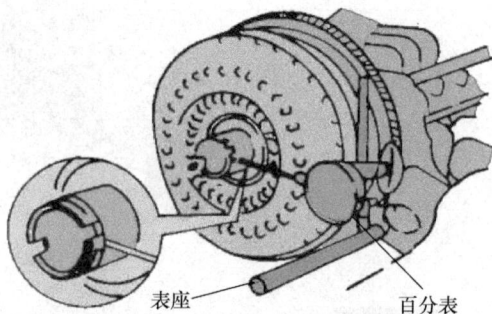

图 2-23 液力变矩器轴套径向跳动检查

操作六 锁止离合器的检查

锁止离合器的常见故障有不锁止和常锁止。不锁止会使是车辆的油耗高、发动机高速运转而车速不高。具体检查时要相应检查电路部分、阀体部分以及锁止离合器本身。常锁止会造成发动机怠速正常，但换挡杆置于动力挡（R、D、2、L）后发动机熄火。

步骤一　对车辆进行路试，将车速稳定在 80km/h 左右，在保持车速稳定的同时，轻踩制动踏板，此时应解除锁止，即发动机转速和进气管真空度都有所增加，如果无任何变化，则锁止离合器没有正常工作，可能根本就没锁止，也可能根本就不解除锁止。

步骤二　若汽车车速稳定在 80km/h，突然紧急制动，发动机熄火，说明锁止离合器不能解除锁止。

□ 维修实例 □

帕萨特轿车不能提速且油耗增加

（1）故障现象

一辆帕萨特轿车，装有 01N 自动变速器，该车行驶里程为 6.5 万千米。驾驶员反映这辆车在行驶过程中不能提速，出现了只能以 50km/h 的速度行驶、油耗增加的现象。

（2）故障原因

自动变速器内进水，自动变速器油变质。

（3）故障诊断

经检查发现发动机动力充足，分析是自动变速器故障。用大众车系故障诊断仪 V.A.G 1552 读取自动变速器的故障码，显示为液力变矩器故障。根据故障现象分析，可能是变矩器有故障。

当时店内备件里没有该车装用的变矩器，在准备外购的时候，觉得应该再对这辆车的自动变速器进行一下全面检查。于是从自动变速器的线路、插接头、油质、油面高度等几个方面入手，再确定一下故障范围。

经过再次检查，发现自动变速器油液呈乳白色。这是一种明显的油中混水现象。

于是对自动变速器进行解体清洗，然后再将原部件重新装配。对车辆进行路试，车辆加速明显，行驶速度正常，故障现象消失，故障排除。

故障分析：自动变速器内进水，会导致油液变质，进而不能有效地传递动力，引起自动变速器打滑，特别是变矩器能量损失很大，不能升挡，车速提不起来，自动变速器控制单元据此判断为变矩器故障，给人造成假象。如果我们不认真分析故障现象，没有对自动变速器进行全面检查，盲目地将价格很高的变矩器购置回来，安在车上，却又发现不是变矩器故障，不但会造成零件的积压，费工费时，而且对客户和厂家都是一种损失。

在自动变速器的故障诊断过程中，各种诊断方法的运用应当是综合性的，需要灵活地使用，且要侧重于分析。有些故障是有一定假象的，必须经过反复的检查，才能确定。

小　结

1．液力变矩器主要功用有传递动力、无级变速、自动离合、减速增扭、缓冲振动、驱动油泵。

2．液力变矩器一般由泵轮、涡轮、导轮、单向离合器和锁止机构组成。

3. 液力变矩器的工作特性：转矩放大特性、耦合工作特性、失速特性。

4. 单向离合器功用是实现导轮的单向锁止，即导轮只能顺时针转动而不能逆时针转动。

5. 常见的单向离合器有楔块式和滚柱斜槽式2种。楔块式单向离合器由内座圈、外座圈、楔块、保持架等组成。

6. 锁止离合器的功用是可以将泵轮和涡轮直接连接起来，使变矩器输入轴与输出轴刚性连接，提高了传动效率，提高了汽车在正常行驶时的燃油经济性，并防止 ATF 过热。

7. 锁止离合器有3种类型：离心式、液压式和行星齿轮机构式。目前多数液力变矩器采用锁止离合器作为锁止装置，其接合和分开是由液力变矩器中的液压油的流向改变决定的。

8. 锁止离合器由压盘、扭转减振器、摩擦片等组成。

9. 行星齿轮机构根据其组合形式的不同可分为单排行星齿轮机构和双排行星齿轮机构。

10. 单排行星齿轮机构主要由1个太阳轮（或称为中心轮）、1个带有若干个行星轮的行星架和1个齿圈组成。

11. 单排行星齿轮机构有2个自由度，通过对太阳轮、齿圈和行星架三者中的某个元件的运动进行约束和限制，则机构就可以得到1个自由度，整个行星齿轮机构就可以以一定的传动比传递动力。

12. 自动变速器中的行星齿轮变速器一般采用2排以上行星齿轮机构传动，其各挡传动比就是按照单排行星齿轮机构传动规律进行合理组合而得到的。常见的行星齿轮变速器有辛普森式的和拉维娜式的。

练习思考题

1. 液力变矩器主要功用有哪些？
2. 液力变矩器一般由哪些部件组成？
3. 简述液力变矩器的工作原理。
4. 液力变矩器的工作特性有哪些？
5. 单向离合器有什么功用？
6. 常见的单向离合器有哪2种？请说明楔块式单向离合器的结构与工作原理。
7. 锁止离合器的功用是什么？
8. 锁止离合器有哪几种类型？请说明典型锁止离合器的工作原理。
9. 根据组合形式的不同，行星齿轮机构可分为哪2种？
10. 单排行星齿轮机构由哪些部件组成？
11. 单排行星齿轮机构怎样传递动力？
12. 举例说明单排行星齿轮机构的动力传递方式。
13. 画出单排双级行星齿轮机构的简图。
14. 怎样检查单向离合器？
15. 怎样检查锁止离合器？

项目三
辛普森式行星齿轮变速器

▫ 学习目标 ▫

（1）熟悉辛普森式行星齿轮变速器的组成。

（2）熟悉辛普森式行星齿轮变速器各挡动力传递路线。

（3）熟悉换挡执行元件离合器的功用、结构和工作原理。

（4）熟悉换挡执行元件制动器的功用、结构和工作原理。

（5）能够熟练进行辛普森式行星齿轮变速器的拆装并掌握其检修方法。

▫ 案例引入 ▫

一辆丰田雷克萨斯 LS400 汽车，装配 A341E 型辛普森式行星齿轮变速器，行驶里程为7.8 万千米。驾驶员反映该车在对自动变速器维修之后出现车辆无法行驶的故障，既不能在换挡杆位于 "D" 位时行驶，又不能在 "R" 位下行驶。

先对发动机进行常规检查，发动机动力充足，运转正常，由于是在对自动变速器维修之后出现的故障，分析应该是自动变速器出现故障。该车装配的是辛普森式行星齿轮变速器，因此，学习和掌握辛普森式行星齿轮变速器的结构与故障检查方法非常重要。

▫ 相关知识 ▫

一、辛普森式行星齿轮变速器的组成和各挡动力传递路线

辛普森式（Simpson）行星齿轮变速器是在自动变速器中应用最广泛的一种行星齿轮变速器，多用于通用、丰田等公司的车型上。它是由美国福特公司的工程师 H. W. 辛普森发明的，早期的辛普森式行星齿轮变速器由两排行星齿轮机构组成，提供 3 个前进挡位。一般采用的是 4 挡以上辛普森式行星齿轮变速器。

动画

辛普森式工作原理

（一）丰田雷克萨斯 LS400 汽车 A341E、A342E 型辛普森式行星齿轮变速器

1. 结构组成及元件位置

图 3-1、图 3-2 所示为丰田 A341E、A342E 型 4 挡辛普森式行星齿轮变速器的结构简图，其换挡执行元件位置如图 3-3 所示。

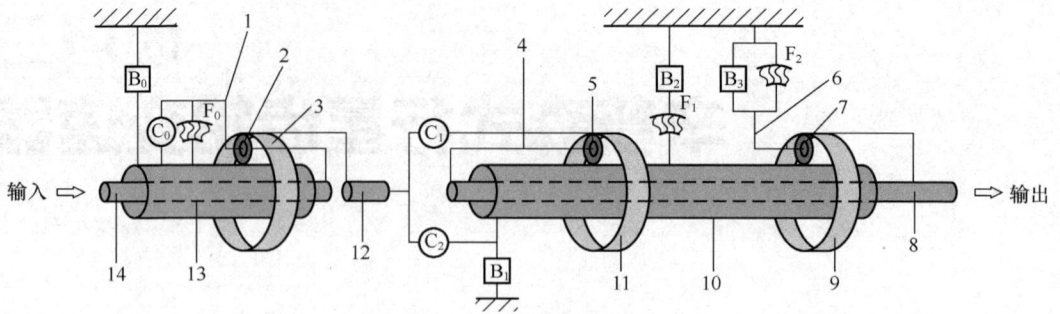

图 3-1　丰田 A341E、A342E 型 4 挡辛普森式行星齿轮变速器结构简图（一）

1—超速（O/D）行星排行星架；2—超速（O/D）行星排行星轮；3—超速（O/D）行星排齿圈；4—前行星排行星架；5—前行星排行星轮；6—后行星排行星架；7—后行星排行星轮；8—输出轴；9—后行星排齿圈；10—前后行星排太阳轮；11—前行星排齿圈；12—中间轴；13—超速（O/D）行星排太阳轮；14—输入轴；C0—超速挡（O/D）离合器；C1—前进挡离合器；C2—直接挡、倒挡离合器；B0—超速挡（O/D）制动器；B1—2挡滑行制动器；B2—2挡制动器；B3—低挡、倒挡离合器；F0—超速挡（O/D）单向离合器；F1—2挡（1号）单向离合器；F2—低挡（2号）单向离合器

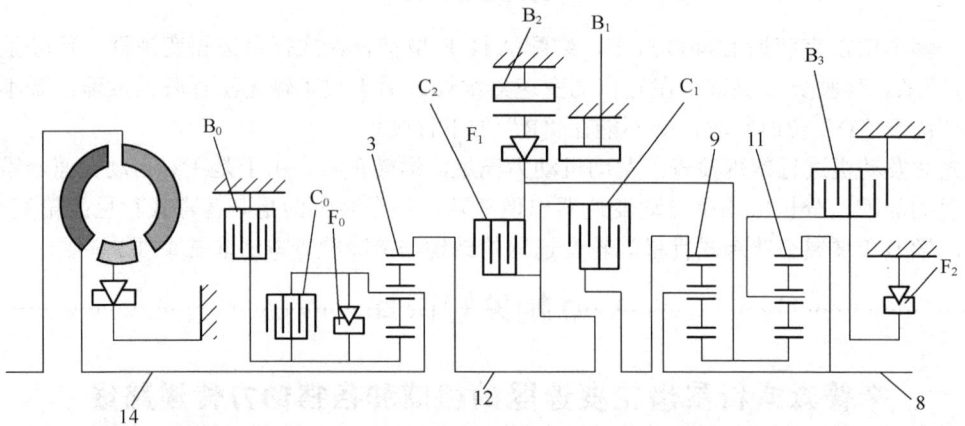

图 3-2　丰田 A341E、A342E 型 4 挡辛普森式行星齿轮变速器结构简图（二）

（图注同图3-1）

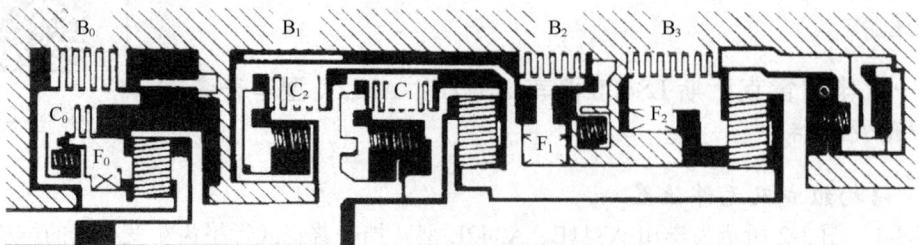

图 3-3　丰田 A341E、A342E 型 4 挡辛普森式行星齿轮变速器换挡执行元件位置图

不同厂家的 4 挡辛普森式行星齿轮变速器的元件位置稍有不同。

丰田 A341E、A342E 型 4 挡辛普森式行星齿轮变速器由行星齿轮机构和换挡执行元件 2 部分组成。其中，行星齿轮机构由 3 排行星齿轮机构组成，前面一排为超速行星排，中间一排为前行星排，后面一排为后行星排，之所以这样命名是由于 4 挡辛普森式行星齿轮机构是在 3 挡辛普森式行星齿轮机构的基础上发展起来的，沿用了 3 挡辛普森式行星齿轮机构的命名。

丰田 A341E、A342E 型 4 挡辛普森式行星齿轮变速器的结构特点如下。

（1）输入轴与超速行星排的行星架相连。

（2）超速行星排的齿圈与中间轴相连。

（3）中间轴通过前进挡离合器或直接挡、倒挡离合器与前、后行星排相连。

（4）前、后行星排共用一个太阳轮。

（5）前行星排的行星架与后行星排的齿圈相连并均与输出轴相连。

2．换挡执行元件

丰田 A341E、A342E 型 4 挡辛普森式行星齿轮变速器换挡执行元件包括 3 个离合器、4 个制动器和 3 个单向离合器共 10 个元件。换挡执行元件具体的功能如表 3-1 所示。

表 3-1　　丰田 A341E、A342E 型 4 挡辛普森式行星齿轮变速器换挡执行元件的功能

换挡执行元件		功能
C_0	超速挡（O/D）离合器	连接超速行星排太阳轮与超速行星排行星架
C_1	前进挡离合器	连接中间轴与前行星排齿圈
C_2	直接挡、倒挡离合器	连接中间轴与前后行星排太阳轮
B_0	超速挡（O/D）制动器	制动超速行星排太阳轮
B_1	2挡滑行制动器	制动前后行星排太阳轮
B_2	2挡制动器	制动F_1外座圈，当F_1也起作用时，可以防止前后行星排太阳轮逆时针转动
B_3	低挡、倒挡制动器	制动后行星排行星架
F_0	超速挡（O/D）单向离合器	连接超速行星排太阳轮与超速行星排行星架
F_1	2挡（1号）单向离合器	当B_2工作时，防止前后行星排太阳轮逆时针转动
F_2	低挡（2号）单向离合器	防止后行星排行星架逆时针转动

各换挡执行元件的名称与其功能有关系。

3. 换挡执行元件动作情况

在变速器各挡位时，换挡执行元件的动作情况如表 3-2 所示。

表 3-2　　　　　　　　　　　　各挡位换挡执行元件的动作情况

换挡杆位置	挡位	换挡执行元件										发动机制动
		C_0	C_1	C_2	B_0	B_1	B_2	B_3	F_0	F_1	F_2	
P	驻车挡	○										
R	倒挡	○		○				○	○			
N	空挡	○										
D	1挡	○	○						○		○	
	2挡	○	○				○		○	○		
	3挡	○	○	○			○		○			
	4挡（O/D挡）	○	○	○	○		○					
2	1挡	○	○						○		○	
	2挡	○	○			○	○		○			○
	3挡*	○	○	○			○		○			
L	1挡	○	○					○	○		○	○
	2挡*	○	○			○	○		○	○		○

注：*表示只能降挡不能升挡。

○表示换挡元件工作或有发动机制动。

4. 各挡位动力传递路线分析

（1）D_1 挡

如图 3-4 所示，D_1 挡（"D"位 1 挡）时，C_0、C_1、F_0、F_2 工作。C_0 和 F_0 工作将超速行星排的太阳轮和行星架相连，此时超速行星排成为一个刚性整体，输入轴的动力顺时针传到中间轴。C_1 工作将中间轴与前行星排齿圈相连，前行星排齿圈顺时针转动驱动前行星排行星轮，前行星排行星轮既顺时针自转又顺时针公转，前行星排行星轮顺时针公转则输出轴也顺时针转动，这是 1 条动力传递路线。由于前行星排行星轮顺时针自转，则前后行星排太阳轮逆时针转动，再驱动后行星排行星轮顺时针自转，此时后行星排行星轮在前后行星排太阳轮的作用下有逆时针公转的趋势，但由于 F_2 的作用，使得后行星排行星架不动。这样顺时针转动的后行星排行星轮驱动齿圈顺时针转动，从输出轴也输出动力，这是第 2 条动力传递路线。

（2）D_2 挡

如图 3-5 所示，D_2 挡（"D"位 2 挡）时，C_0、C_1、B_2、F_0、F_1 工作。C_0 和 F_0 工作如前所述直接将动力传给中间轴。C_1 工作，动力顺时针传到前行星排齿圈，驱动前行星排行星轮顺时针转动，并使前后太阳轮有逆时针转动的趋势，由于 B_2 的作用，F_1 将防止前后太阳轮逆时针转动，即前后太阳轮不动。此时前行星排行星轮将带动行星架也顺时针转动，从输出轴输出动力。后行星排不参与动力的传递。

（3）D_3 挡

如图 3-6 所示，D_3 挡（"D"位 3 挡）时，C_0、C_1、C_2、B_2、F_0 工作。C_0 和 F_0 工作如前

所述直接将动力传给中间轴。C_1、C_2 工作将中间轴与前行星排的齿圈和太阳轮同时连接起来，前行星排成为刚性整体，动力直接传给前行星排行星架，从输出轴输出动力。此挡为直接挡。

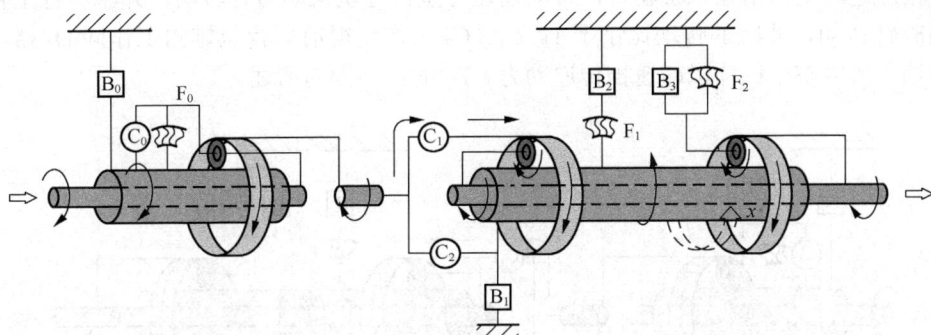

图 3-4　"D" 位 1 挡动力传递路线

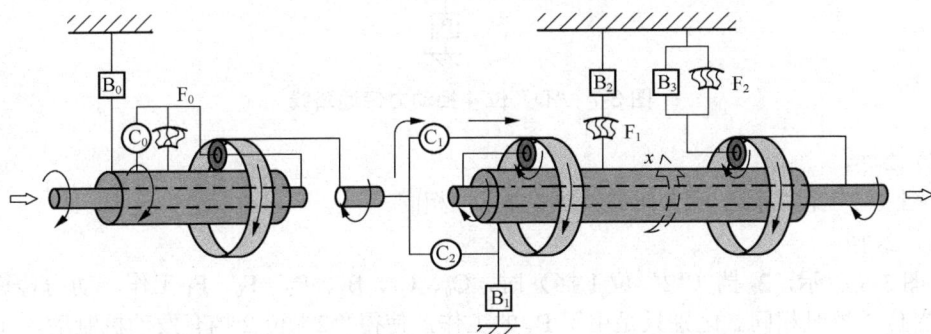

图 3-5　"D" 位 2 挡动力传递路线

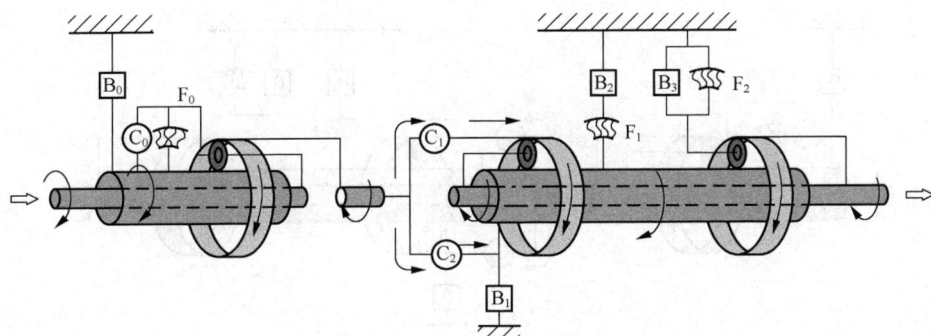

图 3-6　"D" 位 3 挡动力传递路线

提示

在 D_3 挡时，B_2 实际上不参与动力传递，但 B_2 工作可以使得 D_2 挡升 D_3 挡时只需让 C_3 工作即可，同样 D_3 挡降为 D_2 挡时也只需让 C_2 停止工作即可，因此相邻两挡升降参与工作的元件少，换挡方便，提高了可靠性和平顺性。

（4）D₄ 挡

如图 3-7 所示，D₄ 挡（"D"位 4 挡）时，C₁、C₂、B₀、B₂ 工作。B₀ 工作，将超速行星排太阳轮固定。动力由输入轴输入，带动超速行星排行星架顺时针转动，并驱动行星轮及齿圈都顺时针转动，此时的传动比小于 1。C₁、C₂ 工作使得前后行星排的工作同 D₃ 挡，即处于直接挡。所以整个机构以超速挡传递动力。B₂ 的作用同前所述。

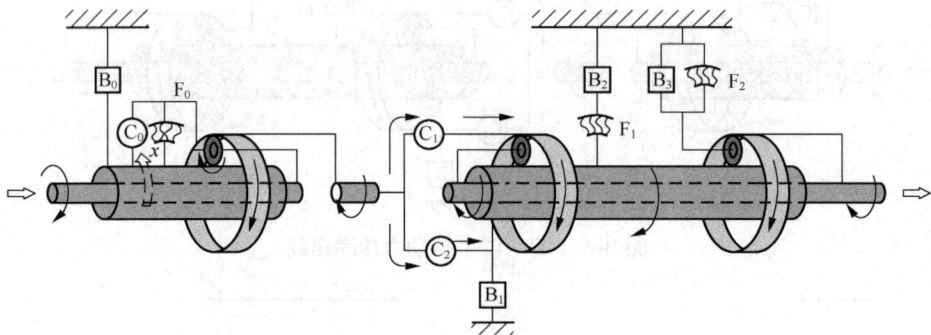

图 3-7 "D"位 4 挡动力传递路线

（5）2₁ 挡

2₁ 挡（"2"位 1 挡）的工作与"D"位 1 挡相同。

（6）2₂ 挡

如图 3-8 所示，2₂ 挡（"2"位 1 挡）时，C₀、C₁、B₁、B₂、F₀、F₁ 工作。动力传递路线与"D"位 2 挡时相同。区别只是由于 B₁ 的工作，使得"2"位 2 挡有发动机制动，而"D"位 2 挡没有。此挡为高速发动机制动挡。

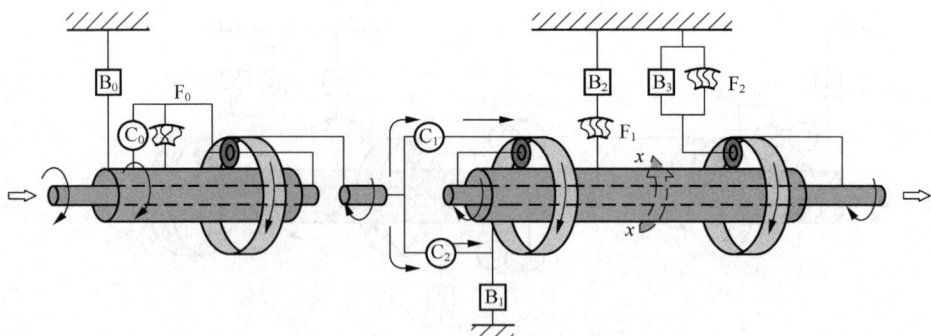

图 3-8 "2"位 2 挡动力传递路线

发动机制动是指利用发动机怠速时的较低转速以及变速器的较低挡位来使较快的车辆减速。"D"位 2 挡时，如果驾驶员抬起加速踏板，发动机进入怠速工况，而汽车在原有的惯性作用下仍以较高的车速行驶。此时，驱动车轮将通过变速器的输出轴有反向带动行星齿轮机构运转的趋势，使前后太阳轮有顺时针转动的趋势，F₁ 不起作用，使得反转的动力不能到达发动机，无法利用发动机进行制动。而在"2"位 2 挡时，B₁ 工作使得前后太阳轮固定，既不能逆时针转动也不能顺时针转动，这样反转的动力就可以传到发动机，所以有发动机制动。

（7）2_3挡

2_3挡（"2"位3挡）的工作与"D"位3挡相同。

（8）L_1挡

如图3-9所示，L_1挡（"L"位1挡）时，C_0、C_1、B_3、F_0、F_2工作。动力传递路线与"D"位1挡时相同。区别只是由于B_3的工作，使后行星排行星架固定，有发动机制动，原因同前所述。此挡为低速发动机制动挡。

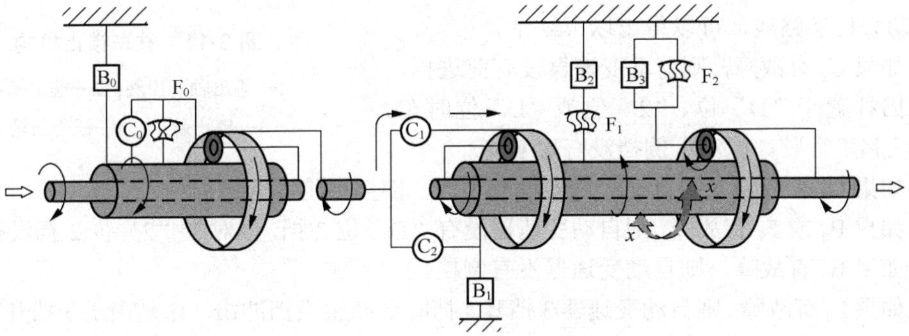

图3-9 "L"位1挡动力传递路线

（9）L_2挡

L_2挡（"L"位2挡）的工作与"2"位2挡相同。

（10）"R"位

如图3-10所示，倒挡时，C_0、C_2、B_3、F_0工作。C_0和F_0工作如前所述直接将动力传给中间轴。C_2工作将动力传给前后行星排太阳轮。由于B_3工作，将后行星排行星架固定，使得行星轮仅相当于一个惰轮。前后行星排太阳轮顺时针转动驱动后行星排行星架逆时针转动，进而驱动后行星排齿圈也逆时针转动，从输出轴逆时针输出动力。

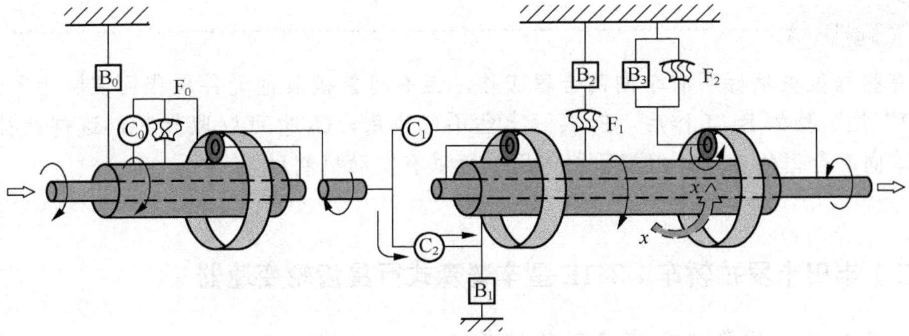

图3-10 "R"位动力传递路线

（11）"P"位（驻车挡）

换挡杆置于"P"位时，一般自动变速器都是通过驻车锁止机构将变速器输出轴锁止实现驻车的。如图3-11所示，驻车锁止机构由输出轴外齿圈、锁止棘爪、锁止凸轮等组成。锁止棘爪与固定在变速器壳体上的枢轴相连。当换挡杆处于"P"位时，与换挡杆相连的手动阀通过锁止凸轮将锁止棘爪推向输出轴外齿圈，并嵌入齿中，使变速器输出轴与壳体相连而无法转动，如图3-11（b）所示。当换挡杆处于其他位置时，锁止凸轮退回，锁止棘爪在复位弹簧的作用下离开输出轴外齿圈，锁止撤销，如图3-11（a）所示。

图3-11　驻车锁止机构

1—输出轴外齿圈；2—输出轴；
3—锁止棘爪；4—锁止凸轮

（12）几点说明

通过分析各挡位换挡执行元件的工作情况及各挡位的动力传递路线，可以得出以下结论。

① 如果 C_1 有故障，则自动变速器没有前进挡，即将换挡杆置于"D"位、"2"位或"L"位时车辆都无法起步行驶。但对于倒挡没有影响。

② 如果 C_2 有故障，则自动变速器没有3挡，倒挡也将没有。

③ 如果 B_2 或 F_1 有故障，则自动变速器没有"D"位2挡，但对于"2"位2挡没有影响。

④ 如果 B_3 有故障，则自动变速器没有倒挡。

⑤ 如果 F_0 有故障，则自动变速器3挡升4挡时会产生换挡冲击。这是由于3挡升4挡时，相当于由 C_0 切换到 B_0，但 C_0、B_0 有可能同时不工作。此时负荷的作用将使超速行星排的齿圈不动，如果没有 F_0，在行星架的驱动下太阳轮将顺时针超速转动，当 B_0 工作时产生换挡冲击。

⑥ 如果 F_2 有故障，则自动变速器没有"D"位1挡和"2"位1挡，但对于"L"位1挡没有影响。

⑦ 换挡时，单向离合器是自动参与工作的，所以只考虑离合器和制动器的工作即可。D_1 挡升 D_2 挡时 B_2 工作，D_2 挡升 D_3 挡时 C_2 工作，D_3 挡和 D_4 挡互换，相当于 C_0 和 B_0 互换。

⑧ 如果某挡位的动力传递路线上有单向离合器工作，则该挡位没有发动机制动。

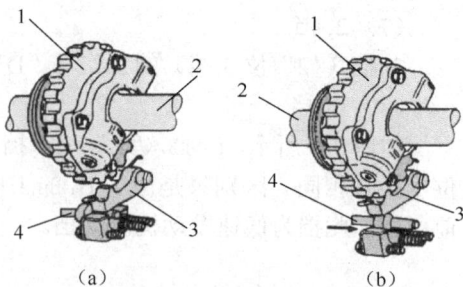

提示

有些挡位虽然标明有单向离合器工作，但有可能被其他元件取代而实际上不工作。如"2"位2挡的 B_1 工作后，F_1 实际上已不起作用，C_0 也可以取代 F_0，这样此挡虽标明有单向离合器的工作，但都不起作用，所以有发动机制动。

（二）丰田卡罗拉轿车 U341E 型辛普森式行星齿轮变速器

1. 辛普森式行星齿轮变速器的结构

丰田卡罗拉轿车配备的 U341E 型自动变速器采用了 CR-CR 式行星齿轮机构，即将两组单行星排的行星架 C 和齿圈 R 分别组配，该行星齿轮机构仅有4个独立元件（前太阳轮、后太阳轮、前行星架和后齿圈组件、前齿圈和后行星架组件），其特点是变速比大、效率高、元件轴的转速低。

图3-12 所示为 U341E 型自动变速器行星齿轮变速传动机构的结构。表3-3 所示为主要

部件的功能，表 3-4 所示为各换挡执行元件的工作情况。

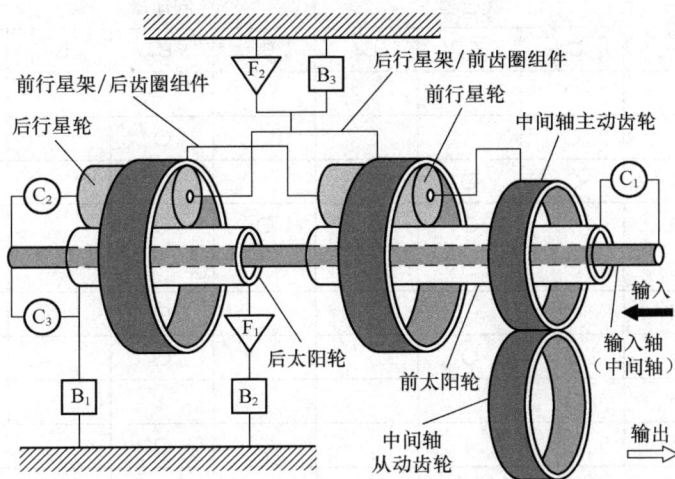

图 3-12　U341E 型自动变速器行星齿轮变速传动机构的结构

表 3-3　　　　　　　U341E 型自动变速器行星齿轮变速传动机构主要部件功能

部件		功能
C_1	前进挡离合器	连接输入轴和前排太阳轮
C_2	直接挡离合器	连接输入轴和后排行星架
C_3	倒挡离合器	连接输入轴和后太阳轮
B_1	O/D挡和2挡制动器	固定后排太阳轮
B_2	2挡制动器	固定F_1的外圈
B_3	1挡和倒挡制动器	固定后行星架/前齿圈组件
F_1	1号单向离合器	与B_2配合，阻止后太阳轮逆时针转动
F_2	2号单向离合器	阻止后行星架/前齿圈组件逆时针转动
前行星轮组		根据各换挡执行元件的工作情况，改变齿轮动力传递
后行星轮组		路线，以升高或降低输出转速
中间轴齿轮副		将动力传递给差速器，并改变传动方向，降低输出转速

表 3-4　　　U341E 型自动变速器行星齿轮变速传动机构各换挡执行元件的工作情况

换挡杆位置	挡位	离合器			制动器			单向离合器	
		C_1	C_2	C_3	B_1	B_2	B_3	F_1	F_2
P	驻车挡								
R	倒挡			○			○		
N	空挡								

续表

换挡杆位置	挡位	离合器			制动器			单向离合器	
		C_1	C_2	C_3	B_1	B_2	B_3	F_1	F_2
D	1挡	○							○
	2挡	○				○		○	
	3挡	○	○			○			
	4挡		○		○				
3	1挡								○
	2挡	○				○		○	
	3挡	○	○			○			
2	1挡								○
	2挡	○			○	○		○	
L	1挡	○					○		○

注：○表示工作。

2．动力传递路线分析

（1）1挡

换挡杆处于"D"位、"3"位和"2"位的 1 挡时，参与工作的换挡执行元件有 C_1、F_2，动力传递路线如图 3-13 所示。1 挡时动力传递发生在前行星排，F_2 阻止前齿圈逆着输入轴的旋转方向转动，此时，后排行星齿轮组没有元件被约束，因此处于空转状态，动力传递路线如下：

输入轴 → C_1 → 前太阳轮 → 前行星轮 → 前行星架 → 中间轴主、从动齿轮 → 输出轴

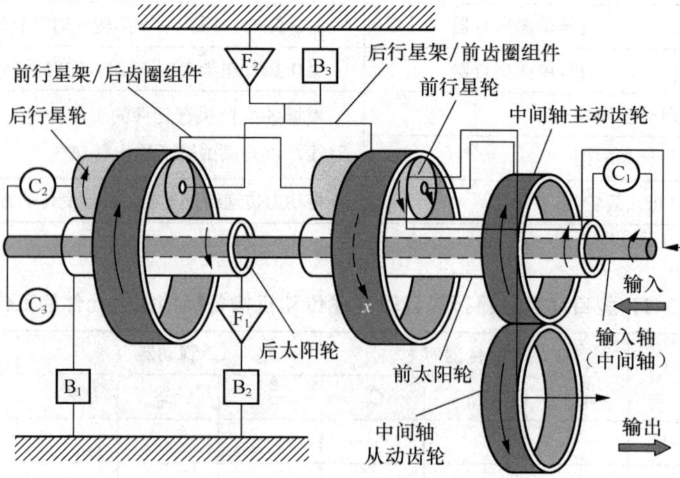

图 3-13　1 挡动力传递路线

放松加速踏板时，前行星架转速高（接驱动轮），前太阳轮转速低（接发动机），使前齿圈试图被带动顺着前行星架（前太阳轮）的旋转方向加速转动。由于单向离合器 F_2 不阻止前齿圈顺着行星架的旋转方向转动，整个行星排不能反向传递动力，所以无发动机制动效果。

为了提供有发动机制动的 1 挡，在"L"位 1 挡时，除了使上述的 1 挡换挡执行元件工作外，还使 B_3 也工作，使得车辆行驶时，不论是踩下还是放松加速踏板，行星排都有动力传递能力，从而获得发动机制动效果。

（2）2 挡

换挡杆处于"D"位和"3"位的 2 挡时，参与工作的换挡执行元件有 C_1、B_2、F_1，动力传递路线如图 3-14 所示。2 挡时动力传递发生在前、后两个行星排，B_2、F_1 联合作用，阻止后太阳轮逆输入轴的旋转方向转动，动力传递路线如下：

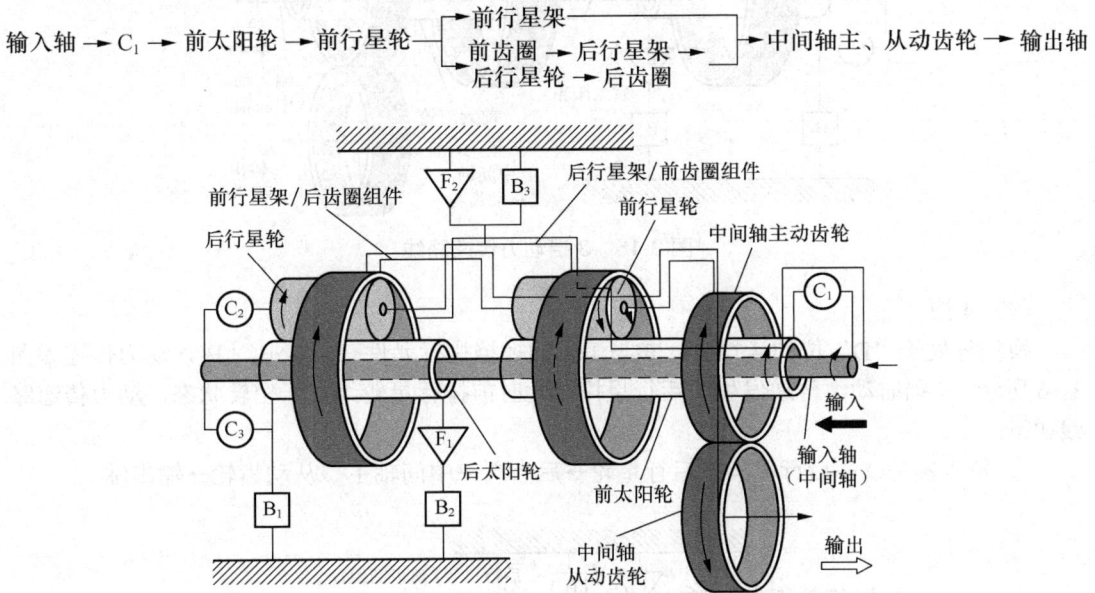

$$输入轴 \rightarrow C_1 \rightarrow 前太阳轮 \rightarrow 前行星轮 \rightarrow \begin{cases} 前行星架 \\ 前齿圈 \rightarrow 后行星架 \rightarrow \\ 后行星轮 \rightarrow 后齿圈 \end{cases} \rightarrow 中间轴主、从动齿轮 \rightarrow 输出轴$$

图 3-14　2 挡动力传递路线

放松加速踏板时，前行星架和后齿圈组件转速高（接驱动轮），前太阳轮转速低（接发动机），使前齿圈和后行星架组件加速转动，进而使后太阳轮试图被带动顺着前行星架（前太阳轮）的旋转方向加速转动。由于单向离合器 F_1 不阻止后太阳轮顺着行星架的旋转方向转动，整个行星排不能反向传递动力，所以无发动机制动效果。

为了提供有发动机制动的 2 挡，在"2"位 2 挡时，除了使上述的 2 挡换挡执行元件工作外，还使 B_1 也工作，使得车辆获得发动机制动效果。

（3）3 挡

换挡杆处于"D"位和"3"位的 3 挡时，参与工作的换挡执行元件有 C_1、C_2、B_2，动力传递路线如图 3-15 所示。3 挡时前、后排行星齿轮机构互锁为一体旋转，动力传递路线如下：

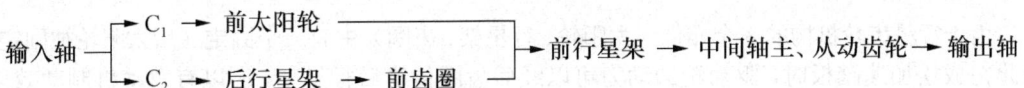

$$输入轴 \begin{cases} C_1 \rightarrow 前太阳轮 \\ C_2 \rightarrow 后行星架 \rightarrow 前齿圈 \end{cases} \rightarrow 前行星架 \rightarrow 中间轴主、从动齿轮 \rightarrow 输出轴$$

由于行星齿轮机构的 3 个元件（太阳轮、行星架、齿圈）中有 2 个转速相等（前太阳轮、前行星架都与输入轴相连），因此在放松加速踏板时，驱动轮的动力可以经前行星架传给前太阳轮，所以有发动机制动效果。

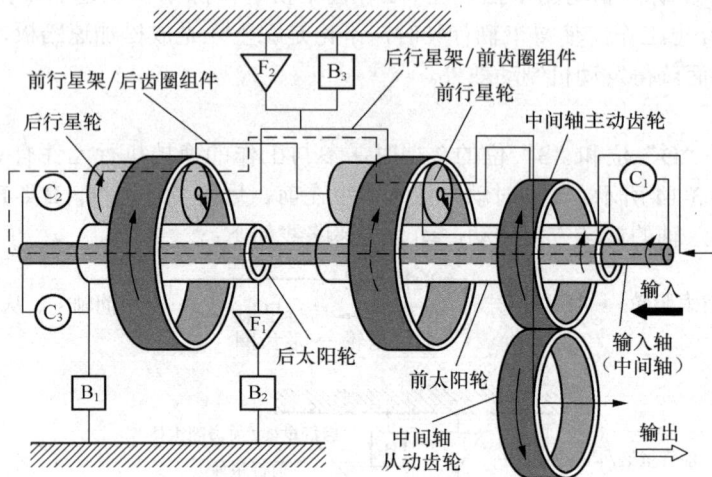

图 3-15　3 挡动力传递路线

（4）4 挡

换挡杆处于"D"位的 4 挡时，参与工作的换挡执行元件有 C_2、B_1、B_2，动力传递如图 3-16 所示。4 挡时动力传递发生在后行星排，此时前排行星轮组处于空转状态，动力传递路线如下：

输入轴→C_2→后行星架→后行星轮→后齿圈→中间轴主、从动齿轮→输出轴

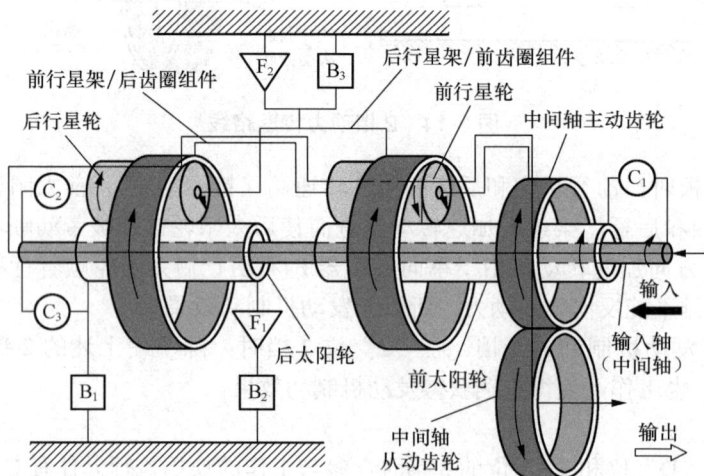

图 3-16　4 挡动力传递路线

由于行星齿轮机构的 3 个元件（太阳轮、行星架、齿圈）中有一个固定（后太阳轮被固定），因此在放松加速踏板时，驱动轮的动力可以经后齿圈传给后行星架，所以有发动机制动效果。

（5）倒挡

换挡杆处于"R"位时，参与工作的换挡执行元件有 C_3、B_3，动力传递路线如图 3-17 所示。倒挡时动力传递发生在后行星排，此时前排行星轮组处于空转状态，动力传递路线如下：

输入轴→C_3→后太阳轮→后行星轮→后齿圈→中间轴主、从动齿轮→输出轴

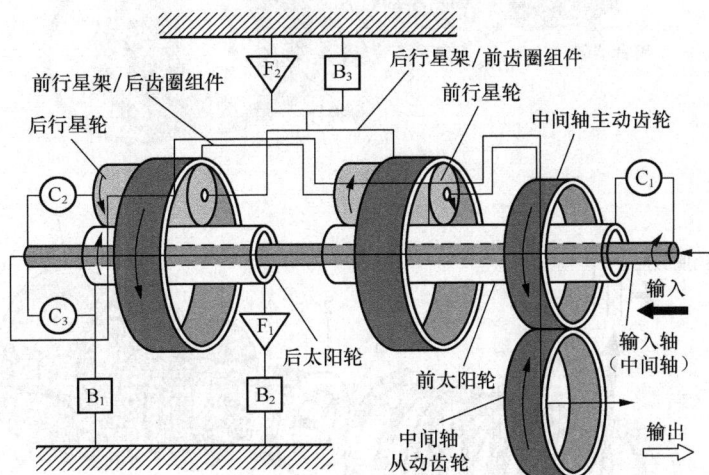

图 3-17　倒挡动力传递路线

由于行星齿轮机构的 3 个元件（太阳轮、行星架、齿圈）中有 1 个固定（后行星架被固定），因此在放松加速踏板时，驱动轮的动力可以经后太阳轮传给后齿圈，所以有发动机制动效果。

二、换挡执行元件

自动变速器若要实现传动比和传动方向的改变，就必须利用换挡执行机构对行星齿轮机构中的不同元件进行约束和限制（固定或连接某些元件）。换挡执行元件包括离合器、制动器和单向离合器。离合器和制动器以液压方式控制行星齿轮机构元件的运动，单向离合器以机械方式控制行星齿轮机构元件的运动。

1．离合器

离合器的功用是连接轴和行星齿轮机构中的元件或连接行星齿轮机构中的不同元件。自动变速器上的离合器多采用多片湿式离合器。

（1）离合器的结构和组成

离合器主要由摩擦片、钢片、离合器毂、活塞、复位弹簧等组成，如图 3-18 所示。

离合器毂是 1 个液压缸，内圆轴颈上有进油孔与控制油路相通，通过花键与主动元件相连或与其制成一体，毂内有内花键，钢片通过外缘键齿与离合器毂的内花键槽配合，与主动元件同步旋转。摩擦片通过内缘键齿与花键毂相连，钢片和摩擦片均可以轴向移动，钢片和摩擦片交错排列，二者的接合与分离由离合器的活塞控制。压盘固定于离合器毂键槽中，用以限制钢片、摩擦片的位移量，其外侧安装了限位卡环，活塞装于离合器毂内，复位弹簧一端抵于活塞端面，另一端支撑在保持座上，复位弹簧有周置螺旋弹簧、中央布置螺旋弹簧和中央布置碟形弹簧 3 种不同形式。

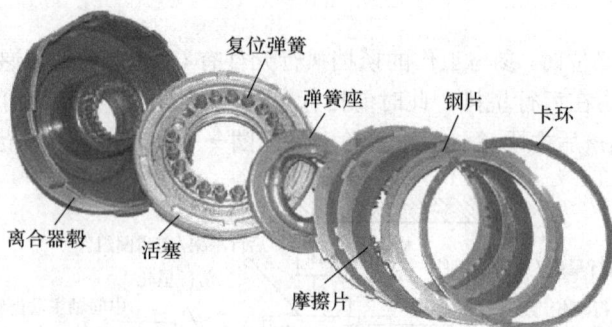

（a）实物图

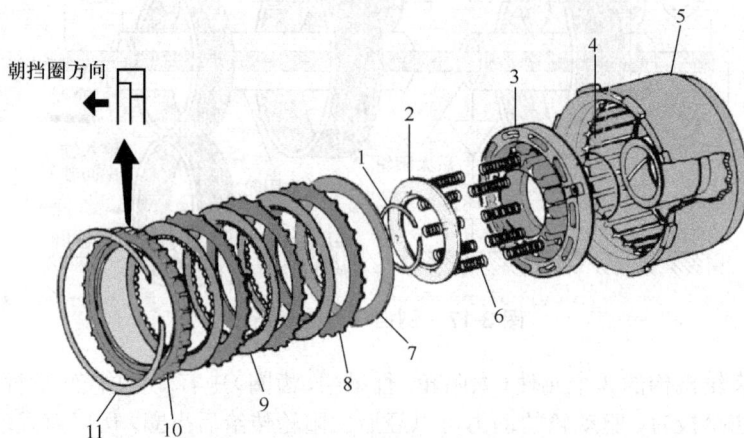

（b）分解图

图 3-18 离合器

1—卡环（卡簧）；2—弹簧座；3—活塞；4—O形圈；5—离合器毂；6—复位弹簧；

7—碟形弹簧；8—钢片；9—摩擦片；10—压盘；11—卡环

（2）离合器的工作原理

离合器的工作原理如图 3-19 所示。

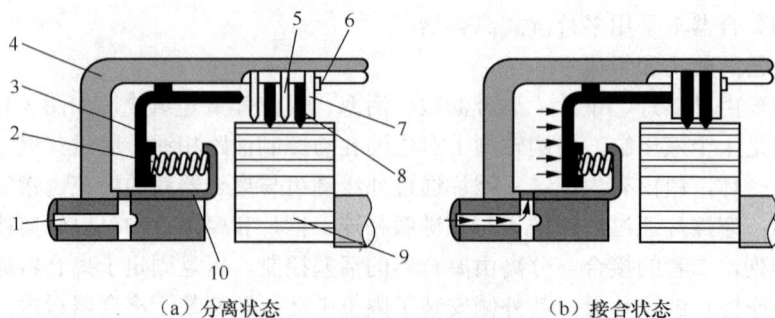

（a）分离状态　　　　（b）接合状态

图 3-19 离合器工作原理

1—控制油道；2—复位弹簧；3—活塞；4—离合器毂；5—主动片；6—卡环；7—压盘；8—从动片；9—花键毂；10—弹簧座

当一定压力的 ATF 经控制油道进入活塞左侧的液压缸时，液压作用力便克服弹簧力使活塞右移，将所有离合器片压紧，即离合器接合，与离合器主、从动部分相连的元件也被连接在一起，以相同的速度旋转。

当控制阀将作用在离合器液压缸的油压撤除后，离合器活塞在复位弹簧的作用下回到原位，并将缸内的 ATF 从进油孔排出，使离合器分离，离合器主、从动部分可以不同转速旋转。

为了快速泄油，保证离合器彻底分离，一般在液压缸中都有 1 个单向球阀，如图 3-20 所示。当 ATF 被泄除时，球体在离心力的作用下离开阀座，开启辅助泄油通道，使 ATF 迅速泄除。

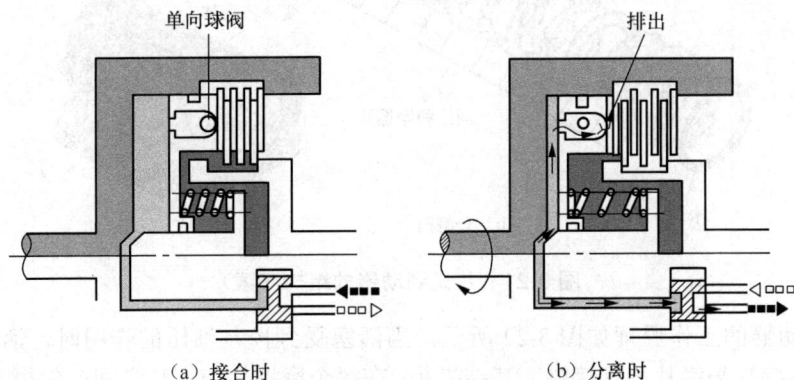

（a）接合时　　　　　　　（b）分离时

图 3-20　带单向球阀的离合器

2. 制动器

制动器的功用是固定行星齿轮机构中的元件，防止其转动。自动变速器中采用的制动器有片式和带式 2 种形式。

（1）片式制动器

片式制动器与片式离合器的结构和原理相同，不同之处是离合器是通过连接传递动力，而片式制动器是通过连接而起制动作用。片式制动器的结构如图 3-21 所示。

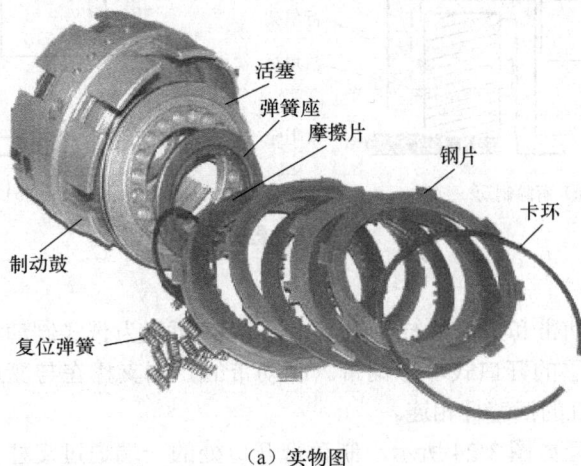

（a）实物图

图 3-21　片式制动器的结构

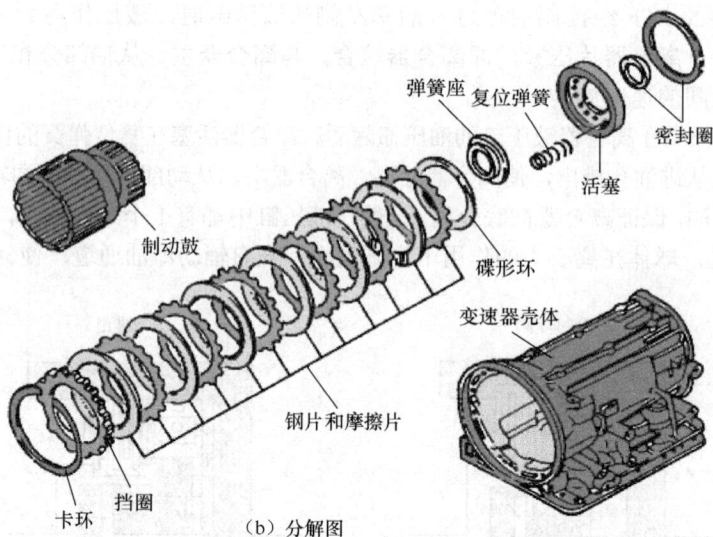

图 3-21　片式制动器的结构（续）

　　片式制动器的工作原理如图 3-22 所示，当活塞受到控制油压的作用时，活塞在活塞缸内运动，使摩擦片与钢片相互接触。其结果是，在每个摩擦片与钢片之间产生很大的摩擦力，使行星齿轮机构某一元件或单向离合器锁定在变速器壳体上。当控制油压降低时，由于复位弹簧的作用，活塞回至原位，使制动解除。

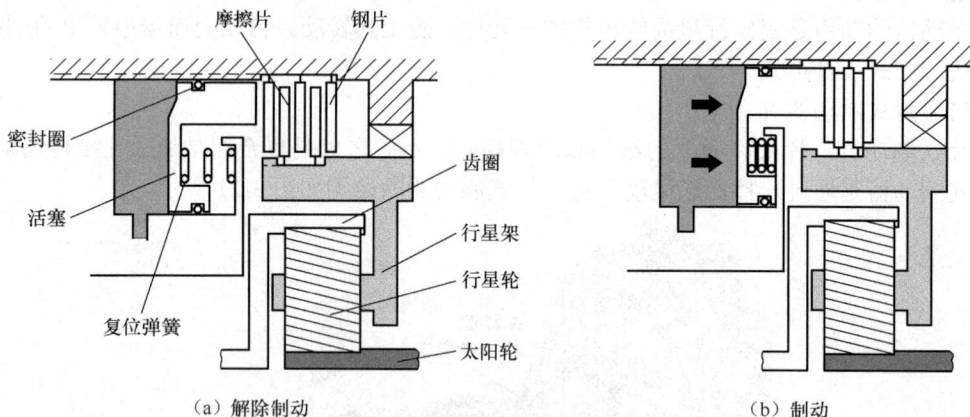

（a）解除制动　　　　　　　　　　　　（b）制动

图 3-22　片式制动器的工作原理

（2）带式制动器

　　带式制动器由制动带和控制油缸等组成。图 3-23 所示为带式制动器的零件分解图。制动带是内表面带有镀层的开口式环形钢带。制动带的一端支撑在与变速器壳体固连的支座上，另一端与控制油缸的活塞杆相连。

　　制动器的工作原理如图 3-24 所示，制动带开口处的一端通过支柱支撑于固定在变速器壳体的调整螺钉上，另一端支撑于油缸活塞杆端部，活塞在复位弹簧和左腔油压作用下位于右极限位置，此时，制动带和制动鼓之间存在一定间隙。

（a）实物图　　　　　　　　（b）分解图

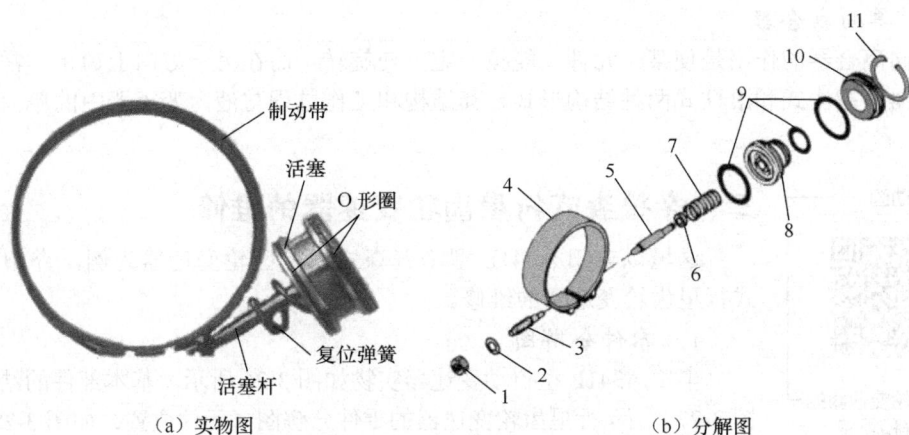

图 3-23　带式制动器的零件分解图

1—锁紧螺母；2—垫圈；3—调整螺钉；4—制动带；5—活塞杆；6—止推垫圈；7—复位弹簧；

8—活塞；9—O形圈；10—活塞定位架；11—卡环

　　制动时，压力油进入活塞右腔，克服左腔油压和复位弹簧的作用力推动活塞左移，制动带以固定支座为支点收紧。在制动力矩的作用下，制动鼓停止旋转，行星齿轮机构某元件被锁止。随着油压撤除，活塞逐渐复位，制动解除。

　　提示

　　若仅依靠弹簧张力，则活塞复位速度较慢，目前大多数制动器设置了左腔进油道。在右腔撤除油压的同时，左腔进油，活塞在油压和复位弹簧的共同作用下复位，可迅速解除制动。

　　图 3-25 所示为间接作用式伺服装置，活塞杆通过杠杆控制推杆的动作，由于采用杠杆结构将活塞作用力放大，制动力矩进一步增加。

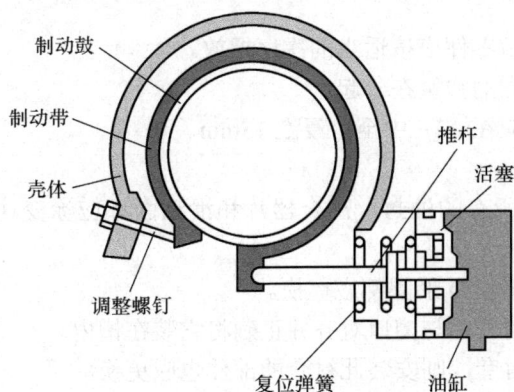

图 3-24　制动器的工作原理

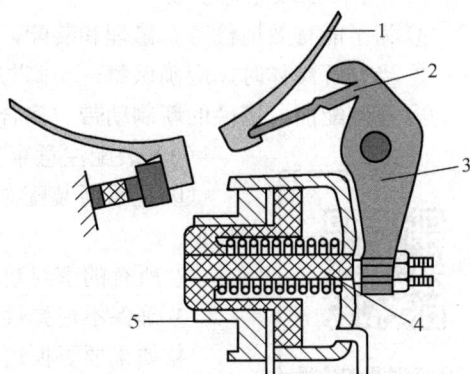

图 3-25　间接作用式伺服装置

1—制动带；2—推杆；3—杠杆；4—活塞杆；5—壳体

3．单向离合器

单向离合器的作用是使某一元件只能按一定方向旋转，而在另一方向上锁止。常见的单向离合器有楔块式和滚柱式两种结构形式，其结构和工作过程与液力变矩器中的单向离合器相同。

动画

行星齿轮变速器的
拆解和复装

三、辛普森式行星齿轮变速器的维修

这里以丰田 A341E 型辛普森式行星齿轮变速器为例，介绍辛普森式行星齿轮变速器的维修。

1．零件分解图

丰田 A341E 型自动变速器实物如图 3-26 所示，基本部件的结构图如图 3-27 所示，行星齿轮变速器的零件分解图（元件位置）如图 3-28 所示。

（a）实物外形图　　　　　　　　　　　　（b）剖开图

图 3-26　丰田 A341E 型自动变速器实物图

2．维修注意事项

（1）清洗注意事项

① 所有被分解的零件应清洗干净并用压缩空气吹通油道和油孔。

② 当用压缩空气吹干零件时，不要对着自己，以防止 ATF 或煤油溅到脸上。

③ 应使用推荐的 ATF 或煤油进行清洗。

（2）零件摆放注意事项

① 为了能有效地检查、修理和装配，清洗后零件应按适当的次序摆放。

② 当分解阀体时，应确保每一个阀与其相应的弹簧在一起。

③ 在装配前，更换的新制动带、离合器片应在 ATF 中至少浸泡 15min。

视频

自动变速器的分解

（3）装配注意事项

① 在重新装配之前，所有的油封、离合器片和滑动面都应涂变速器油。

② 所有的密封垫片和橡胶 O 形圈都应更换。

③ 确保不使弹性挡圈的开口与槽口对齐并正确将它装在槽内。

④ 如果要更换磨损的衬套，则安装此衬套的部件也应更换。

⑤ 检查止推轴承和轴承圈是否磨损或损坏。必要时应予以更换。

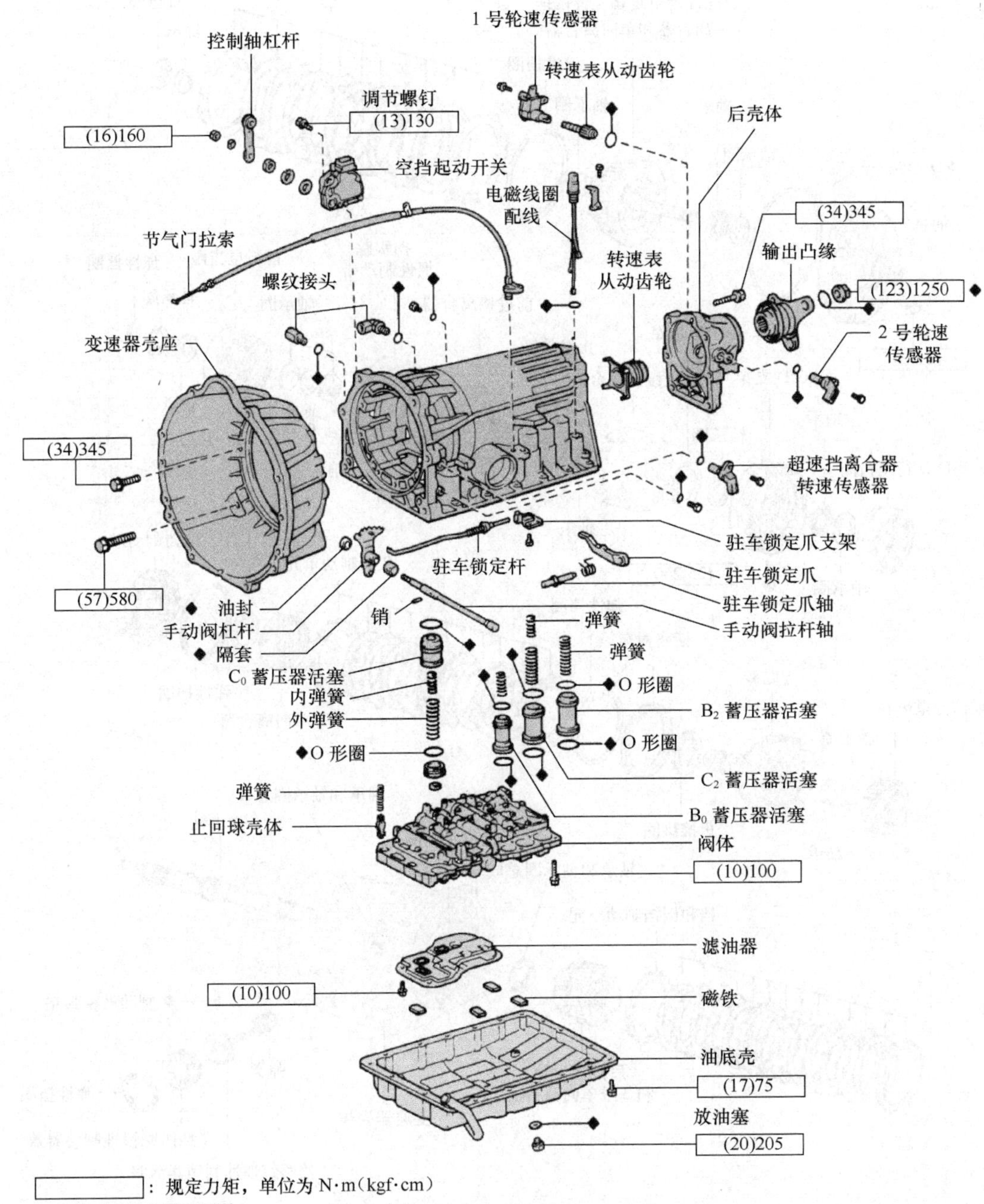

控制轴杠杆

1 号轮速传感器

转速表从动齿轮

调节螺钉
(13)130

后壳体

(16)160

空挡起动开关

电磁线圈
配线

(34)345

输出凸缘

节气门拉索

转速表
从动齿轮

(123)1250

2 号轮速
传感器

变速器壳座

螺纹接头

超速挡离合器
转速传感器

(34)345

驻车锁定爪支架
驻车锁定爪
驻车锁定爪轴
手动阀拉杆轴

驻车锁定杆

(57)580

弹簧

油封
手动阀杠杆
隔套

销

弹簧

C_0 蓄压器活塞
内弹簧
外弹簧

◆ O 形圈

B_2 蓄压器活塞
◆ O 形圈

O 形圈

弹簧
止回球壳体

C_2 蓄压器活塞

B_0 蓄压器活塞

阀体
(10)100

滤油器

磁铁

(10)100

油底壳
(17)75

放油塞
(20)205

□ : 规定力矩，单位为 N·m（kgf·cm）
◆ : 不可重复使用的零件

图 3-27　丰田 A341E 型自动变速器基本部件的结构图

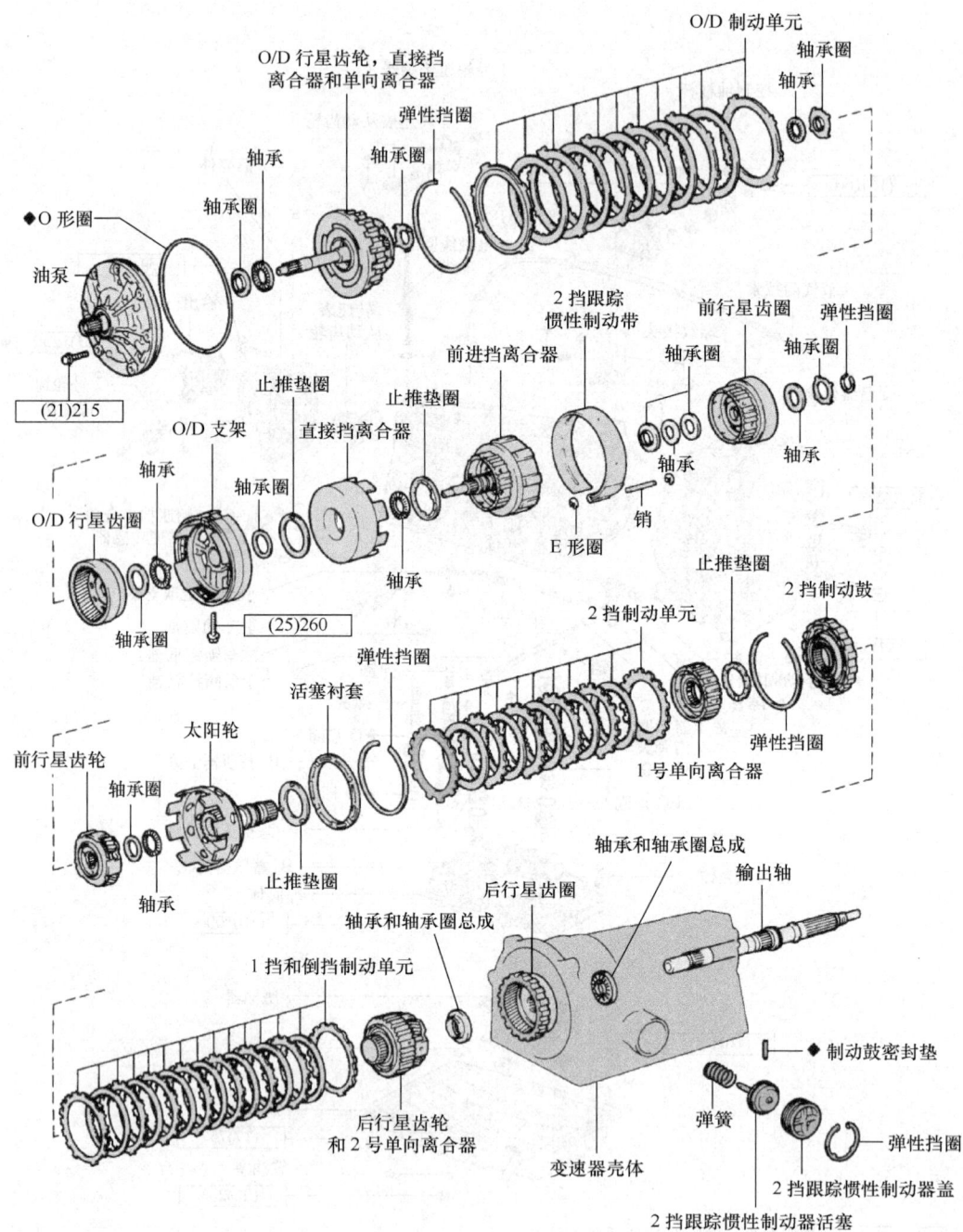

图 3-28　丰田 A341E 型行星齿轮变速器的零件分解图（元件位置）

O/D 制动单元

轴承圈

轴承

O/D 行星齿轮，直接挡
离合器和单向离合器

弹性挡圈

轴承

轴承圈

◆O 形圈

轴承圈

油泵

(21)215

O/D 支架

轴承

轴承圈

止推垫圈

直接挡离合器

止推垫圈

前进挡离合器

2 挡跟踪
惯性制动带

轴承圈

前行星齿圈

弹性挡圈

轴承圈

轴承

O/D 行星齿圈

轴承圈

轴承

(25)260

轴承

E 形圈

销

止推垫圈

2 挡制动鼓

活塞衬套

弹性挡圈

2 挡制动单元

弹性挡圈

1 号单向离合器

前行星齿轮

太阳轮

轴承圈

止推垫圈

轴承

轴承和轴承圈总成

输出轴

后行星齿圈

轴承和轴承圈总成

1 挡和倒挡制动单元

◆制动鼓密封垫

后行星齿轮
和 2 号单向离合器

变速器壳体

弹簧

弹性挡圈

2 挡跟踪惯性制动器盖

2 挡跟踪惯性制动器活塞

☐ ：规定力矩，单位为 N·m（kgf·cm）
◆：不可重复使用的零件

3. 外部件的拆装

外部件的拆卸可参见图 3-27。

（1）清洁自动变速器外部。

（2）拆除所有安装在自动变速器壳体上的零部件，如加油管、空挡起动开关、车速传感器、输入轴传感器等。

（3）从自动变速器前方取下液力变矩器。

（4）松开紧固螺栓，拆下自动变速器前端的液力变矩器壳。

（5）拆除输出轴凸缘和自动变速器后端壳，从输出轴上拆下车速传感器的转子。

（6）将变速器安装到变速器翻转架上，如图 3-29 所示。

（7）拆下油底壳，拆下 19 只油底壳连接螺栓后，用维修专用工具的刃部插入变速器与油底壳之间，切开所涂密封胶，小心不要损坏油底壳凸缘。

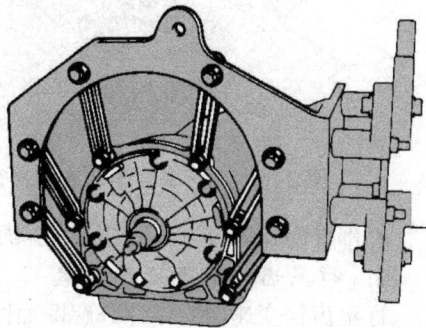

图 3-29 将变速器安装到变速器翻转架上

提示

此步不要翻转变速器，否则油底壳底部的脏物有可能污染阀体。

（8）检查油底壳中的颗粒，拆下磁铁，观察其收集的金属颗粒，若是钢（磁性）材料，则说明轴承、齿轮和离合器钢片存在磨损，若是黄铜（非磁性）材料，则说明是衬套磨损。

（9）翻转变速器，拆下连接在阀板上的所有线束插头。

（10）拆下 4 个电磁阀，拆下与节气门阀连接的节气门拉索。

（11）用旋具把液压油管小心地撬起并取下。

（12）松开进油滤网与阀板之间的固定螺栓，从阀板上拆下进油滤清器。

（13）拆下阀体与自动变速器壳体之间的连接螺栓，取下阀板总成。

（14）取出自动变速器壳体油道中的止回阀和弹簧。

（15）取出自动变速器壳体油道中的 B_2、C_2、B_0 和 C_0 蓄压器活塞。

提示

用手指按住蓄压器活塞，从蓄压器活塞周围相应的油孔中吹入压缩空气，如图 3-30 所示，拆下蓄压器活塞和弹簧。

（16）拆下手控阀拉杆和驻车闭锁爪，必要时也可卸下手控阀操纵轴。

（17）拆卸油泵总成。首先拆下 7 个油泵固定螺栓，然后用专用工具（SST）拉出油泵总成，如图 3-31 所示。

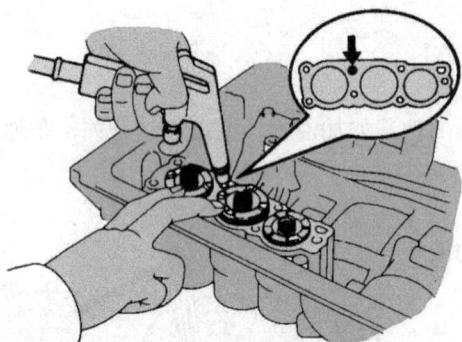

图 3-30　拆下蓄压器活塞和弹簧

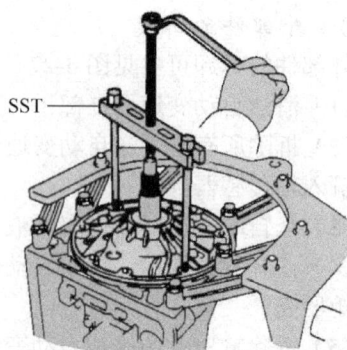

图 3-31　用专用工具拉出油泵总成

外部件的安装可按拆卸相反的顺序进行。

4．行星齿轮变速器的拆装

行星齿轮变速器的零件分解图如图 3-28 所示。

（1）如图 3-32 所示，从自动变速器前方取出超速行星架和超速挡离合器 C_0 组件。拆下超速挡齿圈。

（2）拆卸超速挡制动器 B_0。用旋具拆下超速挡制动器卡环，取出超速挡制动器钢片和摩擦片。拆下超速挡制动器支架的卡环，松开固定支架的螺栓，用 SST 拉出超速挡制动器支架，如图 3-33 所示。

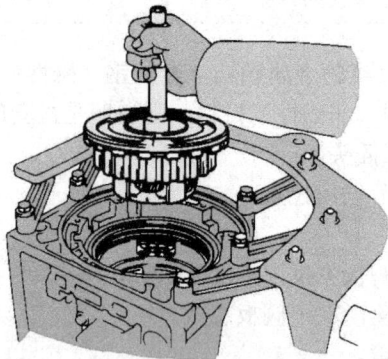

图 3-32　拆下超速行星架和超速挡离合器组件

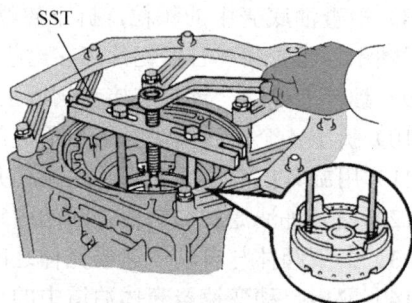

图 3-33　用 SST 拉出超速挡制动器支架

（3）如图 3-34 所示，拆卸 2 挡滑行制动器活塞总成。

（4）拆下前进挡离合器 C_1 和直接挡离合器 C_2 总成。方法：从壳体上拆下带前进挡离合器的直接挡离合器，如图 3-35（a）所示；再从前进挡离合器上拆下直接挡离合器，如图 3-35（b）所示。

（5）拆下 2 挡滑行制动器 B_1 制动带。方法：如图 3-36 所示，拆下制动带销轴，然后从壳体上取出制动带。

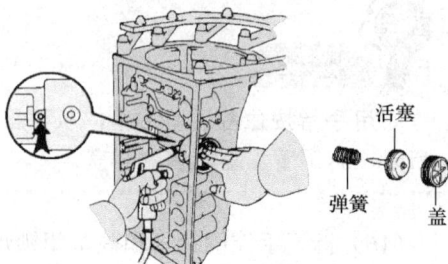

图 3-34　拆卸 2 挡滑行制动器活塞总成

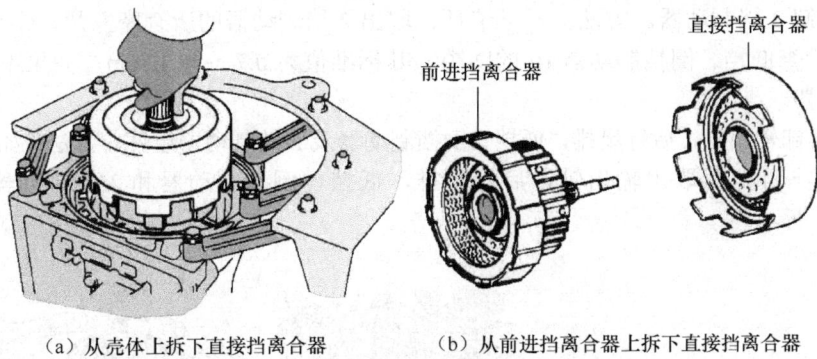

（a）从壳体上拆下直接挡离合器　　　（b）从前进挡离合器上拆下直接挡离合器

图 3-35　拆下前进挡、直接挡离合器总成

（6）拆下前行星排。方法：取出前排齿圈，将自动变速器立起，用木块垫住输出轴，拆下前排行星架上的卡环，如图 3-37 所示，从壳体上拆下输出轴，拆出前排行星架和行星轮组件。

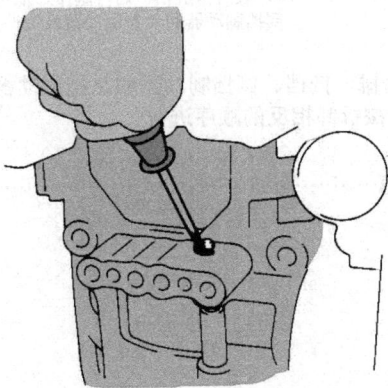

图 3-36　拆下制动带销轴

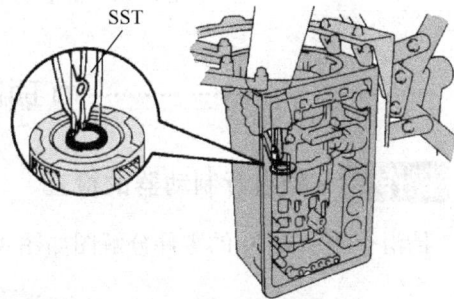

图 3-37　拆下前排行星架上的卡环

（7）如图 3-38 所示，取出前后太阳轮组件和 1 号单向离合器。

（8）检查 2 挡制动器 B_2 的间隙。如图 3-39 所示，用塞尺测量卡环和压盘之间的间隙，标准值应为 0.62 ～ 1.98mm。如果不符合标准，应检查 2 挡制动器。

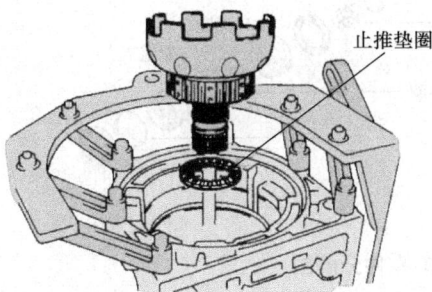

图 3-38　取出前后太阳轮组件和 1 号单向离合器

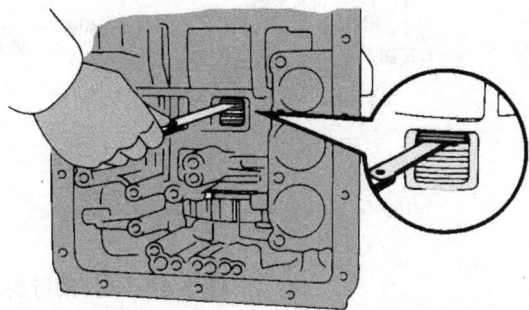

图 3-39　检查 2 挡制动器 B_2 的间隙

（9）拆卸 2 挡制动器。方法：拆下卡环，取出 2 挡制动器的所有摩擦片、钢片及压盘。

（10）检查低挡、倒挡制动器 B_3 的间隙。其标准值为 $0.7 \sim 1.22mm$，如果不符合要求，应检查制动器。

（11）拆卸输出轴，后行星排，低挡、倒挡制动器及 2 挡制动器组件。方法：如图 3-40（a）所示，拆下卡环，再取出输出轴，后行星排，低挡、倒挡制动器和 2 挡制动器组件，如图 3-40（b）所示。

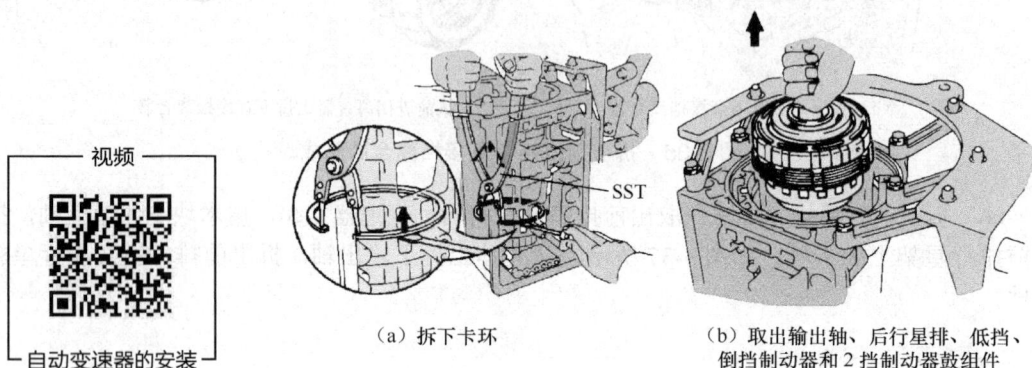

（a）拆下卡环

（b）取出输出轴、后行星排、低挡、倒挡制动器和 2 挡制动器鼓组件

图 3-40　拆下输出轴，后行星排，低挡、倒挡制动器和 2 挡制动器组件　安装可按拆卸相反的顺序进行

·············· ▫ 项目实施 ▫ ··············

操作一 **2 挡滑行制动器的检查**

2 挡滑行制动器 B_1 的零件分解图如图 3-41 所示。

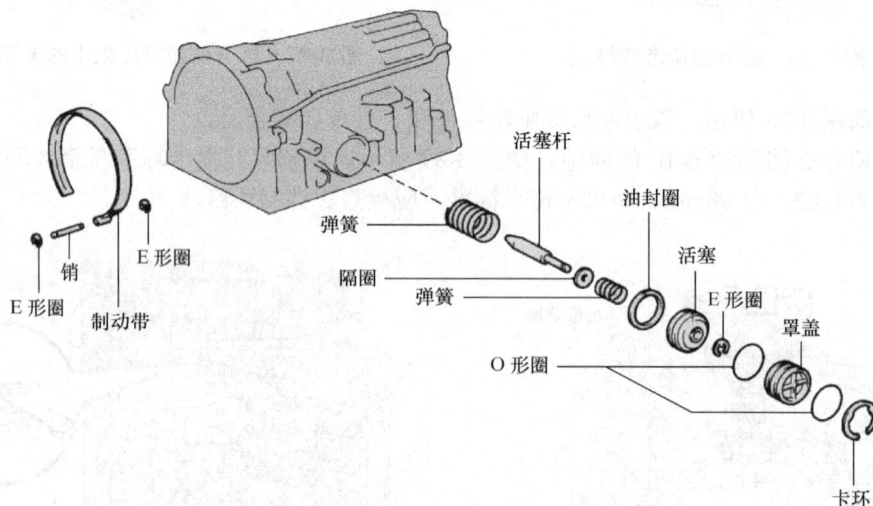

图 3-41　2 挡滑行制动器 B_1 的零件分解图

步骤一 检查 2 挡滑行制动器 B_1 制动带表面是否有沟槽。如果有，则应更换。

步骤二　检查2挡滑行制动器B_1制动带表面是否有衬片剥落或松动。如果有，则应更换。

步骤三　检查2挡滑行制动器B_1制动带表面印刷号码部分是否磨损。如果有，则应更换。如果有，则应更换。

> **提示**
>
> 在装配新制动带时，应将其浸在 ATF 中至少 15min。

操作二　**超速行星排、超速挡离合器 C_0 和超速挡单向离合器 F_0 的检查**

超速行星排、超速挡离合器和超速挡单向离合器的零件分解图如图 3-42 所示。

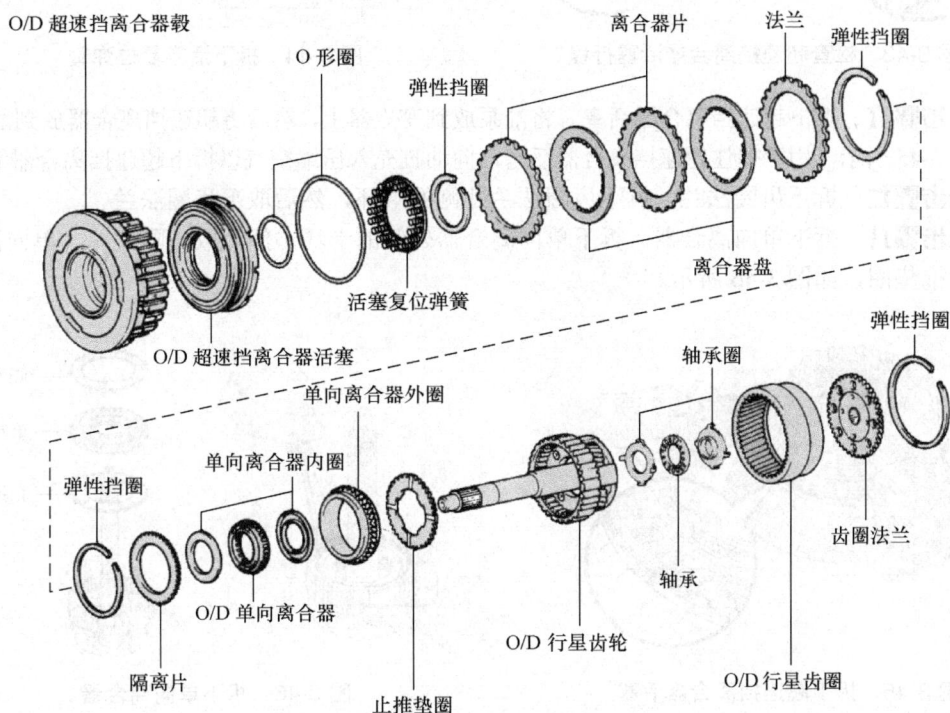

图 3-42　超速行星排、超速挡离合器和超速挡单向离合器的零件分解图

（1）超速行星排、超速挡离合器和超速挡单向离合器的分解

步骤一　检查单向离合器工作情况。握住超速挡离合器毂转动输入轴，输入轴应顺时针方向转动自如而逆时针方向锁止。

步骤二　从超速行星排上拆下超速挡离合器总成。

步骤三　检查超速挡离合器活塞行程。将油泵放到变矩器上，然后将超速挡离合器总成放到油泵上。用专用工具（SST）和百分表测量超速挡离合器活塞行程，如图 3-43 所示，充入的压缩空气的压力为 0.4 ～ 0.8MPa。活塞标准行程为 1.45 ～ 1.70mm，如果不符合标准，应检查离合器片。

步骤四 分解离合器片。从超速挡离合器毂上拆下卡环，然后拆下压盘和离合器主、从动片各2个。

步骤五 拆下活塞复位弹簧。如图3-44所示，用SST压缩复位弹簧并拆下卡环，拆下复位弹簧。

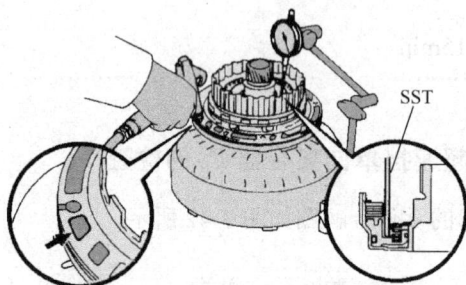

图3-43 检查超速挡离合器活塞行程

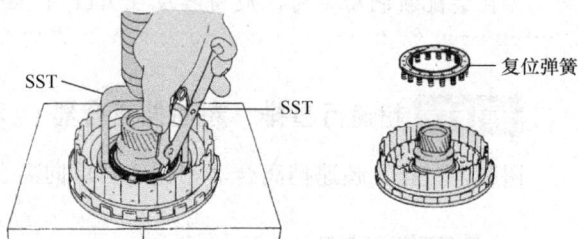

图3-44 拆下活塞复位弹簧

步骤六 拆下超速挡离合器活塞。将油泵放到变矩器上，然后将超速挡离合器放到油泵上。如图3-45所示，用手握住超速挡离合器活塞，向油缸充入压缩空气以拆下超速挡离合器活塞。

步骤七 拆下齿圈法兰。拆下齿圈法兰外侧的卡环，然后取下齿圈法兰。

步骤八 拆下单向离合器。拆下单向离合器外侧的卡环，然后取下隔离片、单向离合器和止推垫圈，如图3-46所示。

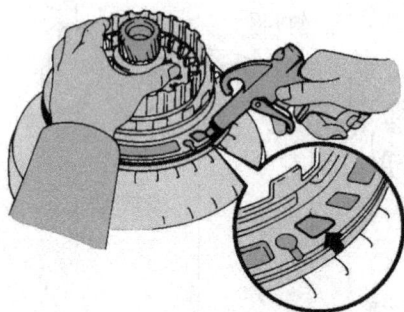

图3-45 拆下超速挡离合器活塞

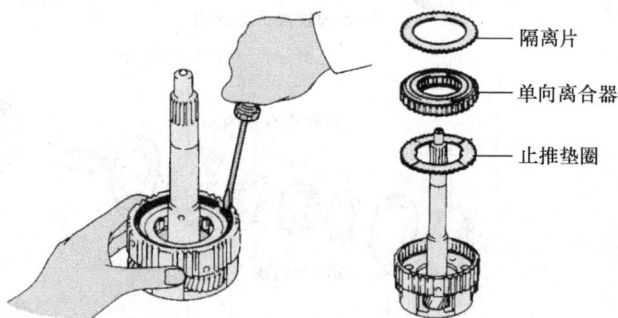

图3-46 拆下单向离合器

（2）超速行星排和超速挡离合器的检查

步骤一 检查离合器片。检查离合器主、从动片和压盘是否磨损或烧坏。必要时要更换。

提示

如果离合器片的摩擦材料剥落、松动，或印刷号码部分磨损，则应更换全部离合器片。

装配新离合器片前要将其浸入ATF至少15min。

步骤二　检查超速挡离合器活塞。摇动活塞时，单向球阀应松动。充入低压压缩空气时球阀不应泄漏，如图 3-47 所示。

步骤三　检查超速挡离合器复位弹簧。用游标卡尺检查包括弹簧座在内的弹簧自由长度，如图 3-48 所示。标准长度为 15.8mm。

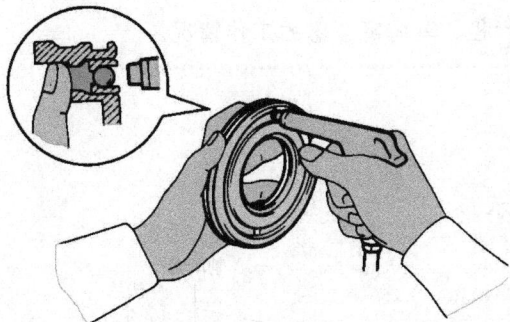

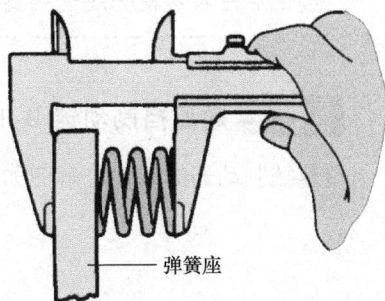

图 3-47　充入低压压缩空气检查超速挡离合器活塞单向球阀

图 3-48　检查超速挡离合器复位弹簧

步骤四　检查超速挡离合器毂衬套。如图 3-49 所示，用百分表测量离合器毂衬套内径。最大内径为 27.11mm，如果内径超过最大值，应更换离合器毂。

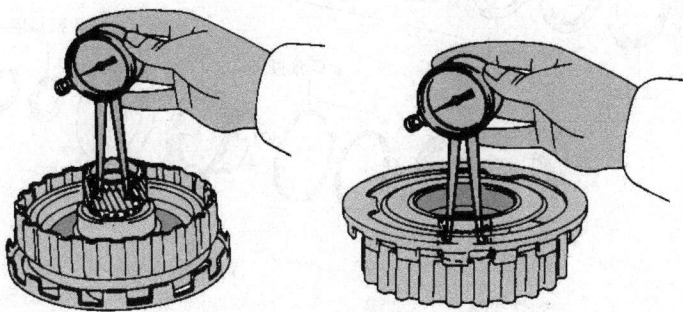

图 3-49　检查超速挡离合器毂衬套

步骤五　检查超速行星排行星齿轮衬套。用百分表测量行星齿轮衬套内径，应不大于 11.27mm，否则应更换行星齿轮总成。

步骤六　测量行星齿轮止推间隙。如图 3-50 所示，用塞尺测量行星齿轮的止推间隙。标准间隙应为 0.2 ～ 0.6mm，最大间隙不应超过 1.0mm，否则应更换行星齿轮总成。

（3）超速行星排、超速挡离合器和超速挡单向离合器的装配

按照超速行星排、超速挡离合器和超速挡单向离合器分解的相反步骤进行装配。但要注意以下问题。

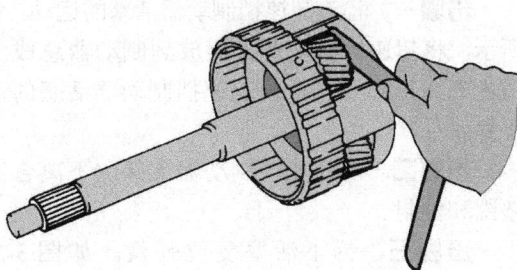

图 3-50　测量行星齿轮止推间隙

提示

单向离合器不能装反。

所有 O 形圈应换新件并涂抹 ATF。

装配后应再次检查超速挡离合器活塞行程、单向离合器的工作情况。

操作三 超速挡制动器 B_0 的检查

超速挡制动器的零件分解图如图 3-51 所示。

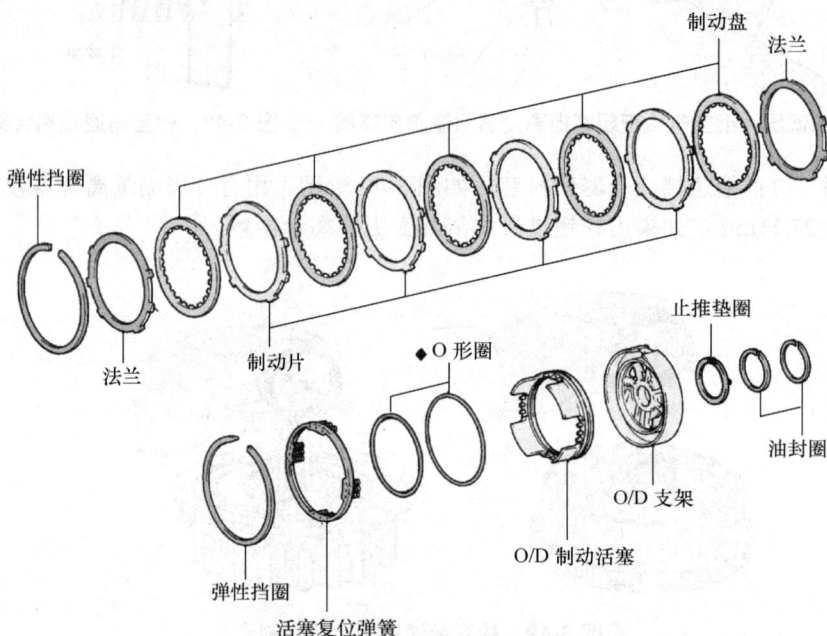

图 3-51　超速挡制动器的零件分解图

（1）超速挡制动器的分解

步骤一　检查超速挡制动器活塞的运动。如图 3-52 所示，将超速挡制动器支架放到制动器总成上，向油道内充入压缩空气检查超速挡制动器活塞的动作是否平稳。

步骤二　从超速挡制动器支架取下离合器毂止推垫圈和油封。

步骤三　拆下活塞复位弹簧。如图 3-53 所示，将 SST 放到弹簧座上并压缩复位弹簧，拆下弹簧挡圈，取下复位弹簧。

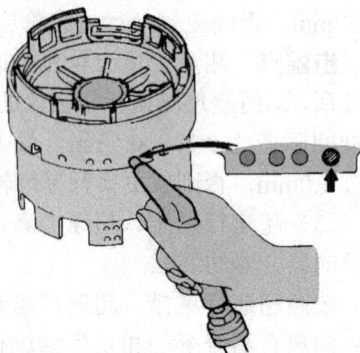

图 3-52　检查超速挡制动器活塞的运动

步骤四 拆下超速挡制动器活塞。如图 3-54 所示,将超速挡制动器支架放到制动器总成上,用手握住超速挡制动器活塞,向油道内充入压缩空气拆下超速挡制动器活塞。

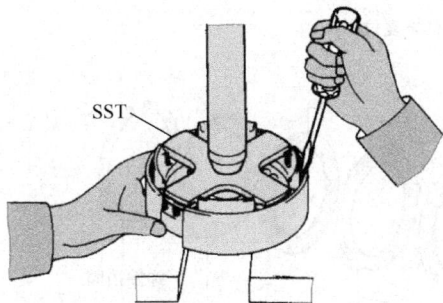

图 3-53 拆下活塞复位弹簧

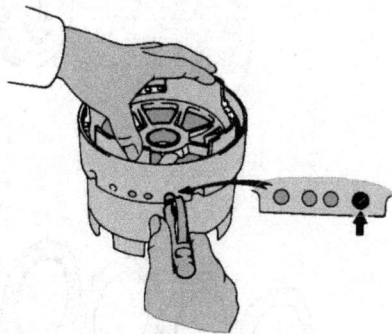

图 3-54 拆下超速挡制动器活塞

(2)超速挡制动器的检查

步骤一 检查离合器片。检查离合器主、从动片和压盘是否磨损或烧坏。必要时要更换。

步骤二 检查超速挡制动器活塞复位弹簧。用游标卡尺检查包括弹簧座在内的弹簧自由长度,如图 3-48 所示。标准长度为 17.23mm。

(3)超速挡制动器的装配

步骤一 安装油封。将超速挡制动器支架的 2 个油封涂上 ATF,并安装到超速挡制动器支架上。

步骤二 安装超速挡制动器活塞。将 2 个新 O 形圈涂上 ATF 并装到超速挡制动器活塞上,然后将活塞用手压入超速挡制动器支架。

步骤三 安装活塞复位弹簧。安装活塞复位弹簧,并用 SST 将复位弹簧压缩,装上卡环。

> **提示**
>
> 卡环的开口要与超速挡制动器支架的缺口错开。

步骤四 安装离合器毂止推垫圈,并检查超速挡制动器活塞的运动情况。

操作四 **直接挡离合器 C_2 的检查**

直接挡离合器的零件分解图如图 3-55 所示。

(1)直接挡离合器的分解

步骤一 检查直接挡离合器活塞行程。将直接挡离合器总成放到超速挡制动器支架上,使用 SST 和百分表,充入 0.4 ～ 0.8MPa 的压缩空气测量直接挡离合器活塞行程,如图 3-56 所示。活塞行程应为 1.37 ～ 1.60mm,如果不符合标准应检查离合器片。

步骤二 拆下离合器盘和离合器片。先拆下卡环,然后拆下离合器盘和离合器片各 4 个。

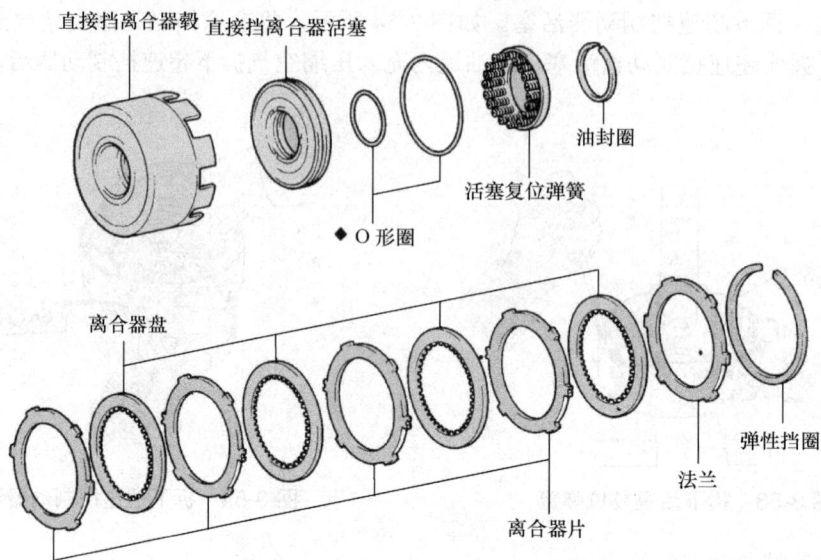

图 3-55　直接挡离合器的零件分解图

步骤三　拆下活塞复位弹簧。使用 SST 拆下复位弹簧的卡环，然后拆下活塞复位弹簧。
步骤四　拆下直接挡离合器活塞。如图 3-57 所示，将直接挡离合器毂放到超速挡制动器支架，用手握住直接挡离合器活塞，充入压缩空气以拆下活塞。

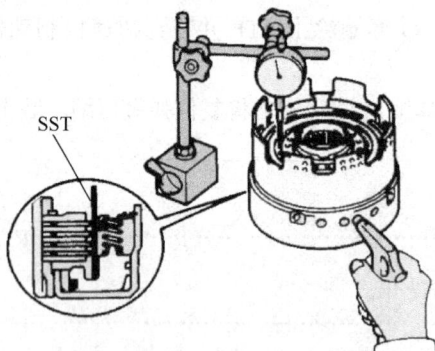

图 3-56　检查直接挡离合器活塞行程

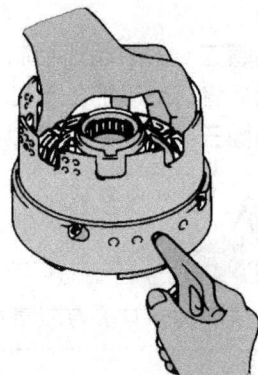

图 3-57　拆下直接挡离合器活塞

（2）直接挡离合器的检查

直接挡离合器检查的内容和方法与前述的超速挡离合器大致相同，包括以下几方面。

① 测量弹簧座在内的活塞复位弹簧自由长度，标准自由长度为 24.35mm。

② 检查直接挡离合器活塞。

③ 检查压盘和离合器片。

④ 检查离合器衬套内径，最大内径为 53.97mm。

（3）直接挡离合器的装配

按照分解的相反顺序进行装配，注意事项同超速挡离合器，最后要采用图 3-56 所示的方法测量直接挡离合器活塞行程,应为 1.37 ~ 1.60mm。如果不符合标准,首先检查是否装配不正确;如果还不能解决问题,应选择、更换其他的离合器盘。不同厚度的离合器盘如表 3-5 所示。

表 3-5　　　　　　　　　　　　直接挡离合器盘的厚度

编号	厚度/mm	编号	厚度/mm
33	3.0	29	3.4
32	3.1	28	3.5
31	3.2	27	3.6
30	3.3	34	3.7

操作五　前进挡离合器 C_1 的检查

前进挡离合器的零件分解图如图 3-58 所示。

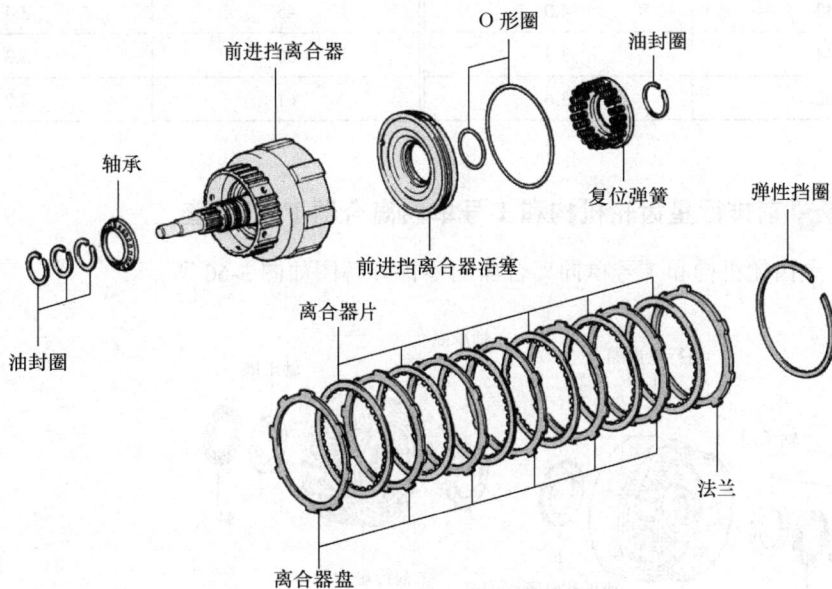

图 3-58　前进挡离合器的零件分解图

（1）前进挡离合器的分解

步骤一　检查前进挡离合器的间隙。将超速挡制动器支架放到合适的工作台上,再将前进挡离合器放到超速挡制动器支架上。如图 3-59 所示,用 SST 和百分表,通过充入压缩空气（0.4 ~ 0.8MPa）来检查前进挡离合器的行程。标准行程为 0.70 ~ 1.00mm,如果行程不符合标准应检查离合器片。

步骤二　拆下压盘和离合器片。

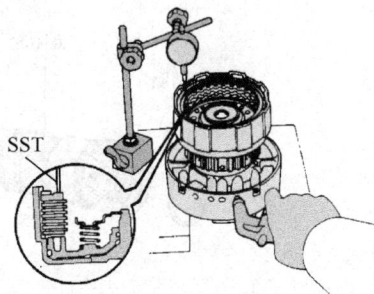

图 3-59　检查前进挡离合器的间隙

步骤三 拆下活塞复位弹簧。

步骤四 拆下活塞。

（2）前进挡离合器的检查

前进挡离合器检查的内容和方法与前述的超速挡离合器大致相同，包括以下几方面。

① 检查压盘和离合器片。

② 检查前进挡离合器活塞。

③ 检查离合器毂衬套内径，最大内径为 24.08mm。

（3）前进挡离合器的装配

按照分解的相反顺序进行装配，注意事项同超速挡离合器，最后要采用图 3-59 所示的方法测量前进挡离合器活塞行程，应为 0.70 ～ 1.00mm。如果不符合标准，首先检查是否为装配不正确；如果还不能解决问题，应选择、更换其他的离合器盘。不同厚度的离合器盘如表 3-6 所示。

表 3-6　　　　　　　　　前进挡离合器盘的厚度

编号	厚度/mm	编号	厚度/mm
42	4.0	45	3.4
44	3.8	60	3.2
62	3.6	61	3.0

操作六 前排行星齿轮机构和 1 号单向离合器 F_1 的检查

前排行星齿轮机构和 1 号单向离合器的零件分解图如图 3-60 所示。

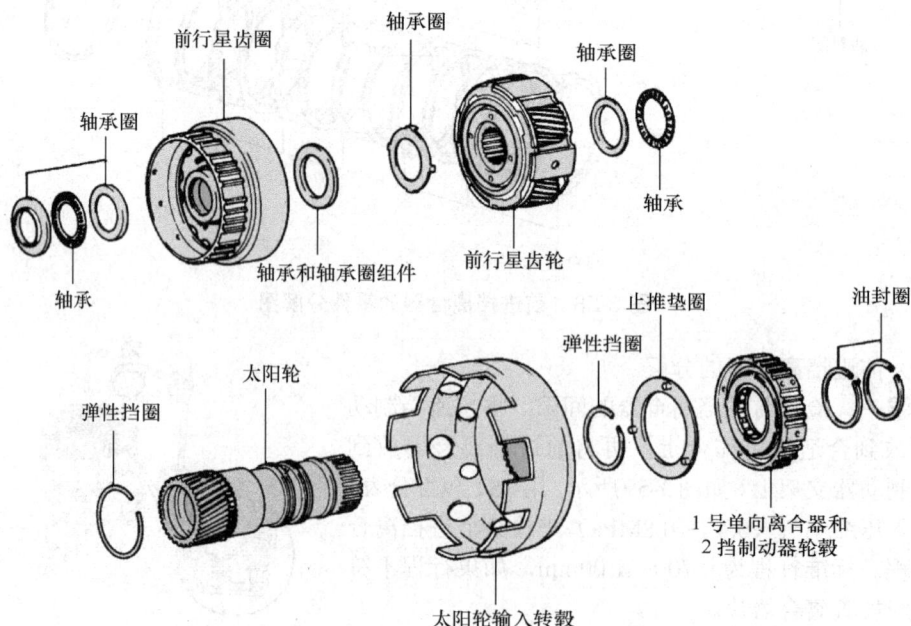

图 3-60　前排行星齿轮机构和 1 号单向离合器的零件分解图

（1）前排行星齿轮机构和 1 号单向离合器的分解

步骤一 检查 1 号单向离合器的工作情况。如图 3-61 所示，握住太阳轮并转动 2 挡制动器轮毂。2 挡制动器轮毂应顺时针转动自如而逆时针方向锁止。

步骤二 拆下油封、单向离合器和止推垫圈。

步骤三 从太阳轮上拆下太阳轮输入转毂。用木块作工作台，用 SST 拆下卡环，然后拆下太阳轮输入转毂。

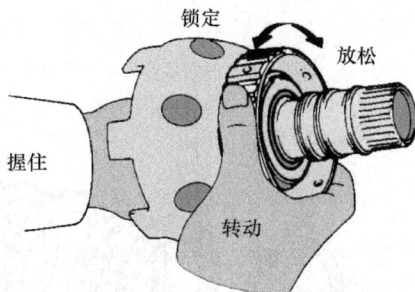

图 3-61 检查 1 号单向离合器的工作情况

（2）前排行星齿轮机构的检查

步骤一 检查前排齿圈。用百分表测量齿圈衬套内径。最大内径为 24.08mm，如果内径大于最大值，应该更换齿圈。

步骤二 测量行星齿轮止推间隙。如图 3-62 所示，用塞尺测量行星齿轮的止推间隙。标准间隙为 0.2～0.6mm，最大间隙 1.0mm，如果间隙超过最大值应更换行星齿轮总成。

步骤三 检查太阳轮衬套。用百分表测量太阳轮衬套内径。最大内径为 27.08mm，如果内径超过最大值，应更换太阳轮。

（3）前排行星齿轮机构和 1 号单向离合器的装配

按前排行星齿轮机构和 1 号单向离合器分解的相反顺序进行装配，但需要注意以下问题。

① 不要将 1 号单向离合器装反。应按图 3-63 所示的方向装配。

② 所有油封应换新并涂抹 ATF。

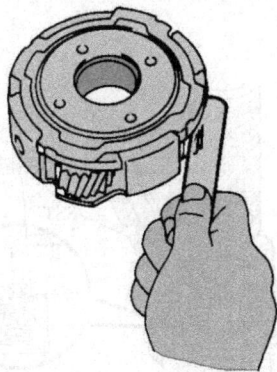

图 3-62 测量行星齿轮止推间隙

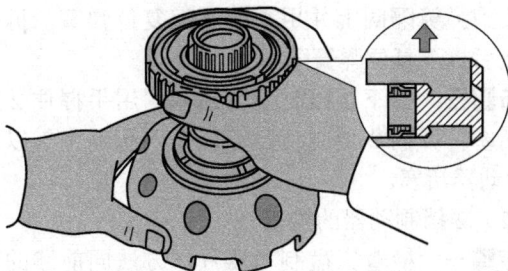

图 3-63 安装 1 号单向离合器

操作七 2 挡制动器 B_2 的检查

2 挡制动器的零件分解图如图 3-64 所示。

（1）2 挡制动器的分解

步骤一 检查 2 挡制动器活塞运动。向 2 挡制动器轮毂充入压缩空气检查 2 挡制动器活塞运动是否平稳。

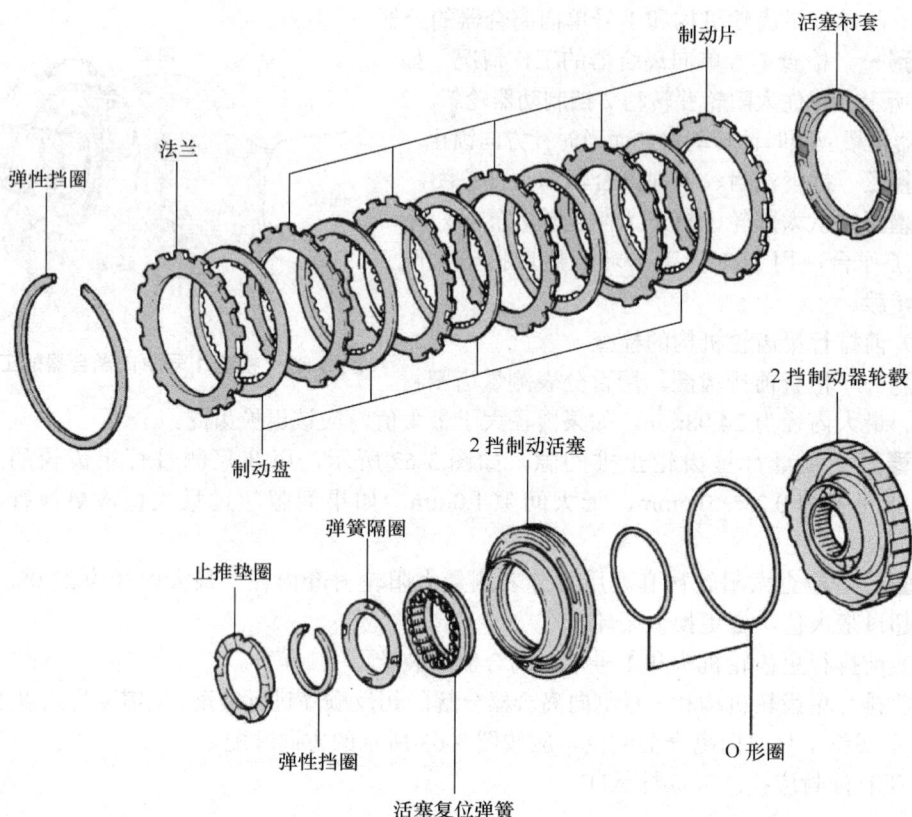

图 3-64　2 挡制动器的零件分解图

标注：弹性挡圈　法兰　制动片　活塞衬套　制动盘　2 挡制动器轮毂　止推垫圈　弹簧隔圈　2 挡制动活塞　弹性挡圈　活塞复位弹簧　O 形圈

步骤二　拆下活塞复位弹簧。如图 3-65 所示，将 SST 放到弹簧隔圈上并用夹具压缩复位弹簧，拆下卡环，然后拆下复位弹簧隔圈和弹簧。

步骤三　拆下 2 挡制动器活塞。用手握住 2 挡制动器活塞，并向 2 挡制动器轮毂充入压缩空气以拆下 2 挡制动器活塞。

（2）2 挡制动器的检查

步骤一　检查压盘制动器片。方法同前述的离合器盘和离合器片的检查。

步骤二　检查活塞复位弹簧。用游标卡尺测量包括弹簧座在内的弹簧的自由长度，标准长度应为 19.64mm。

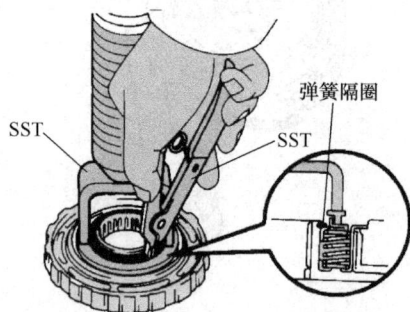

图 3-65　拆下活塞复位弹簧

操作八 后排行星齿轮机构、2 号单向离合器和输出轴的检查

后排行星齿轮机构、2 号单向离合器和输出轴的零件分解图如图 3-66 所示。

（1）后排行星齿轮机构、2 号单向离合器和输出轴的分解

步骤一　从后排行星齿轮总成上拆下输出轴。

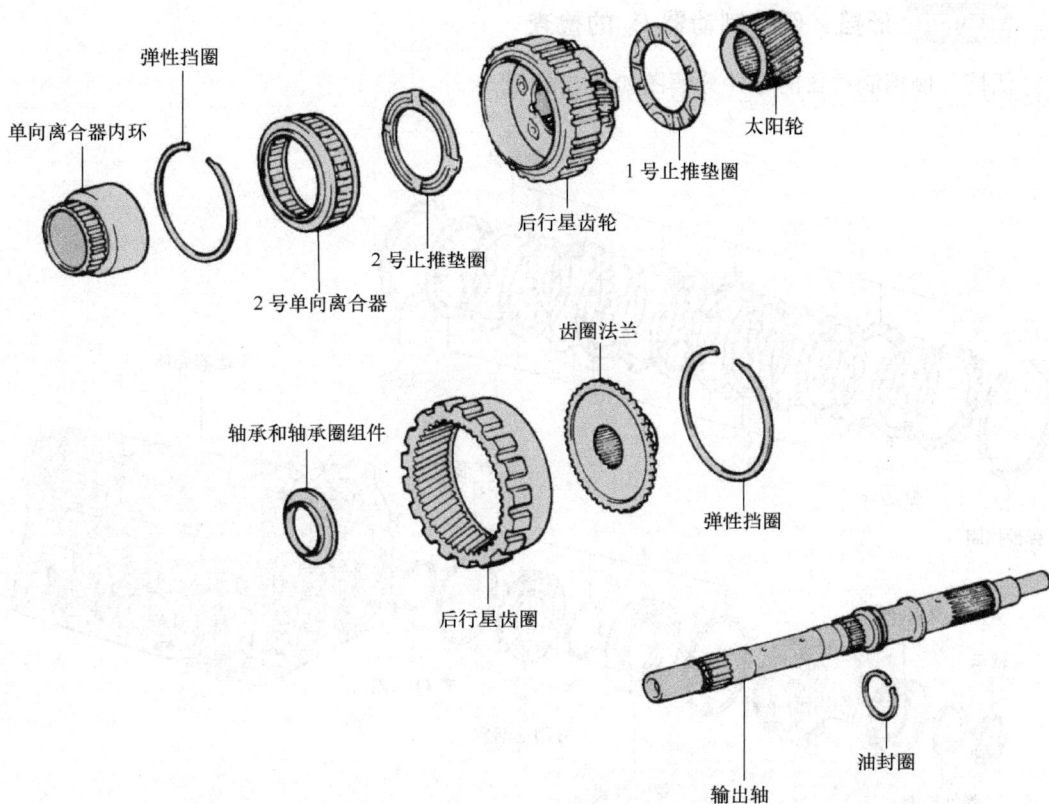

图 3-66　后排行星齿轮机构、2 号单向离合器和输出轴的零件分解图

步骤二　从后排行星齿轮机构上拆下行星齿轮架总成。

步骤三　检查 2 号单向离合器的工作情况。握住行星齿轮并转动单向离合器内圈。单向离合器应逆时针转动自如而顺时针方向锁止。

步骤四　拆下单向离合器。

步骤五　拆下齿圈法兰。

（2）后排行星齿轮的检查

步骤一　用塞尺测量行星齿轮的止推间隙。标准间隙应为 0.2 ～ 0.6mm，最大间隙为 1.0mm。

步骤二　如果超过最大间隙应更换后排行星齿轮总成。

（3）后排行星齿轮机构、2 号单向离合器和输出轴的装配

按照后排行星齿轮机构、2 号单向离合器和输出轴分解的相反顺序进行装配，但需要注意以下问题。

① 2 号单向离合器不能装反，确保单向离合器的导向器的开口端向上，如图 3-67 所示。

② 安装前，油封应涂抹 ATF，轴承应涂抹润滑脂。

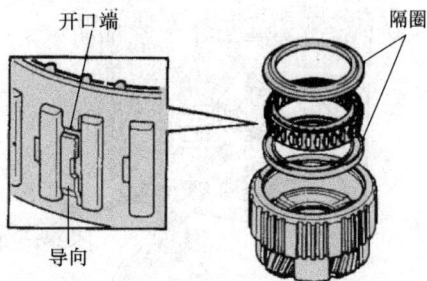

图 3-67　2 号单向离合器的安装

操作九 低挡、倒挡制动器 B_3 的检查

低挡、倒挡制动器的零件分解图如图 3-68 所示。

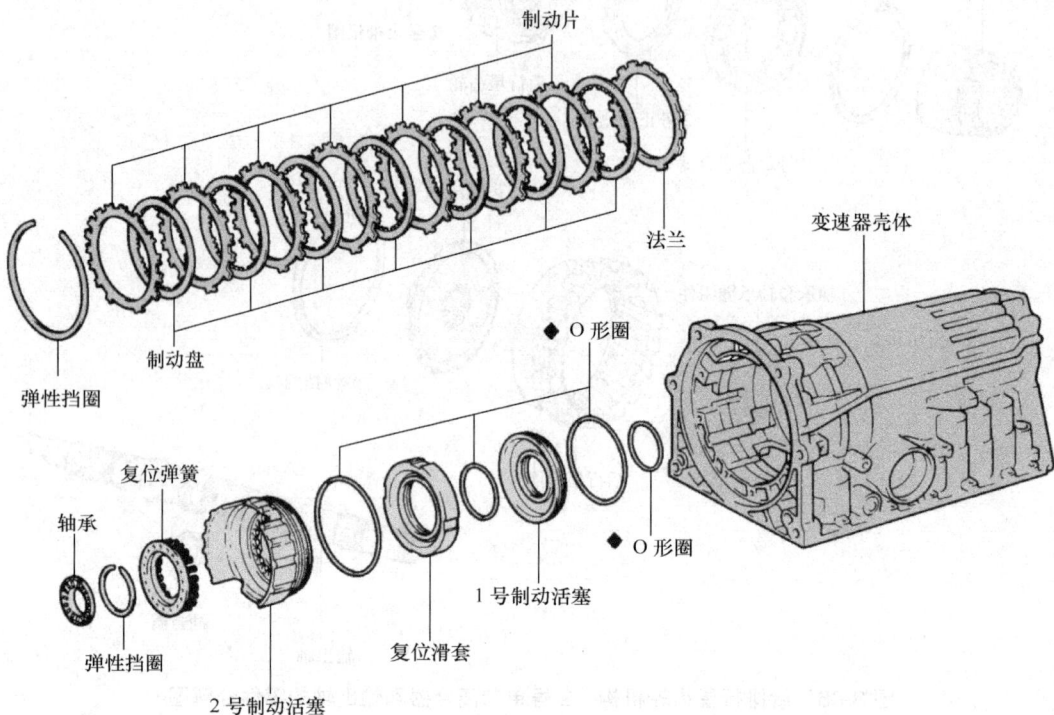

图 3-68　低挡、倒挡制动器的零件分解图

（1）低挡、倒挡制动器的分解

步骤一　检查低挡、倒挡制动器的活塞运动情况。如图 3-69 所示，向变速器壳体充入压缩空气以检查低挡、倒挡制动器的活塞运动是否平稳。

步骤二　拆下活塞复位弹簧。使用图 3-70 所示的 SST 压缩复位弹簧，拆下卡环然后拆下复位弹簧。

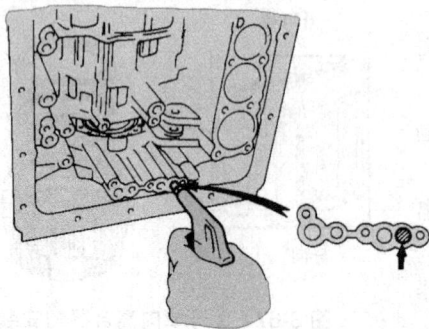

图 3-69　检查低挡、倒挡制动器的活塞运动情况

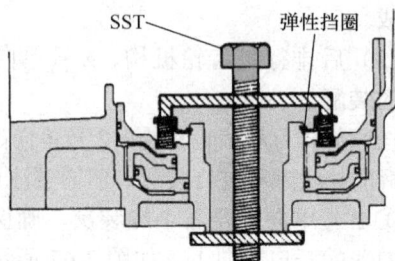

图 3-70　拆下活塞复位弹簧

步骤三　拆下 2 号制动活塞。如图 3-71 所示，用手握住 2 号制动活塞，向变速器壳体充入压缩空气以拆下 2 号制动活塞。

步骤四　拆下复位滑套和 1 号制动活塞。如图 3-72 所示，使用 SST 拆下复位滑套和 1 号制动活塞。

（2）低挡、倒挡制动器的检查

步骤一　检查制动盘和制动盘片。方法与离合器的检查相同。

步骤二　检查活塞复位弹簧。检查包括弹簧座在内的复位弹簧的自由长度，标准长度应为 12.9mm。

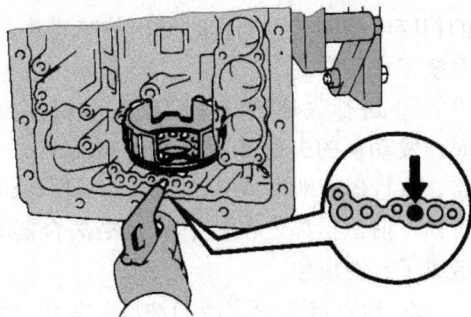

图 3-71　拆下 2 号制动活塞

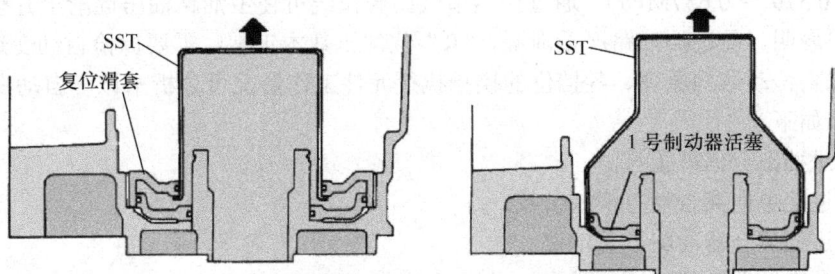

图 3-72　拆下复位滑套和 1 号制动活塞

·········· □ 维修实例 □ ··········

丰田雷克萨斯LS400轿车既不能在"D"位行驶，又不能在"R"位行驶

（1）故障现象

一辆丰田雷克萨斯 LS400 轿车，装配辛普森式 A341E 型自动变速器，行驶里程为 7.8 万千米。驾驶员反映该车在对自动变速器维修之后出现车辆无法行驶的故障，既不能在换挡杆位于"D"位时行驶，又不能在"R"位下行驶。

（2）故障原因

超速挡单向离合器 F_0 装反。

（3）故障诊断与排除

① 基本检查。先对发动机及变速器系统进行故障自诊断，读取故障码，发现无故障码。

起动发动机，使发动机达到正常工作温度，然后检查自动变速器油的液位，发现油面低于油尺下限线。通过对油质的检查判断，自动变速器的离合器摩擦片可能烧损。为了进行下面的检查内容，先将自动变速器油液补充至规定要求。

➢ 检查发动机怠速的转速，发动机怠速转速为 750r/min，怠速正常。

➢ 检验空挡起动开关，在自动变速器换挡杆处于"N"位或"P"位时发动机可起动，换挡杆置于"R"位时，倒车灯点亮，检查结果均正常。

➢ 检查超速挡控制开关。使自动变速器油温应处于正常状态（70～80℃），然后使发动机熄火，点火开关置于"ON"位置，按下超速挡（O/D）控制开关，查听位于变速器内的相应电磁阀有无动作时发出的咔嗒声，结果有咔嗒声，说明被检自动变速器的超速挡电控系统工作正常。

② 进行失速试验。起动发动机，将换挡杆处于"D"位、"R"位、"S"位和"L"位时，发动机的失速转速达到 2 700r/min，不符合规定值，说明主油路油压过低，而且相应油路、执行器有泄油或打滑现象。根据该自动变速器的传动原理和换挡执行元件工作情况分析可知，前进挡离合器 C_1、直接挡离合器 C_2 和 O/D 超速挡离合器 C_0 的摩擦片可能均已烧坏，造成了打滑现象。

③ 检查自动变速器的油压。为进一步确定故障部位，在"D"位和"R"位时测量自动变速器主油路的油压。在怠速运转条件下该车主油路油压的测试结果如下：在各前进挡位下主油路油压均为 0.1MPa（标准值为 0.382～0.441MPa），在"R"位下主油路油压为 0.6MPa（标准值为 0.579～0.657MPa），通过拉紧节气门阀拉线可使主油路油压逐渐上升至 1.2MPa。该测试结果表明，前进挡油路严重泄漏，"R"位油压基本正常，需要拆检自动变速器。

根据以上传动结构原理、各挡位的换挡执行元件工作情况可分析出该车自动变速器可能的故障原因如下。

➢ 前进挡离合器严重打滑。
➢ 前进挡单向离合器打滑或装反。
➢ 前进挡离合器油路严重泄漏。
➢ 自动变速器换挡杆调整不当。

④ 拆解自动变速器。对自动变速器进行解体检查时发现，前进挡离合器 C_1、直接挡离合器 C_2 和 O/D 超速挡离合器 C_0 的摩擦片均已烧坏，且前进挡离合器 C_1 密封圈已断裂。在更换了所有损坏的摩擦片和密封圈后，将自动变速器重新装复。

将节气门阀拉线调紧，然后再次测试"D"位下的主油路油压。主油路油压在发动机怠速运转时为 0.5MPa，在发动机加速、自动变速器升挡时为 0.7MPa。此时自动变速器换挡时没有发生明显冲击。

⑤ 道路试验。对车辆进行路试的过程中，发现该车的最高车速只有 70km/h，确定自动变速器不能升入超速挡。分析该车的自动变速器不能升入超速挡可能有以下原因。

➢ 自动变速器油温度传感器有故障，挡位开关有故障，或超速挡电磁阀有故障。
➢ 超速挡开关有故障。
➢ 节气门位置传感器有故障。
➢ 超速挡离合器或超速挡单向离合器卡死或装反。
➢ 3-4 挡换挡阀卡滞。
➢ 超速挡制动器打滑。
➢ 自动变速器 ECU 有故障。

⑥ 排除故障。根据以上原因排除故障。

➢ 检查自动变速器油温度传感器。用万用表测量该传感器在不同温度下的电阻值，电阻值正常。

➢ 检查挡位开关和节气门位置传感器的信号。挡位开关的信号和换挡杆的位置相符。

节气门位置传感器的电阻或输出电压能随节气门的开度增大而上升，符合规定。

> 检查超速挡开关。超速挡开关、超速挡电磁阀的工作情况在前面已检查过，正常。
> 再次分解自动变速器，拆卸阀体，检查3-4挡换挡阀，正常。
> 检查超速挡制动器，部件没有磨损，确定无打滑现象。
> 检查超速挡离合器、超速挡单向离合器是否卡死或装反。在拆解自动变速器后，发现超速挡单向离合器 F_0 装反，其他正常。这是由于上次维修时工作人员的失误所造成的。按照正确方法重新装好超速挡单向离合器 F_0，重新将自动变速器装复。

再次对车辆路试，该车自动变速器在"D"位和"R"位都能正常行驶，也能顺利地升入超速挡，自动变速器的工作恢复正常。

通过对该车自动变速器的故障诊断与排除，自动变速器的维修必须建立在熟悉其结构原理、各挡位传动路线以及各挡油路的基础上，然后采取常规的检测方法（比如油压试验、道路试验、失速试验等）进行检测。

小 结

1．丰田A341E、A342E型4挡辛普森式行星齿轮变速器由4挡辛普森式行星齿轮机构和换挡执行元件两大部分组成。其中，4挡辛普森式行星齿轮机构由3排行星齿轮机构组成，前面一排为超速行星排，中间一排为前行星排，后面一排为后行星排。

2．丰田A341E、A342E型4挡辛普森式行星齿轮变速器的结构特点如下。
（1）输入轴与超速行星排的行星架相连。
（2）超速行星排的齿圈与中间轴相连。
（3）中间轴通过前进挡离合器或直接挡、倒挡离合器与前、后行星排相连。
（4）前、后行星排共用一个太阳轮。
（5）前行星排的行星架与后行星排的齿圈相连并均与输出轴相连。

3．丰田A341E、A342E型4挡辛普森式行星齿轮变速器换挡执行元件包括3个离合器、4个制动器和3个单向离合器共10个元件。

4．自动变速器若要实现传动比和传动方向的改变，就必须利用换挡执行机构对行星齿轮机构中的不同元件进行约束和限制（固定或连接某些元件）。

5．换挡执行元件包括离合器、制动器和单向离合器。

6．离合器和制动器以液压方式控制行星齿轮机构元件的运动，单向离合器以机械方式控制行星齿轮机构元件的运动。

7．离合器的功用是连接轴和行星齿轮机构中的元件或连接行星齿轮机构中的不同元件。自动变速器上的离合器多采用多片湿式离合器。

8．离合器主要由摩擦片、钢片、离合器毂、活塞、复位弹簧等组成。

9．制动器的功用是固定行星齿轮机构中的元件，防止其转动。自动变速器中采用的制动器有片式和带式2种形式。

10．片式制动器与片式离合器的结构和原理相同，不同之处是离合器起连接作用而传递动力，而片式制动器是通过连接而起制动作用。

11．带式制动器由制动带和控制油缸等组成。制动带是内表面带有镀层的开口式环形钢带。制动带的一端支撑在与变速器壳体固连的支座上，另一端与控制油缸的活塞杆相连。

12．单向离合器的作用是使某一元件只能按一定方向旋转，而在另一方向上锁止。常见的单向离合器有楔块式和滚柱式两种结构形式。

练习思考题

1．丰田 A341E、A342E 型 4 挡辛普森式行星齿轮变速器由哪 2 部分组成？

2．丰田 A341E、A342E 型 4 挡辛普森式行星齿轮变速器的结构特点有哪些？

3．简述丰田 A341E、A342E 型 4 挡辛普森式行星齿轮变速器换挡执行元件的功能。

4．丰田 A341E、A342E 型 4 挡辛普森式行星齿轮变速器各挡位换挡执行元件的动作情况是怎样的？

5．请分析丰田 A341E、A342E 型 4 挡辛普森式行星齿轮变速器 4 挡的动力传递路线。

6．U341E 型自动变速器行星齿轮变速传动机构主要部件功能有哪些？

7．U341E 型自动变速器行星齿轮变速传动机构各换挡执行元件的工作情况是怎样的？

8．4 挡辛普森式行星齿轮变速器换挡执行元件包括哪些部件？

9．自动变速器换挡执行机构有什么作用？

10．换挡执行元件包括哪些部件？

11．离合器有何功用？

12．离合器主要由哪些部件组成？

13．制动器有何功用？分哪两种形式？

14．片式制动器与片式离合器有什么不同之处？

15．带式制动器由哪些部件组成？结构特点如何？如何安装？

16．单向离合器有什么作用？常见的单向离合器有哪两种结构形式？

项目四
拉维娜式行星齿轮变速器

□ 学习目标 □

（1）熟悉拉维娜式行星齿轮变速器的组成与结构。
（2）熟悉拉维娜式行星齿轮变速器各挡动力传递路线。
（3）能够熟练进行拉维娜式行星齿轮变速器的拆装。
（4）能够熟练调整拉维娜式行星齿轮变速器主要部件的间隙。

□ 案例引入 □

一辆装配 01N 自动变速器的上海桑塔纳 2000 俊杰轿车，行驶里程为 8.4 万千米。该车驾驶员反映车辆在行驶的过程中发动机加不上速，车辆行驶速度慢，在上坡时车辆有时无法起步。

01N 自动变速器是拉维娜式行星齿轮变速器，如果要检查或维修该车的自动变速器，应该熟悉拉维娜式行星齿轮变速器的结构、动力传递路线、拆装及检测方法。

□ 相关知识 □

拉维娜式行星齿轮变速器具有结构简单、尺寸小、传动比变化范围大等特点，多用于欧美、日本汽车公司（如奥迪、大众、福特、马自达等）的前驱汽车上。

常见的拉维娜式行星齿轮变速器有 01M 自动变速器（大众捷达和宝来汽车用，实物图如图 4-1 所示）、01N 自动变速器（桑塔纳和帕萨特汽车用，实物图如图 4-2 所示）、01V 自动变速器（奥迪 A6、A4 和大众帕萨特 B5 等汽车用）、81-40LE 自动变速器（福特嘉年华汽车用）及 AF13 自动变速器（别克赛欧汽车用）。

图 4-1　01M 自动变速器

图 4-2　01N 自动变速器

本项目以大众 01M 自动变速器为例，介绍拉维娜式行星齿轮变速器。

一、01M 自动变速器

1. 01M 自动变速器的组成

01M 自动变速器主要由行星齿轮变速机构、液力变矩器、主减速器、差速器、锁止离合器液压控制系统（图 4-3 中未画出）等组成，如图 4-3 所示。

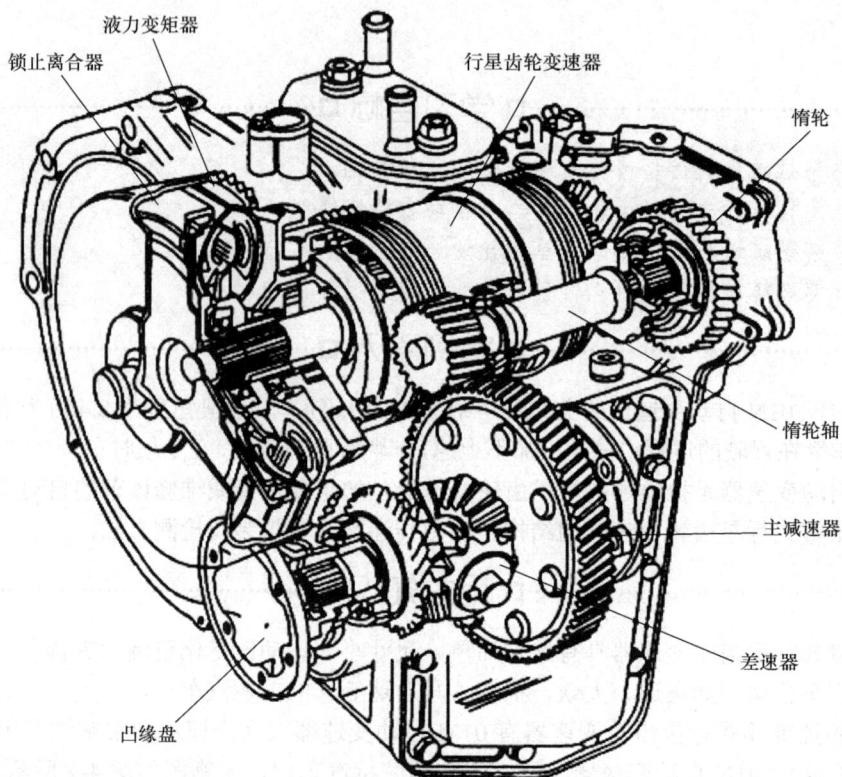

图 4-3 01M 自动变速器的结构

01M 自动变速器的拉维娜式行星齿轮机构如图 4-4 所示。不同挡位时行星齿轮机构各元件的状态如表 4-1 所示。

提示

01M 自动变速器的拉维娜式行星齿轮机构由 2 排行星齿轮机构组成，前排是单行星齿轮机构，后排是双行星齿轮机构，前后排共用 1 个齿圈和行星架。

短行星轮与长行星轮及小太阳轮啮合，长行星轮同时与大太阳轮、短行星轮及齿圈啮合，动力通过齿圈输出。

通过对大、小太阳轮和行星架的不同驱动、制动组合，实现 4 个前进挡和 1 个倒挡。

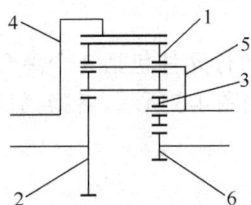

图 4-4　01M 自动变速器的拉维娜式行星齿轮机构

1—长行星轮；2—大太阳轮；3—短行星轮；4—齿圈；5—行星架；6—小太阳轮

表 4-1　　　　　　　　　　　　不同挡位时行星齿轮机构各元件的状态

挡位	输入元件	固定元件	输出元件
1	小太阳轮	单向制动行星架	齿圈
2	小太阳轮	大太阳轮	齿圈
3	小太阳轮+行星架	无	齿圈
4	行星架	大太阳轮	齿圈
R（倒挡）	大太阳轮	行星架	齿圈

2. 典型 4 挡拉维娜式行星齿轮变速器结构

大众公司的 01M 拉维娜式行星齿轮变速器的结构如图 4-5 所示，包括行星齿轮机构和离合器、制动器、单向离合器。

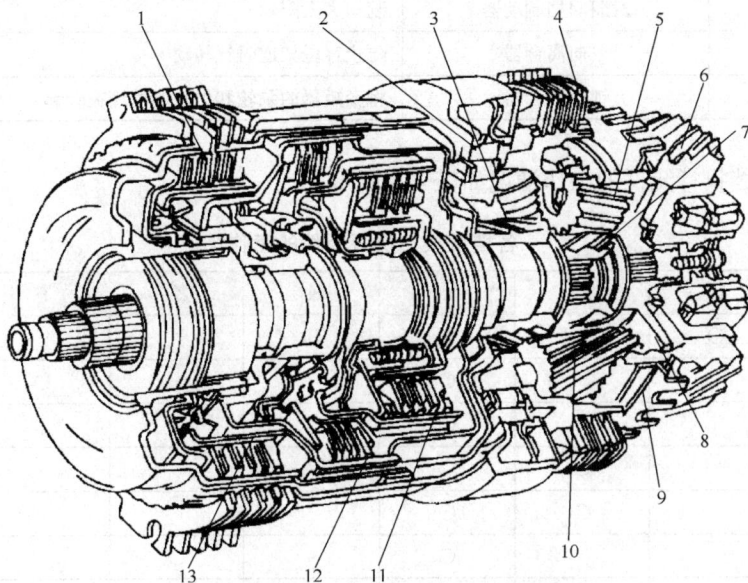

图 4-5　01M 拉维娜式行星齿轮变速器

1—2挡和4挡制动器（B$_2$）；2—单向离合器（F）；3—大太阳轮；4—倒挡制动器（B$_1$）；5—短行星轮；

6—主动锥齿轮；7—小太阳轮；8—行星架；9—车速传感器齿轮；10—长行星轮；

11—3挡和4挡离合器（K$_3$）；12—倒挡离合器（K$_2$）；13—1挡到3挡离合器（K$_1$）

3. 换挡执行元件

拉维娜式行星齿轮变速器换挡执行元件包括 3 个离合器、2 个制动器和 1 个单向离合器，01M 自动变速器换挡执行元件位置如图 4-6 所示，各换挡执行元件的名称和功用如表 4-2 所示。

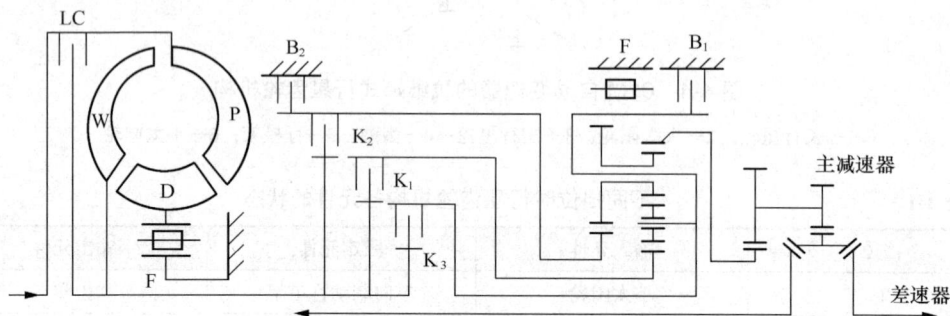

图 4-6　01M 自动变速器换挡执行元件位置

表 4-2　　　　　　　　　　　　　各换挡执行元件的名称和功用

换挡执行元件		功用
K_1	1挡到3挡离合器	驱动小太阳轮
K_2	倒挡离合器	驱动大太阳轮
K_3	3挡和4挡离合器	驱动行星架
B_1	倒挡制动器	制动行星架
B_2	2挡和4挡制动器	制动大太阳轮
F	单向离合器	防止行星架逆时针转动
LC	锁止离合器	将变矩器的泵轮和涡轮刚性连在一起

各挡位换挡执行元件的工作情况如表 4-3 所示。

表 4-3　　　　　　　　　　　　　各挡位换挡执行元件的工作情况

挡位	B_1	B_2	K_1	K_2	K_3	F	LC
R	○			○			
1H			○			○	
1M			○			○	○
2H		○	○				
2M		○	○				○
3H			○		○		
3M			○		○		○
4H		○			○		
4M		○			○		○

注：○表示离合器、制动器、单向离合器或锁止离合器工作；H为液力传动，M为机械传动。

二、拉维娜式行星齿轮变速器动力传递路线

1．动力传递路线

（1）1挡动力传递路线

1挡时，离合器 K_1 接合，驱动小太阳轮；单向离合器 F 工作，使行星架不能逆时针转动。如图 4-7 所示，动力传递路线：泵轮→涡轮→涡轮轴→离合器 K_1 →小太阳轮→短行星轮→长行星轮绕固定的行星架转动并驱动齿圈。此挡没有发动机制动。

（2）2挡动力传递路线

2挡时，离合器 K_1 接合，驱动小太阳轮；制动器 B_2 工作，制动大太阳轮。如图 4-8 所示，动力传递路线：泵轮→涡轮→涡轮轴→离合器 K_1 →小太阳轮→短行星轮→长行星轮围绕大太阳轮转动并驱动齿圈。

动画

拉维娜式工作
原理（1）

动画

拉维娜式工作
原理（2）

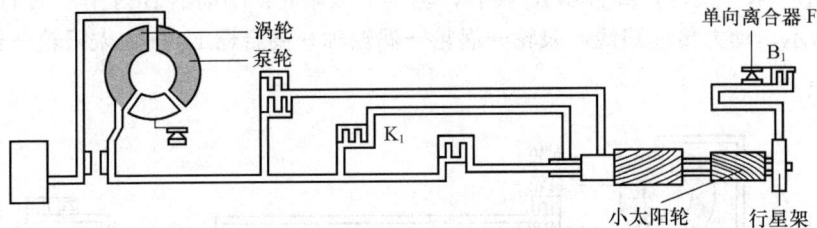

图 4-7　1挡动力传递路线

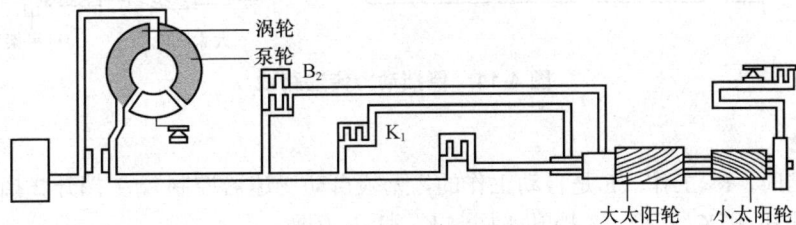

图 4-8　2挡动力传递路线

（3）3挡动力传递路线

3挡时，离合器 K_1 和 K_3 接合，驱动小太阳轮和行星架，因而使行星齿轮机构锁止并一同转动。如图 4-9 所示，动力传递路线：泵轮→涡轮→涡轮轴→离合器 K_1 和 K_3 →整个行星齿轮转动。

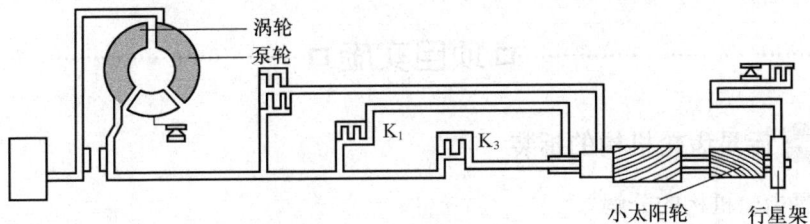

图 4-9　3挡动力传递路线

（4）4 挡动力传递路线

4 挡时，离合器 K_3 接合，驱动行星架；制动器 B_2 工作，制动大太阳轮。如图 4-10 所示，动力传递路线：泵轮→涡轮→涡轮轴→离合器 K_3→行星架→长行星轮围绕大太阳轮转动并驱动齿圈。

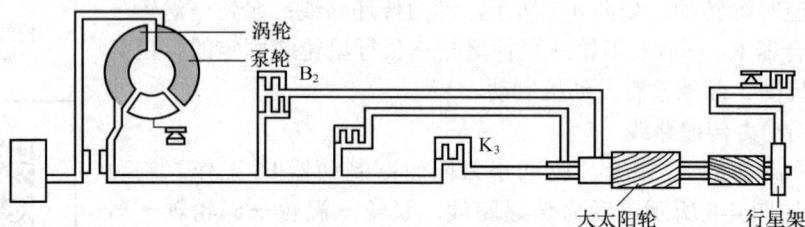

图 4-10　4 挡动力传递路线

（5）R 挡（倒挡）动力传递路线

换挡杆在"R"位时，离合器 K_2 接合，驱动大太阳轮；制动器 B_1 工作，使行星架制动。如图 4-11 所示，动力传递路线：泵轮→涡轮→涡轮轴→离合器 K_2→大太阳轮→长行星轮反向驱动齿圈。

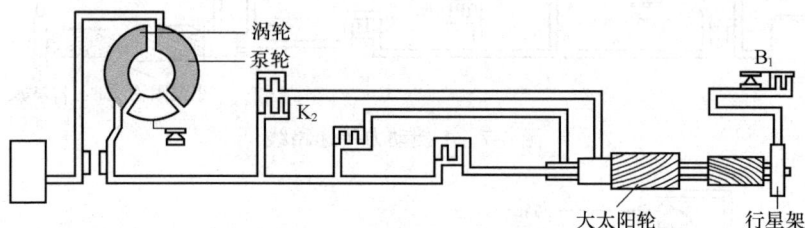

图 4-11　倒挡动力传递路线

2. **总结**

（1）1 挡时，K_1 工作（F 是自动工作的，无须自动变速器控制）。1 挡升 2 挡时 B_2 工作。2 挡升 3 挡时 B_2 和 K_3 互换。3 挡升 4 挡时 K_1 和 B_2 互换。

（2）由于 1 挡时 F 工作，所以 1 挡没有发动机制动，而 2 挡、3 挡和 4 挡都有发动机制动。

（3）B_1 或 K_2 有故障时，没有倒挡，但对前进挡的工作没有影响。

（4）K_1 有故障时，没有 1 挡、2 挡和 3 挡；B_2 有故障时，没有 2 挡和 4 挡；K_3 有故障时，没有 3 挡和 4 挡。

········· ▫ 项目实施 ▫ ·········

操作一 行星齿轮机构的拆装

（1）行星齿轮机构的分解

步骤一　拆下自动变速器油（ATF）冷却器和加油管，如图 4-12 所示。

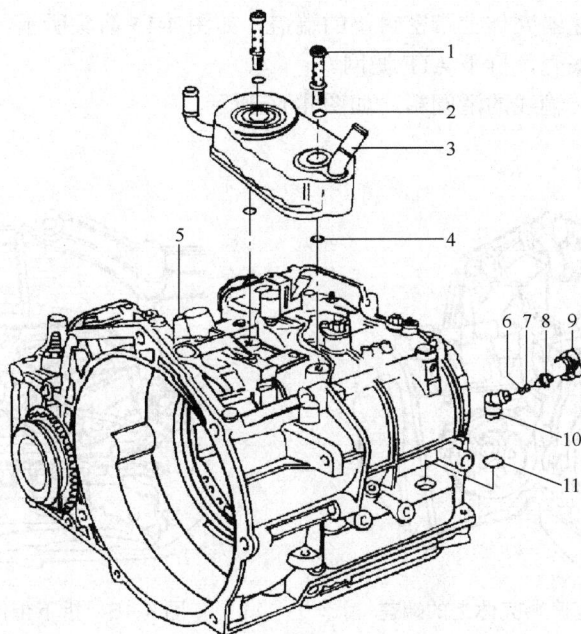

图 4-12　拆下自动变速器油冷却器和加油管

1—空心螺栓（35N•m）；2、4、6、7、11—O 形密封圈；3—自动变速器油冷却器；

5—变速器壳体；8—油塞；9—端盖；10—自动变速器加油管

O 形密封圈一旦拆下，应当更换。

步骤二　拆下 ATF 溢流管 1 和螺塞 2，将 ATF 排放到容器中，如图 4-13 所示。

步骤三　关闭 ATF 冷却器油口。拆下液力变矩器。

步骤四　用螺栓 1 和 2 将自动变速器固定到翻转架上，如图 4-14 所示。

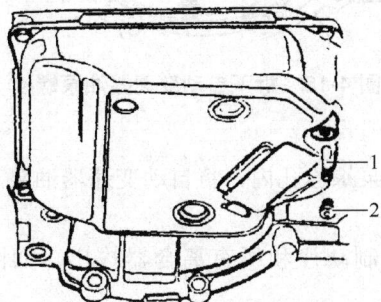

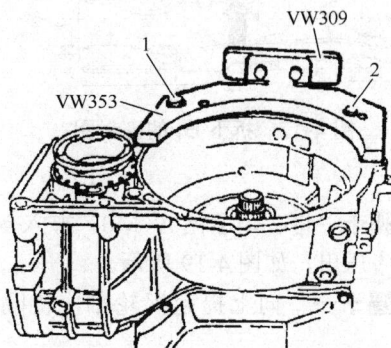

图 4-13　拆下 ATF 溢流管和螺塞

1—溢流管；2—螺塞

图 4-14　固定自动变速器

1、2—螺栓

步骤五 拆下变速器壳体上带密封垫的端盖，如图 4-15 箭头所示。

步骤六 拆下油底壳，拆下 ATF 滤网。

步骤七 拆下带传输线的滑阀箱，如图 4-16 所示。

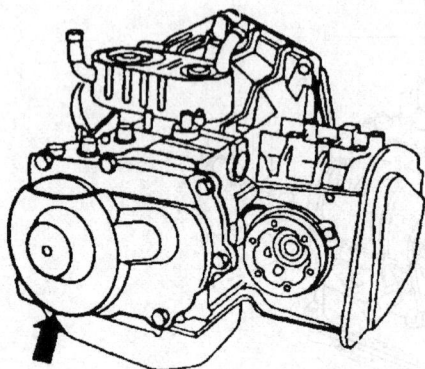

图 4-15 拆下变速器壳体上的端盖

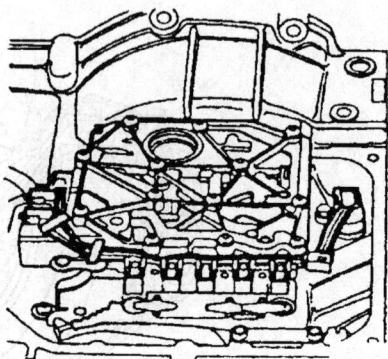

图 4-16 拆下带传输线的滑阀箱

步骤八 拆下 B_1 的密封圈，如图 4-17 箭头所示。

步骤九 拆下自动变速器油泵螺栓，如图 4-18 箭头所示。

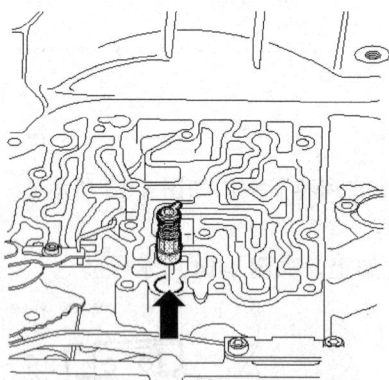

图 4-17 拆下 B_1 的密封圈

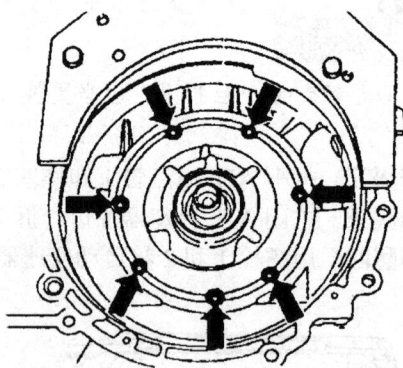

图 4-18 拆下自动变速器油泵螺栓

步骤十 将 2 个螺栓 A（M8）拧入自动变速器油泵螺栓孔内，将自动变速器油泵从变速器壳体中压出，如图 4-19 所示。

步骤十一 向上提起涡轮轴，将隔离管、B_2 的制动片和所有离合器拔出，如图 4-20 所示。

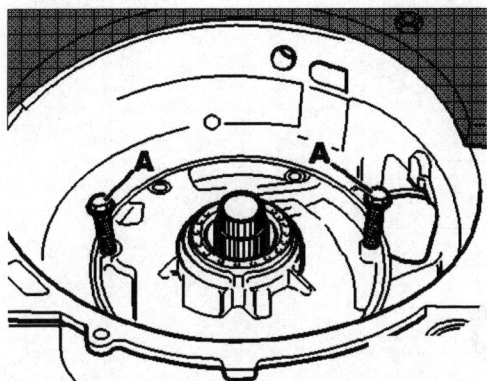

图 4-19　将 2 个螺栓 A 拧入自动变速器油泵螺栓孔　　图 4-20　拆下隔离管、B_2 的制动片和所有离合器

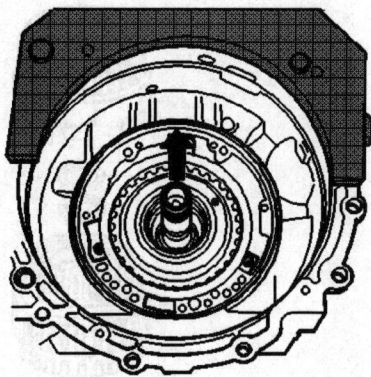

步骤十二　制动器 B_2 的分解如图 4-21 所示，离合器 K_2、K_1 和 K_3 的分解如图 4-22 所示。

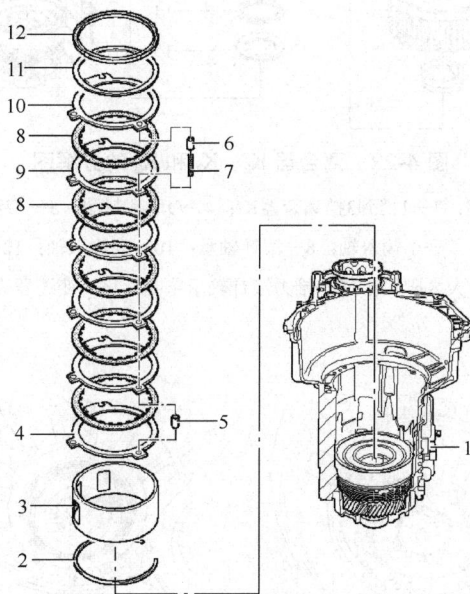

图 4-21　制动器 B_2 的分解图

1—变速器壳体；2—卡环；3—隔离管；4—隔离管上B_2外片（3mm厚）；5、6—弹簧盖（6个）；7—弹簧（3个）；

8—B_2外片；9—B_2内片（新片在安装前应在ATF内浸泡15min）；10—B_2外片（必须用2mm厚的外片）；

11—压盘；12—波形弹簧垫圈

步骤十三　将旋具插入大太阳轮的孔内，以固定行星齿轮机构，从变速器后端松开小输入轴螺栓，如图 4-23 所示。

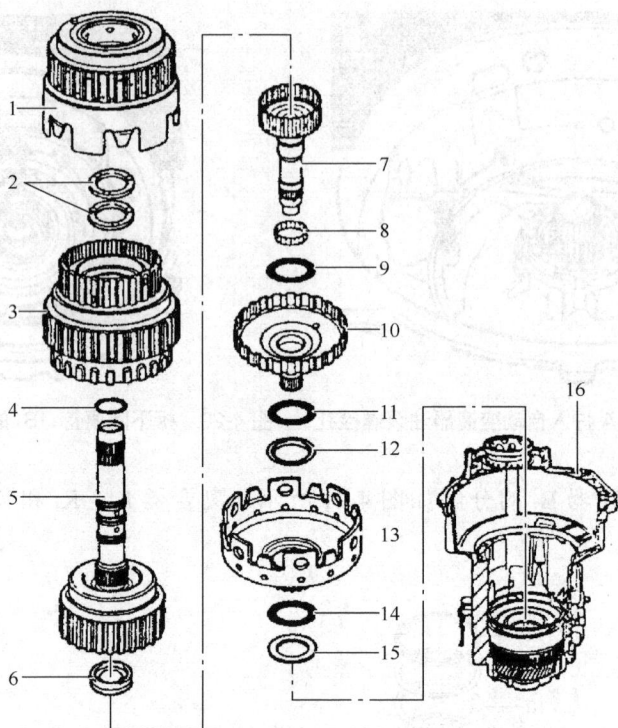

图 4-22　离合器 K_2、K_1 和 K_3 的分解图

1—倒挡离合器K_2；2—调整垫圈；3—1挡到3挡离合器K_1；4—O形密封圈；5—带涡轮轴的4挡离合器K_3；6、9、

11、14—推力滚针轴承；7—小输入轴；8—滚针轴承；10—大输入轴；12—推力滚针轴承垫圈；

13—大太阳轮；15—推力滚针轴承垫圈；16—变速器壳体

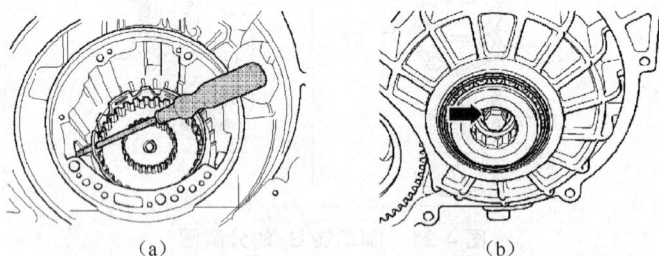

(a)　　　　　　　　(b)

图 4-23　松开小输入轴螺栓

步骤十四　取出小输入轴、大输入轴和前排大太阳轮。

步骤十五　拆下变速器转速传感器 G38，拆下隔离管卡环 a 和单向离合器卡环 b，用钳子夹在单向离合器的定位楔上，拉出单向离合器，如图 4-24 所示。

步骤十六　拆下带碟形弹簧的行星架，如图 4-25 所示。

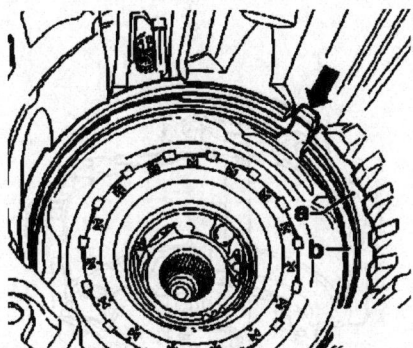

图 4-24　拆卸单向离合器

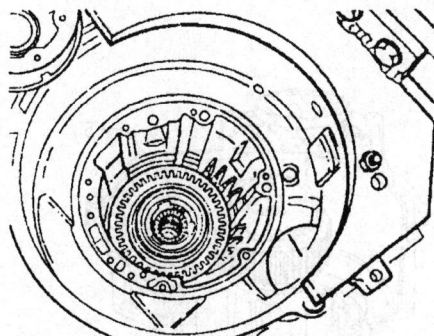

图 4-25　拆下带碟形弹簧的行星架

步骤十七　取出倒挡制动器 B_1 的摩擦片，如图 4-26 所示。

（2）行星齿轮机构的装配

步骤一　将新的 O 形密封圈装入行星架，如图 4-27 所示。更换行星架时需要调整该支架。

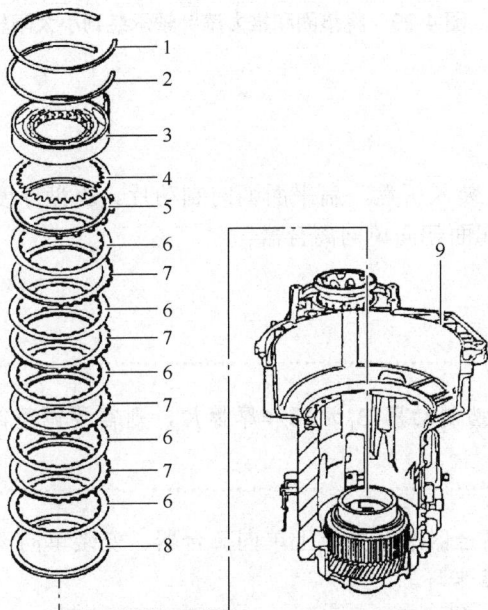

图 4-26　取出倒挡制动器 B_1 的摩擦片

1—隔离管卡环；2—单向离合器卡环；3—单向离合器
（带B_1活塞）；4—碟形弹簧；5—压盘；6—内片；
7—外片；8—调整垫片；9—变速器壳体

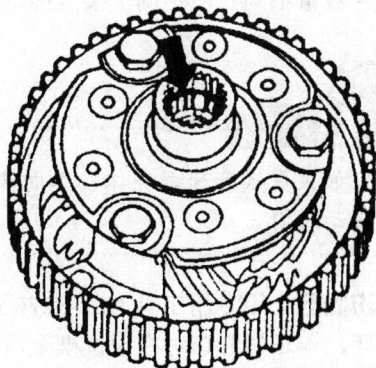

图 4-27　将新的 O 形密封圈装入行星架

步骤二　将带垫圈的推力滚针轴承和行星架装入主动齿轮（齿圈），如图 4-28 所示。

步骤三　将垫圈和推力滚针轴承装到行星架的小太阳轮上，与小太阳轮中心对齐，如图 4-29 所示。

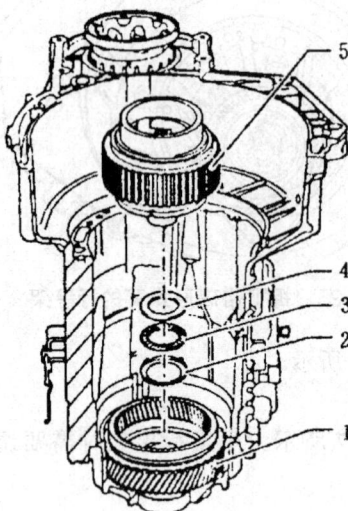

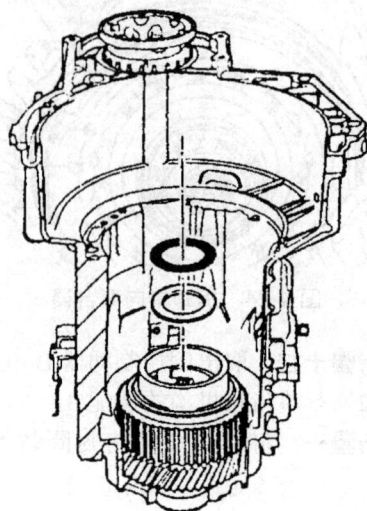

图 4-28　安装带垫圈的推力滚针轴承和行星架　　　　图 4-29　将垫圈和推力滚针轴承装到小太阳轮上

1—主动齿轮（齿圈）；2、4—推力滚针轴承垫圈；

3—推力滚针轴承；5—装有 O 形密封圈的行星架

步骤四　装入倒挡制动器 B_1 的内、外片。装入压盘，扁平面朝向制动片。压盘厚度按制动片数量不同有所不同。装入碟形弹簧，凸起面朝向单向离合器。

提示

　　如果更换变速器壳体、单向离合器、倒挡制动器 B_1 活塞和摩擦片，则需要调整倒挡制动器 B_1。

步骤五　用专用工具 NST-3276 张开单向离合器滚子并装上单向离合器。安装单向离合器卡环，卡环的开口对在定位楔上。安装隔离管卡环。

步骤六　安装变速器转速传感器 G38，测量制动器 B_1。

步骤七　将大太阳轮到小输入轴之间的部件装入变速器壳体，如图 4-30 所示。

步骤八　安装带有垫圈和调整垫片的小输入轴螺栓，如图 4-31 所示。螺栓的拧紧力矩为 30N·m。

步骤九　用自动变速器油沾湿推力滚针轴承垫圈，以便安装到 4 挡离合器 K_3 上。

步骤十　装入 1 挡到 3 挡离合器 K_1 及 3 挡和 4 挡离合器 K_3，如图 4-32 所示。

步骤十一　将调整垫片装到离合器 K_1 上，如图 4-33 箭头所示。

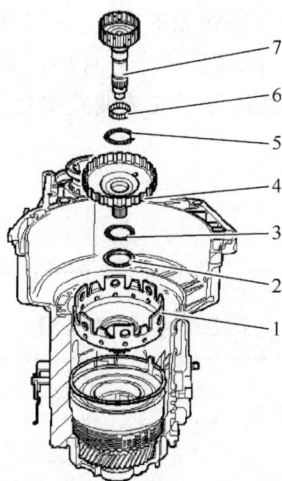

图 4-30 将大太阳轮到小输入轴之间的部件装入变速器壳体

1—大太阳轮；2—推力滚针轴承垫圈（台肩朝向大太阳轮）；3—推力滚针轴承；4—大输入轴；5—推力滚针轴承；6—滚针轴承；7—小输入轴

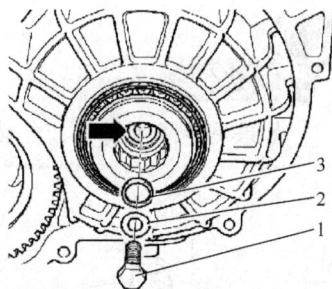

图 4-31 安装小输入轴螺栓

1—小输入轴螺栓；2—垫圈；
3—调整垫片

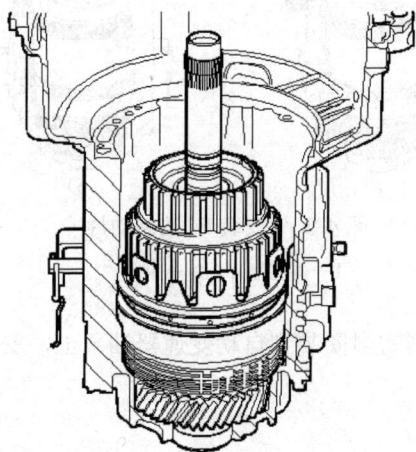

图 4-32 装入离合器 K_1 和 K_3

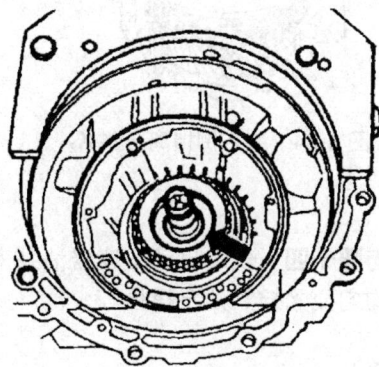

图 4-33 将调整垫片装到离合器 K_1 上

提示

当更换离合器 K_1、K_2 和自动变速器油泵时应测量调整垫片，以调整离合器 K_1 和 K_2 之间的间隙。

步骤十二 装入倒挡离合器 K_2，如图 4-34 所示。装入制动器 B_2 的隔离管，使隔离管上的槽进入单向离合器的定位楔内。

步骤十三　安装 B_2 的制动片，如图 4-35 所示。操作步骤如下：装上一个 3mm 厚的外片；将 3 个弹簧盖装入外片；插入压力弹簧（箭头所示）；除最后一个外片外，其余片子均装上，把 3 个弹簧盖装到压力弹簧上；装入最后一个 3mm 的外片，安装调整垫片，将垫圈安装到调整垫片上且光滑面朝向调整垫片。

> **提示**
>
> 如果更换了隔离管、自动变速器油泵、制动片，则应调整制动器 B_2。

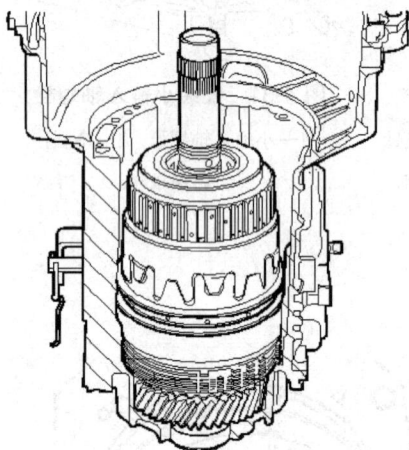

图 4-34　装入倒挡离合器 K_2

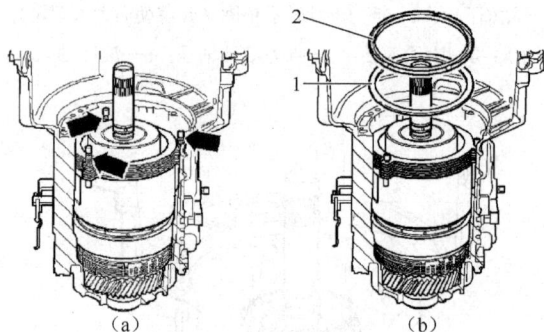

（a）　　　　　（b）

图 4-35　安装 B_2 的制动片

1—调整垫片；2—垫圈

步骤十四　安装自动变速器油泵密封垫。将 O 形密封圈装到自动变速器油泵上，安装油泵。均匀交叉拧紧油泵螺栓。

> **提示**
>
> 不要损坏 O 形密封圈。
>
> 螺栓拧紧力矩为 8N·m，螺栓拧紧后再拧 90°，此时可分几步进行。

步骤十五　将油塞连同滑阀箱和油底壳一同装上。装上带密封垫和隔套的端盖。装上自动变速器溢流管和螺塞。

操作二　换挡执行元件和行星齿轮机构的调整

换挡执行元件和行星齿轮机构有 4 处间隙需要调整，分别是行星架间隙、倒挡制动器

B_1 的间隙、离合器 K_1 和 K_2 之间的间隙及 2 挡和 4 挡制动器 B_2 之间的间隙。

（1）调整行星架间隙

分解行星齿轮机构部件。行星齿轮机构部件分解图如图 4-36 所示，调整行星架时，不用装上调整垫片 17。

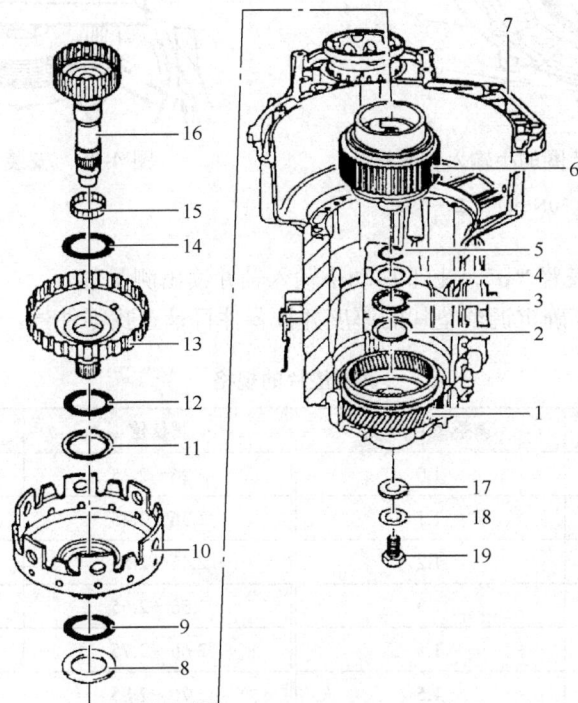

图 4-36　行星齿轮机构部件分解图

1—主动齿轮（齿圈）；2—推力滚针轴承垫圈（光滑面装入主动齿轮）；3、9、12、14—推力滚针轴承；
4—推力滚针轴承垫圈；5—O 形密封圈；6—行星架；7—变速器壳体；8、11、18—垫圈；10—大太阳轮；
13—大输入轴；15—滚针轴承；16—小输入轴；17—调整垫片；19—小输入轴螺栓（30N·m）

确定调整垫片 A 的厚度。调整垫片 A 的位置如图 4-37 所示。

步骤一　调整行星架时，将所有部件（图 4-36 中的部件 2～16）装入变速器壳体。

步骤二　将旋具插入大太阳轮孔内，以便紧固小输入轴螺栓。

步骤三　装上带垫圈的小输入轴螺栓，不用装调整垫片，如图 4-38 所示。

步骤四　以 1mm 预紧量将千分表装到螺栓头中间，如图 4-39 所示。

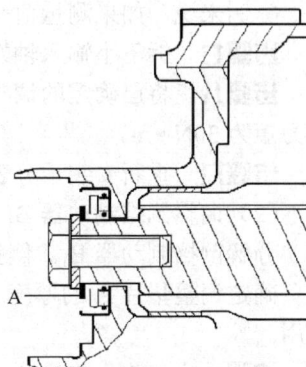

图 4-37　调整垫片 A 的位置

图 4-38　装上带垫圈的小输入轴螺栓

1—小输入轴螺栓（30N·m）；2—垫圈

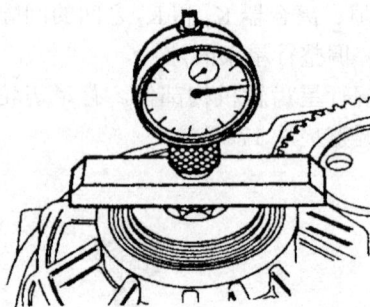

图 4-39　安装千分表

步骤五　将千分表置"0"，上下移动小输入轴并读出测量值。

步骤六　按表 4-4 确定调整垫片的厚度并按备件目录查找零件号。

表 4-4　　　　　　　　　　　　　　　调整垫片的规格　　　　　　　　　　　　　　（单位：mm）

测量值	调整垫片厚度	测量值	调整垫片厚度
1.26～1.35	1.0	2.26～2.35	2.0
1.36～1.45	1.1	2.36～2.45	2.1
1.46～1.55	1.2	2.46～2.55	2.2
1.56～1.65	1.3	2.56～2.65	2.3
1.66～1.75	1.4	2.66～2.75	2.4
1.76～1.85	1.5	2.76～2.85	2.5
1.86～1.95	1.6	2.86～2.95	2.6
1.96～2.05	1.7	2.96～3.05	2.7
2.06～2.15	1.8	3.06～3.15	2.8
2.16～2.25	1.9	3.16～3.25	2.9

举例来说，如果测量值是 2.00mm，则装入 1.7mm 厚的调整垫片。

步骤七　拆下小输入轴螺栓。

步骤八　将已确定的调整垫片装到小输入轴上，将小输入轴螺栓连同垫圈一同拧紧，拧紧力矩为 30N·m。

步骤九　重新安装千分表，并测量间隙值。间隙值最小为 0.23mm，最大为 0.37mm。

（2）调整倒挡制动器 B_1 的间隙

分解倒挡制动器 B_1。倒挡制动器 B_1 的零件分解图如图 4-26 所示。

确定调整垫片 A 的厚度。如图 4-40 所示，调整垫片的厚度由间隙值 X 决定，并按表 4-5 选用。

步骤一　确定 I 的尺寸。按箭头方向将活塞压到挡块处，如图 4-41 所示，将导板 1 放到单向离合器外环上，用深度尺 2 测量活塞内棱。

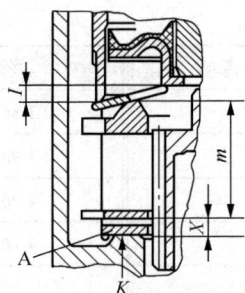

图 4-40　确定调整垫片 A 的厚度

A—调整垫片；X—间隙值，$X=K+I/2-m$。其中，I—单向离合器内活塞位置；m—带压盘的片组高度；

K—恒定值，一般取26.8mm，由变速器内的结构高度确定且不可调

例如，如果测量值为 51.8mm，导板厚度为 48.2mm，则：I= 测量值 - 导板厚度 =51.8mm-48.2mm=3.6mm。

步骤二　确定 m 的尺寸。将导板 1 放到压盘上，如图 4-42 所示，按箭头方向压缩带压盘的片组并用深度尺 2 测量片组厚度。

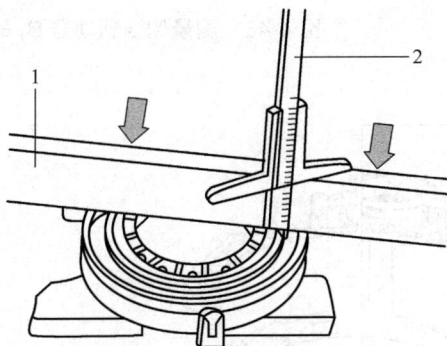

图 4-41　确定 I 的尺寸

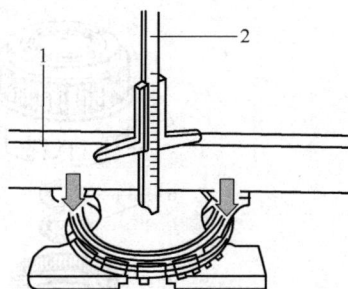

图 4-42　确定 m 的尺寸

1—导板；2—深度尺

例如，如果测量值为 73.5mm，则：m= 测量值 - 导板厚度 =73.5mm-48.2mm=25.3mm。

步骤三　计算间隙值 X。$X=K+I/2-m=（26.8+3.6/2-25.3）$mm=3.3mm。根据间隙值确定调整垫片尺寸，如表 4-5 所示。调整垫片的厚度为 1.9mm。

表 4-5　　　　　　　　　　　　　　　　调整垫片的规格　　　　　　　　　　　　　　　　（单位：mm）

间隙值X	调整垫片厚度	间隙值X	调整垫片厚度
2.36~2.45	1.0	3.36~3.45	1.0+1.0
2.46~2.55	1.1	3.46~3.55	1.0+1.1
2.56~2.65	1.2	3.56~3.65	1.1+1.1
2.66~2.75	1.3	3.66~3.75	1.1+1.2
2.76~2.85	1.4	3.76~3.85	1.2+1.2

间隙值X	调整垫片厚度	间隙值X	调整垫片厚度
2.86～2.95	1.5	3.86～3.95	1.2+1.3
2.96～3.05	1.6	3.96～4.05	1.3+1.3
3.06～3.15	1.7	4.06～4.15	1.3+1.4
3.16～3.25	1.8	4.16～4.25	1.4+1.4
3.26～3.35	1.9		

步骤四 测量倒挡制动器B_1。装配制动器B_1，并用塞尺测量制动片之间间隙，如图 4-43 所示。间隙的规定值为 1.20 ～ 1.80mm。

（3）调整离合器K_1和K_2之间的间隙

分解离合器K_1和K_2。离合器K_1和K_2的零件分解图如图 4-44 所示。

测量调整垫片 A。测量调整垫片 A 的厚度，如图 4-45 所示，其厚度由间隙值X决定，$X=a-b$。

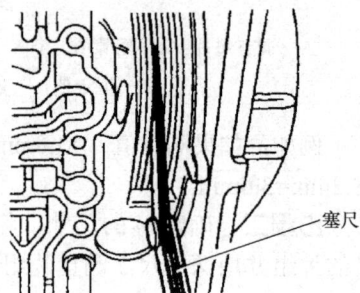

塞尺

图 4-43　测量倒挡制动器B_1的间隙

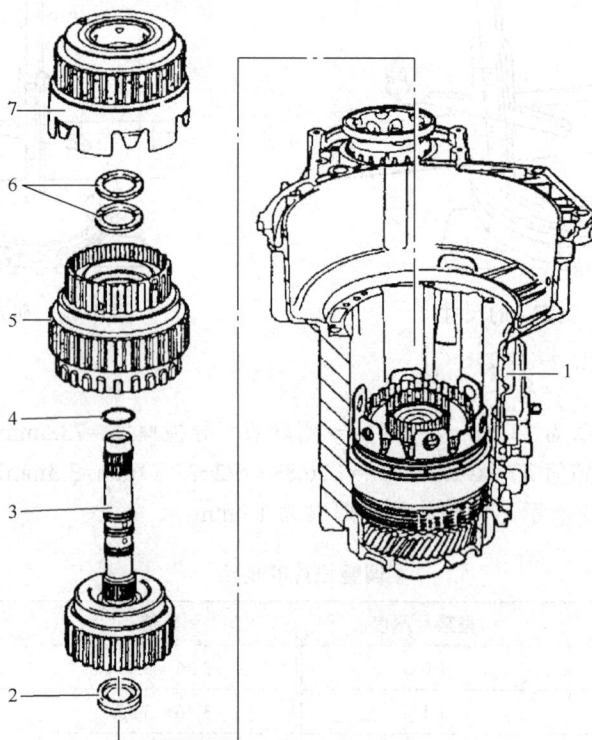

图 4-44　离合器K_1和K_2的零件分解图

1—变速器壳体；2—带垫圈的推力滚针轴承；3—4挡离合器K_3；4—O形密封圈；
5—1挡到3挡离合器K_1；6—调整垫片；7—倒挡离合器K_2

步骤一 确定尺寸 a。将导板 1 放到变速器壳体上，如图 4-46 所示，按箭头方向向下压 K_1 并用深度尺 2 测量 K_1。举例：测量值 1=88.5mm。

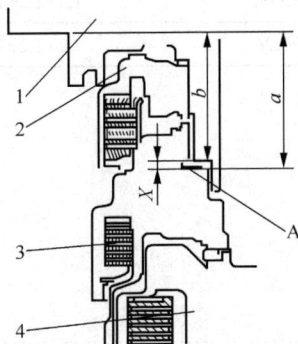

图 4-45 测量调整垫片 A 的厚度

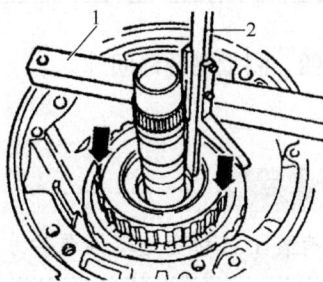

图 4-46 用深度尺 2 测量 K_1

A—调整垫片；1—自动变速器油泵；2—倒挡离合器K_2；

3—1挡到3挡离合器K_1；4—4挡离合器K_3

用深度尺 2 测量变速器壳体上的油泵法兰的厚度，如图 4-47 所示。举例：测量值 2=34.3mm。则 a = 测量值 1 - 测量值 2=88.5mm-34.3mm=54.2mm。

步骤二 确定尺寸 b。将导板 1 装到导轮支座（图 4-48 箭头所示）上，用深度尺 2 测量油泵法兰密封垫，如图 4-48 所示。举例：测量值为 70.5mm，导板厚度为 19.5mm，则 b=测量值 - 导板厚度 =70.5mm-19.5mm=51.0mm。

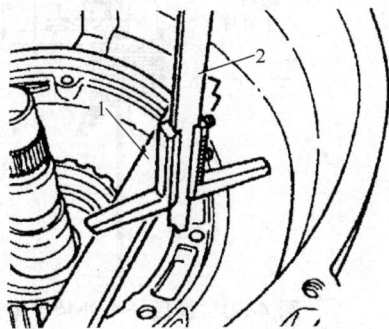

图 4-47 用深度尺 2 测量变速器壳体上的油泵法兰厚度

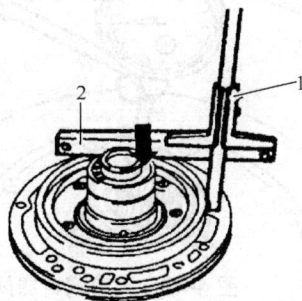

图 4-48 确定尺寸 b

步骤三 计算间隙 $X=a-b$=54.2mm-51.0mm=3.2mm。根据表 4-6 确定调整垫片为 2 个 1.2mm 厚度。

表 4-6　　　　　　调整垫片的规格　　　　　　（单位：mm）

间隙值 X	调整垫片厚度	间隙值 X	调整垫片厚度
～2.45	1.4	3.90～4.29	1.6+1.6
2.55～3.09	1+1	4.30～4.69	1.8+1.8

续表

间隙值X	调整垫片厚度	间隙值X	调整垫片厚度
3.10～3.49	1.2+1.2	4.70～5.04	1.2+1.2+1.6
3.50～3.89	1.4+1.4	5.05～5.26	1.2+1.2+1.8

步骤四 测量离合器间隙。

提示

只有装上自动变速器油泵后才能测量离合器间隙。

将千分表支座固定到变速器壳体上，并以 1mm 预紧量将千分表装到涡轮轴上，将千分表置"0"，移动涡轮轴并读出测量值，如图 4-49 所示。规定间隙值为 0.5 ～ 1.2mm。

（4）调整 2 挡和 4 挡制动器 B_2 之间的间隙

分解制动器 B_2，制动器 B_2 的零件分解图如图 4-21 所示。

确定最后一个外片的厚度。最后一个外片厚度的示意图如图 4-50 所示。该外片厚度由间隙值 X 决定，$X=a-b-3.2$mm。

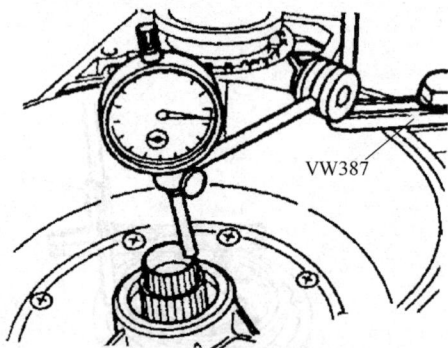

图 4-49　测量离合器间隙

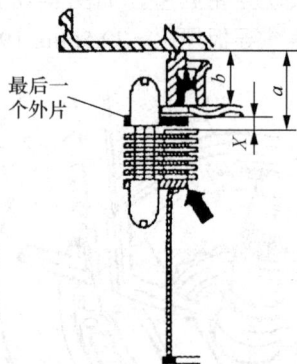

图 4-50　最后一个外片厚度示意图

步骤一 确定尺寸 a。从油泵法兰处用深度尺测量到最后一个内片的距离，如图 4-51 所示。假如测量值 $a=30.2$mm。

步骤二 确定尺寸 b。将导板 1 装到导轮支座下部（图 4-52 箭头所示），并用深度尺 2 测量油泵法兰密封圈，如图 4-52 所示。假如测量值为 40.1mm，$b=$ 测量值 - 导板厚度 = 40.1mm-19.5mm=20.6mm。

步骤三 计算间隙值 X。$X=a-b-3.2$mm=30.2mm-20.6mm-3.2mm=6.4mm。根据表 4-7 确定外片的厚度，为 2 个外片，一个厚度为 2.25mm，另一个厚度为 2.5mm。

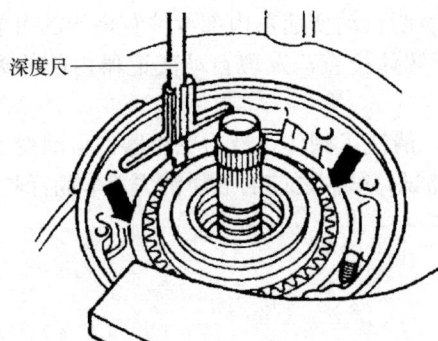

图 4-51　确定尺寸 a

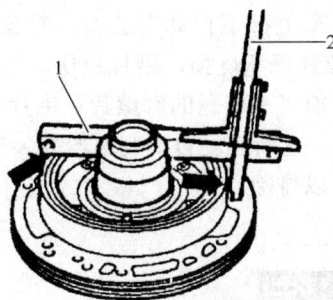

图 4-52　确定尺寸 b

1—导板；2—深度尺

表 4-7　　　　　　　　　　　　外片厚度规格　　　　　　　　　　　（单位：mm）

间隙值X	制动外片厚度	间隙值X	制动外片厚度
4.25～4.49	2.75	5.75～5.99	2.00+2.25
4.50～4.74	3.00	6.00～6.24	2.25+2.25
4.75～4.99	3.25	6.25～6.49	2.25+2.50
5.00～5.24	3.50	6.50～6.74	2.50+2.50
5.25～5.49	3.75	6.75～7.00	2.50+2.75
5.50～5.74	2.00+2.00		

▫ 维修实例 ▫

上海桑塔纳2000俊杰汽车行驶速度慢、上坡无法起步

（1）故障现象

一辆装配 01N 自动变速器的上海桑塔纳 2000 俊杰汽车，行驶里程为 8.4 万千米。该车驾驶员反映车辆在行驶的过程中发动机加不上速，车辆行驶速度慢，在上坡时车辆有时无法起步。

（2）故障原因

离合器 K_3 摩擦片严重烧损，钢片拉伤。

（3）故障诊断与排除

为了验证驾驶员报修车辆的故障现象，避免与实际故障现象有出入，先上路试车。在试车的过程中发现，该车不但有上述故障，而且挂挡还有很大冲击，路试中自动变速器根本没有自动换挡，在换到 1 挡时上坡车辆才能起步。

用故障诊断仪 V.A.G 1552 读出故障码 00652，含义是"挡位监控到不可靠信号"。此故障码一般是自动变速器内部打滑，自动变速器控制单元利用输入轴、输出轴转速传感器和挡位开关信号检测当前速比，并与自动变速器 ECU 内设定的速比进行比较，计算出滑差过大而设置的，数据流中显示自动变速器已锁在 3 挡，各电磁阀停止工作，自动变速器油压升至最高，自动变速器进入保护模式。

先检查 ATF，发现油液发黑且伴有焦糊味，表明自动变速器内部零件有烧损的可能。

从车上拆下自动变速器，对自动变速器进行解体检查，发现自动变速器内部的离合器 K_3 摩擦片严重烧损，钢片拉伤。

更换了有问题的摩擦片、钢片、活塞、滤网，清洗了阀体、液力变矩器、自动变速器油散热器，重新装复自动变速器并装车，再次进行路试，车辆之前的故障消失，车辆行驶正常，故障得以排除。

小　结

1. 拉维娜式行星齿轮变速器（01M 自动变速器）主要由行星齿轮变速机构、液力变矩器、液压控制系统等组成。

2. 拉维娜式行星齿轮变速器行星齿轮机构由两排行星齿轮机构组成，前排是单行星齿轮机构，后排是双行星齿轮机构，前后排共用一个齿圈和行星架。

3. 拉维娜式行星齿轮变速器行星齿轮机构的短行星轮与长行星轮及小太阳轮啮合，长行星轮同时与大太阳轮、短行星轮及齿圈啮合，动力通过齿圈输出。

4. 拉维娜式行星齿轮变速器行星齿轮机构通过对大、小太阳轮和行星架的不同驱动、制动组合，实现 4 个前进挡和一个倒挡。

5. 拉维娜式行星齿轮变速器换挡执行元件包括 3 个离合器、2 个制动器和 1 个单向离合器。

练习思考题

1. 拉维娜式行星齿轮变速器（01M 自动变速器）主要由哪几部分组成？
2. 拉维娜式行星齿轮变速器行星齿轮机构的结构特点是什么？
3. 拉维娜式行星齿轮变速器有哪些换挡执行元件？
4. 试叙述拉维娜式行星齿轮变速器 1 挡动力传递路线。
5. 如何调整倒挡制动器 B_1 的间隙？
6. 如何调整 2 挡和 4 挡制动器 B_2 的间隙？
7. 如何调整行星架的间隙？
8. 如何调整离合器 K_1 和 K_2 之间的间隙？

平行轴式变速器

□ 学习目标 □

（1）熟悉平行轴式变速器的组成与结构。
（2）熟悉平行轴式变速器各挡动力传递路线。
（3）能够熟练进行平行轴式变速器的拆装。
（4）熟悉平行轴式变速器主要部件的检修方法。

□ 案例引入 □

　　一辆广州本田雅阁轿车，装用 MAXA 自动变速器，行驶里程为 12 万千米。驾驶员反映该车的故障症状是在自动变速器挂上前进挡或倒挡时，车辆均不能起步。
　　广州本田 MAXA 自动变速器为平行轴式自动变速器，该型自动变速器的结构是怎样的呢？

□ 相关知识 □

一、平行轴式变速器的结构

　　下面以广州本田 MAXA 自动变速器为例，介绍平行轴式自动变速器。
　　广州本田雅阁轿车 MAXA 自动变速器采用电子控制式，主要由平行轴（定轴）式齿轮变速传动机构、液压控制系统和电子控制系统等三大部分组成，可以提供 4 个前进挡和一个倒挡。

1. MAXA 自动变速器的结构

　　图 5-1 所示为广州本田雅阁轿车用 MAXA 自动变速器的结构，图 5-2 所示为纵剖视图，图 5-3 所示为 MAXA 自动变速器的齿轮机构。

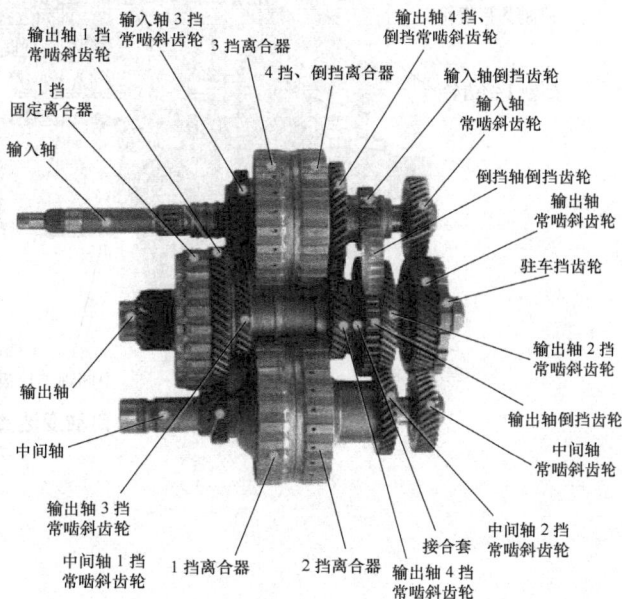

图 5-1　广州本田雅阁轿车用 MAXA 自动变速器的结构

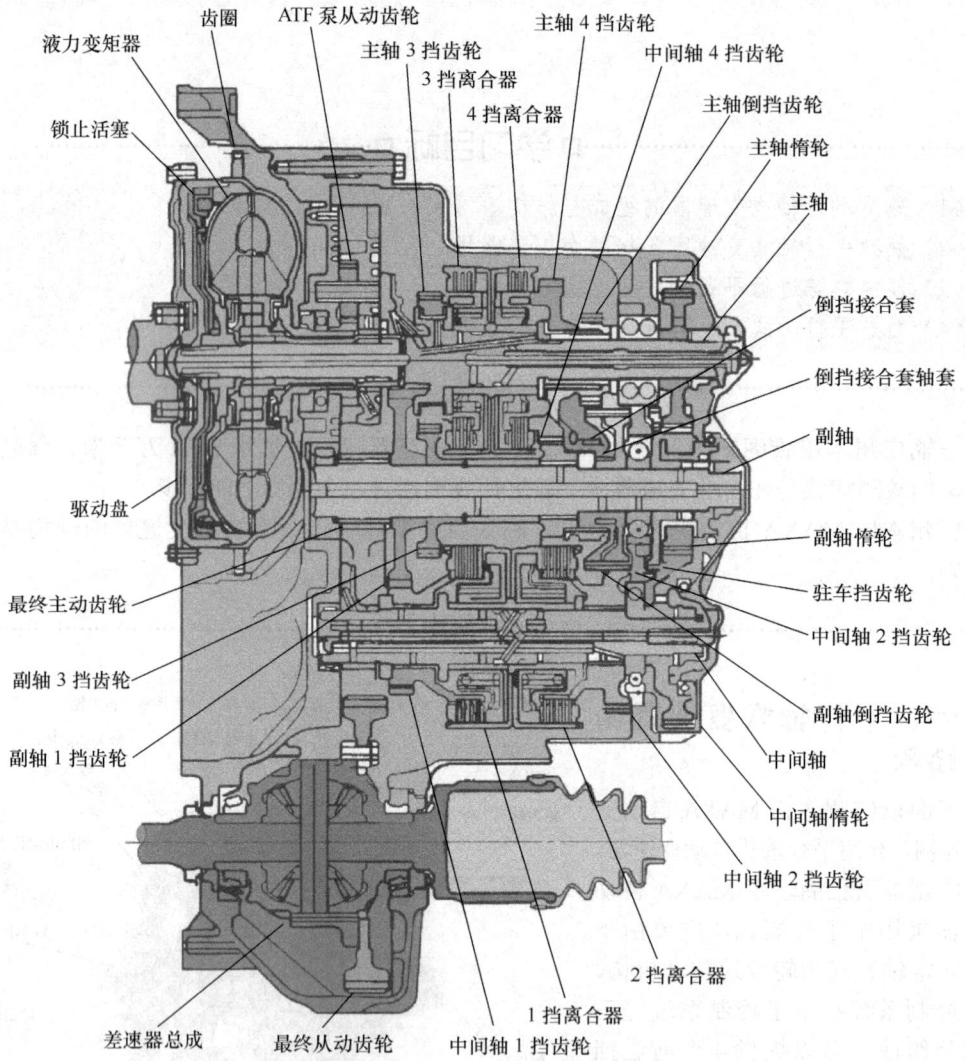

图 5-2　MAXA 自动变速器纵剖视图

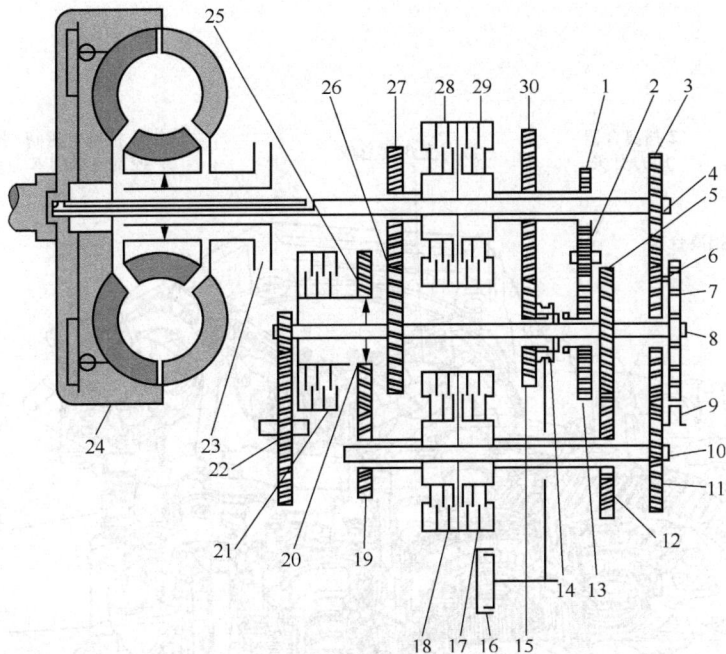

图 5-3　MAXA 自动变速器的齿轮机构

1—主轴倒挡齿轮；2—倒挡齿轮；3—主轴惰轮；4—主轴（又称输入轴、一轴）；5—副轴2挡齿轮；

6—副轴惰轮；7—驻车挡齿轮；8—副轴（又称输出轴、二轴）；9—驻车锁销；10—中间轴；

11—中间轴惰轮；12—中间轴2挡齿轮；13—副轴倒挡齿轮；14—倒挡滑套；

15—副轴4挡齿轮；16—伺服液压缸；17—2挡离合器；18—1挡离合器；

19—中间轴1挡齿轮；20—单向离合器；21—1挡固定离合器；

22—最终驱动齿轮；23—油泵；24—液力变矩器；25—副轴1挡齿轮；

26—副轴3挡齿轮；27—主轴3挡齿轮；28—3挡离合器；

29—4挡离合器；30—主轴4挡齿轮

　　MAXA 自动变速器的内部结构如图 5-4 所示，液压控制系统各阀体的相关位置如图 5-5 所示。

　　平行轴式齿轮变速传动机构主要由平行轴、各挡齿轮和湿式多片离合器等组成。

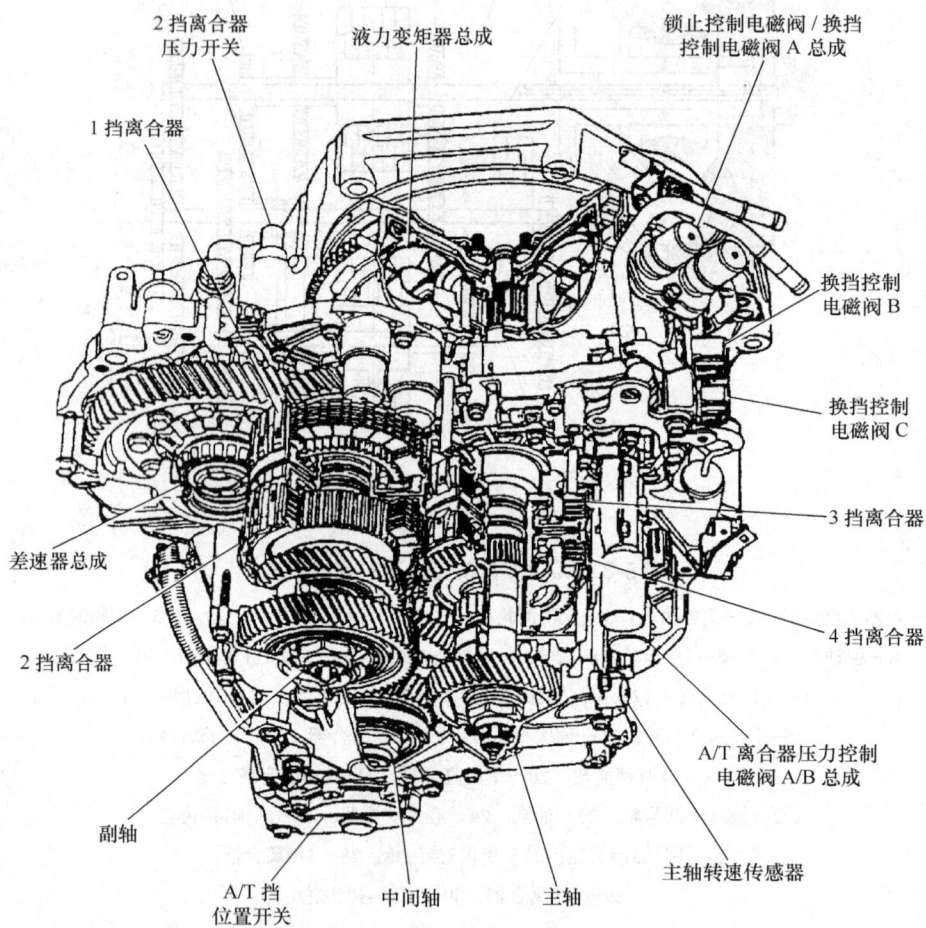

2 挡离合器压力开关

1 挡离合器

液力变矩器总成

锁止控制电磁阀 / 换挡控制电磁阀 A 总成

换挡控制电磁阀 B

换挡控制电磁阀 C

3 挡离合器

差速器总成

2 挡离合器

4 挡离合器

A/T 离合器压力控制电磁阀 A/B 总成

副轴

主轴转速传感器

A/T 挡位置开关

中间轴

主轴

图 5-4　MAXA 自动变速器的内部结构

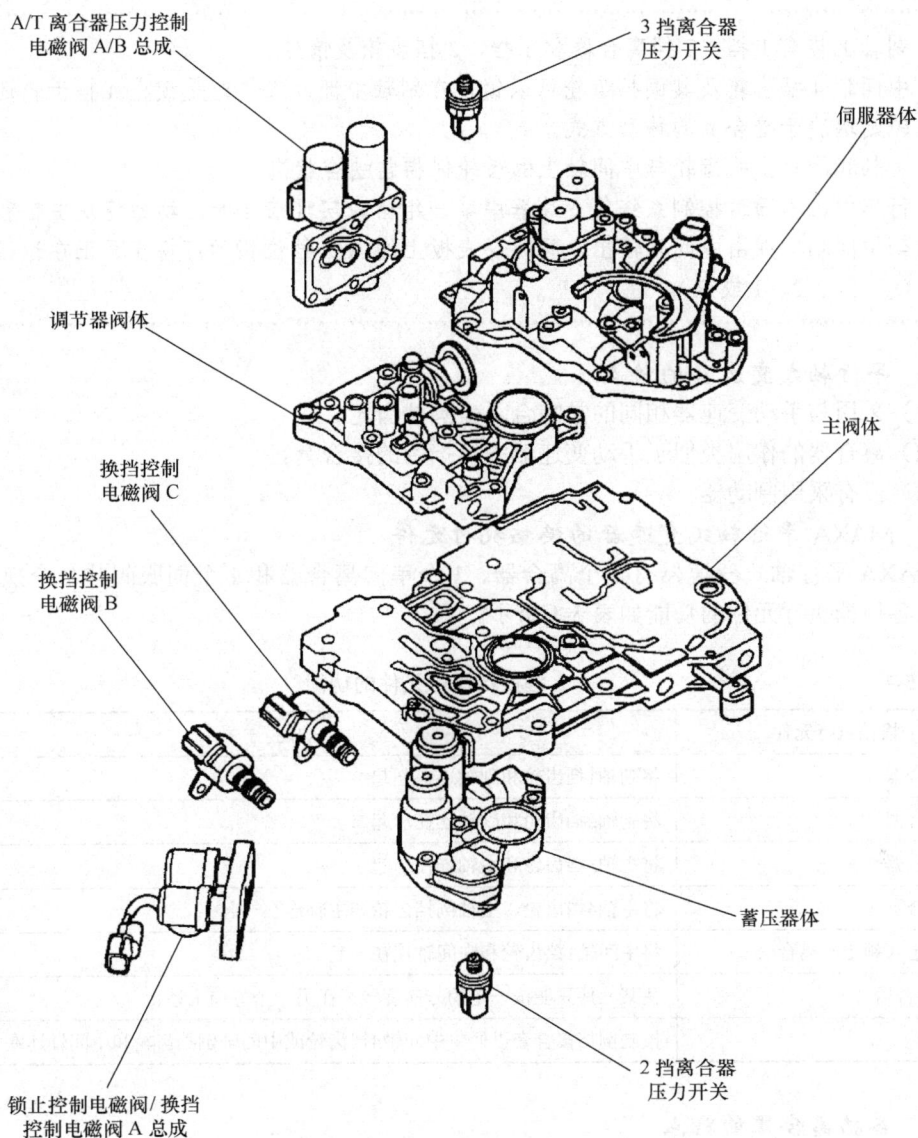

A/T 离合器压力控制
电磁阀 A/B 总成

3 挡离合器
压力开关

伺服器体

调节器阀体

换挡控制
电磁阀 C

换挡控制
电磁阀 B

主阀体

蓄压器体

锁止控制电磁阀/ 换挡
控制电磁阀 A 总成

2 挡离合器
压力开关

图 5-5　液压控制系统各阀体的相关位置

提示

平行轴为 3 根，即主轴（输入轴）、中间轴和副轴（输出轴）。

主轴与发动机曲轴主轴颈同轴。主轴上装有 3 挡、4 挡离合器以及 3 挡、4 挡、倒挡齿轮和惰轮（倒挡齿轮与 4 挡齿轮制为一体）。

中间轴上装有最终主动齿轮及 1 挡、3 挡、4 挡、倒挡、2 挡和驻车挡齿轮以及惰轮（最终主动齿轮与中间轴制成一体）。

> 副轴上装有 1 挡、2 挡离合器和 1 挡、2 挡齿轮及惰轮。
>
> 中间轴 4 挡齿轮及其倒挡齿轮可以锁止在副轴中部，工作时是锁止 4 挡齿轮还是倒挡齿轮则取决于接合套的移动方式。
>
> 主轴和副轴上的齿轮与中间轴上的齿轮保持常啮合状态。
>
> 行车中，当通过控制系统使变速器中某一组齿轮实现啮合时，动力将从主轴和副轴传递到中间轴，并由中间轴输出，同时仪表板上的 A/T 挡位指示灯将显示正在运行的挡位（D_4、D_3、2、1 或 R）。

2. 平行轴式变速器的特点

（1）采用与手动变速器相同的常啮合斜齿圆柱齿轮。

（2）离合器的作用类似于手动变速器中换挡用的接合套。

（3）没有采用制动器。

3. MAXA 平行轴式变速器的换挡执行元件

MAXA 平行轴式变速器有 5 个离合器、1 个单向离合器和 1 个伺服阀共 7 个换挡执行元件，各换挡执行元件的功能如表 5-1 所示。

表 5-1　　　　　　　　　　各换挡执行元件的功能

换挡执行元件	功能
1挡离合器	将副轴1挡齿轮和副轴连在一起
2挡离合器	将副轴2挡齿轮和副轴连在一起
3挡离合器	将主轴3挡齿轮和主轴连在一起
4挡离合器	将主轴4挡齿轮、主轴倒挡齿轮和主轴连在一起
1挡固定（锁定）离合器	将中间轴1挡齿轮和中间轴连在一起
单向离合器	使某元件只能按一定的方向旋转，在另一个方向上锁止
伺服阀	控制倒挡接合套以便将中间轴4挡齿轮或中间轴倒挡齿轮和中间轴连在一起

4. 各挡离合器的特点

各挡离合器的特点如表 5-2 所示。

表 5-2　　　　　　　　　　各挡离合器的特点

序号	离合器	特点
1	1挡离合器	1挡离合器位于中间轴中部，它与2挡离合器背向相接。1挡离合器由中间轴内的ATF供油管提供液压
2	2挡离合器	2挡离合器位于中间轴中部，它与1挡离合器背向相接。2挡离合器由来自中间轴与液压回路相连的回路提供液压
3	3挡离合器	3挡离合器位于主轴中部，它与4挡离合器背向相接。3挡离合器由主轴内与调节器阀相连的油道提供压力

续表

序号	离合器	特点
4	4挡离合器	4挡离合器与倒挡齿轮一起位于主轴中部，4挡离合器与3挡离合器背向相接。4挡离合器由主轴内的ATF供油管提供液压
5	1挡固定离合器	它位于副轴的端部，液力变矩器的后面，由副轴内的油道供给压力
6	单向离合器	单向离合器固定在副轴的1挡齿轮和3挡齿轮中间，通过3挡齿轮花键与副轴连接在一起，3挡齿轮为它提供内座圈表面，1挡齿轮为它提供外座圈表面。当动力从中间轴的1挡齿轮传递给副轴的1挡齿轮时，单向离合器锁止；在"D_4"位、"D_3"位、"2"位的1挡、2挡、3挡和4挡时，1挡离合器和1挡齿轮保持啮合。 但是，当2挡、3挡、4挡离合器/齿轮在"D_4"位、"D_3"位、"2"位作用时，单向离合器分离，这是因为副轴上的齿轮增加的转速超过了单向离合器锁止的"转速范围"

二、动力传递路线分析

动画
本田平行轴式变速机构工作原理（1）

动画
本田平行轴式变速机构工作原理（2）

MAXA 自动变速器各挡位参与工作的相关部件如表 5-3 所示。

表 5-3　　　　　　　　　MAXA 自动变速器各挡位参与工作的相关部件

挡位		液力变矩器	1挡齿轮 1挡离合器	1挡固定离合器	2挡齿轮 2挡离合器	3挡齿轮 3挡离合器	4挡		倒挡齿轮	驻车挡齿轮
							齿轮	离合器		
P		○								○
R		○						○	○	
N		○								
D_4	1挡	○	○							
	2挡	○	○		○					
	3挡	○	○			○				
	4挡	○	○				○	○		
D_3	1挡	○	○							
	2挡	○	○		○					
	3挡	○	○			○				
2		○	○							
1		○	○	○						

注：○表示工作。

1．"P"位

液压油不作用到任何离合器，所有离合器均分离，动力不传递给副轴。此时，依靠制动锁块与驻车挡齿轮的互锁作用实现驻车。

2．"N"位

发动机动力由液力变矩器传递给主轴惰轮、副轴惰轮和中间轴惰轮，但液压油没有作用到任何离合器上，动力没有传递给副轴。

当换挡杆从"D_4"位变换到"N"位时，倒挡接合套将中间轴4挡齿轮与倒挡接合套及副轴相连；当换挡杆从"R"位变换到"N"位时，副轴倒挡齿轮也将处于啮合状态。但由于无动力传递给副轴，上述两种情况均无动力输出，从而使车辆处于空挡位置。

3．"D_4"位或"D_3"位1挡

动力传递路线：液力变矩器→主轴→主轴惰齿轮→副轴惰轮→中间轴惰轮→中间轴→1挡离合器→中间轴1挡齿轮→副轴1挡齿轮→单向离合器→副轴→最终驱动齿轮，如图5-6所示。

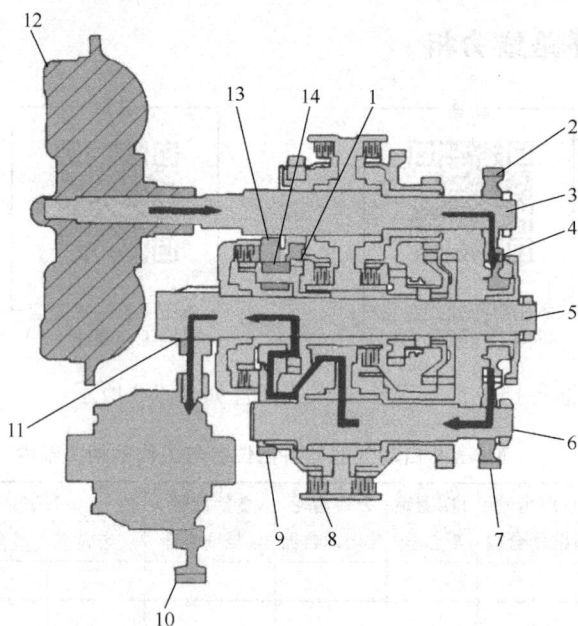

图 5-6 "D_4"位或"D_3"位1挡动力传递路线

1—副轴3挡齿轮；2—主轴惰轮；3—主轴；4—副轴惰轮；5—副轴；6—中间轴；7—中间轴惰轮；
8—1挡离合器；9—中间轴1挡齿轮；10—最终输出齿轮；11—最终驱动齿轮；12—液力变矩器；
13—副轴1挡齿轮；14—单向离合器

4．"D_4"位或"D_3"位2挡或"2"位

动力传递路线：液力变矩器→主轴→主轴惰齿轮→副轴惰轮→中间轴惰轮→中间轴→2挡离合器→中间轴2挡齿轮→副轴2挡齿轮→最终驱动齿轮，如图5-7所示。

5．"D_4"位或"D_3"位3挡

动力传递路线：液力变矩器→主轴→3挡离合器→主轴3挡齿轮→副轴3挡齿轮→副轴→最终驱动齿轮，如图5-8所示。

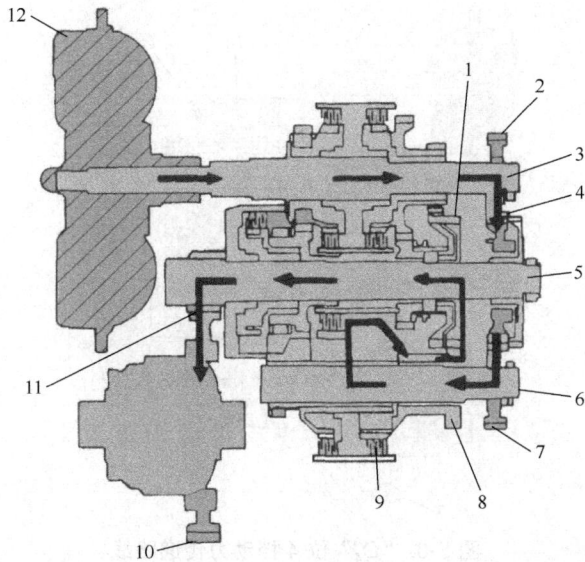

图 5-7 "D₄"位或"D₃"位 2 挡或"2"位动力传递路线

1—副轴2挡齿轮；2—主轴惰轮；3—主轴；4—副轴惰轮；5—副轴；6—中间轴；7—中间轴惰轮；
8—中间轴2挡齿轮；9—2挡离合器；10—最终输出齿轮；11—最终驱动齿轮；12—液力变矩器

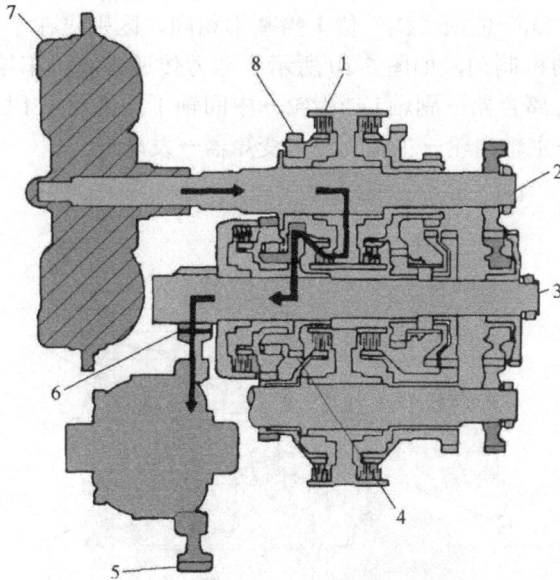

图 5-8 "D₄"位或"D₃"位 3 挡动力传递路线

1—3挡离合器；2—主轴；3—副轴；4—副轴3挡齿轮；5—最终输出齿轮；6—最终驱动齿轮；
7—液力变矩器；8—主轴3挡齿轮

6．"D₄"位 4 挡

动力传递路线：液力变矩器→主轴→4 挡离合器→主轴 4 挡齿轮→副轴 4 挡齿轮→倒挡滑套→副轴→最终驱动齿轮，如图 5-9 所示。

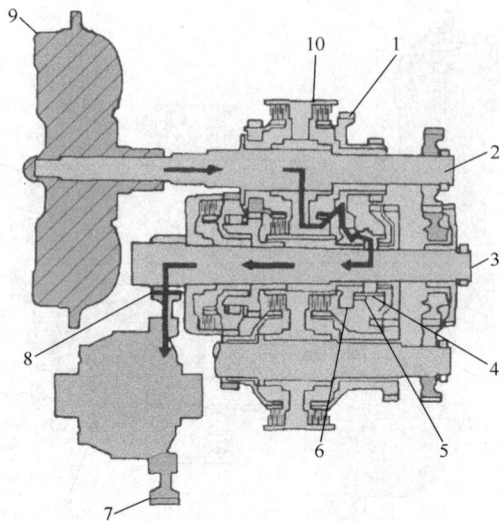

图 5-9 "D₄"位 4 挡动力传递路线

1—主轴4挡齿轮；2—副轴；3—主轴；4—倒挡选择器轮壳；5—倒挡选择器；6—副轴4挡齿轮；

7—最终输出齿轮；8—最终驱动齿轮；9—液力变矩器；10—4挡离合器

7."1"位 1 挡

动力传递路线与"D₄"位或"D₃"位 1 挡基本相同，区别仅在于 1 挡固定离合器接合，使动力分流，实现发动机制动，如图 5-10 所示。动力传递路线：车轮→驱动桥→最终驱动齿轮→副轴→1 挡固定离合器→副轴1挡齿轮→中间轴 1 挡齿轮→1挡离合器→中间轴→中间轴惰轮→副轴惰轮→主轴惰轮→主轴→液力变矩器→发动机。

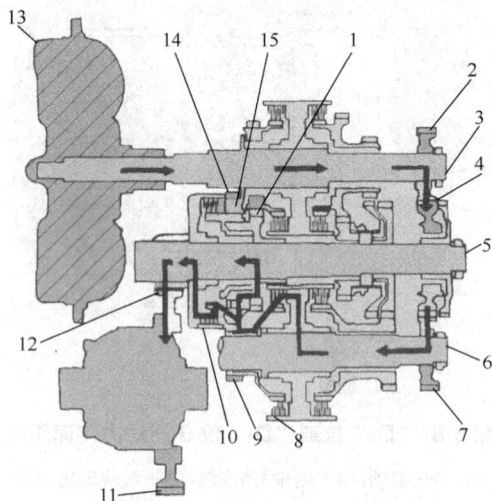

图 5-10 "1"位 1 挡动力传递路线

1—副轴3挡齿轮；2—主轴惰轮；3—主轴；4—副轴惰轮；5—副轴；6—中间轴；7—中间轴惰轮；

8—1挡离合器；9—中间轴1挡离合器；10—1挡固定离合器；11—最终输出齿轮；12—最终驱动齿轮；

13—液力变矩器；14—副轴1挡齿轮；15—单向离合器

8. "R"位

动力传递路线：液力变矩器→主轴→4挡离合器→主轴倒挡齿轮→倒挡惰轮→副轴倒挡齿轮→副轴→最终驱动齿轮，如图5-11所示。

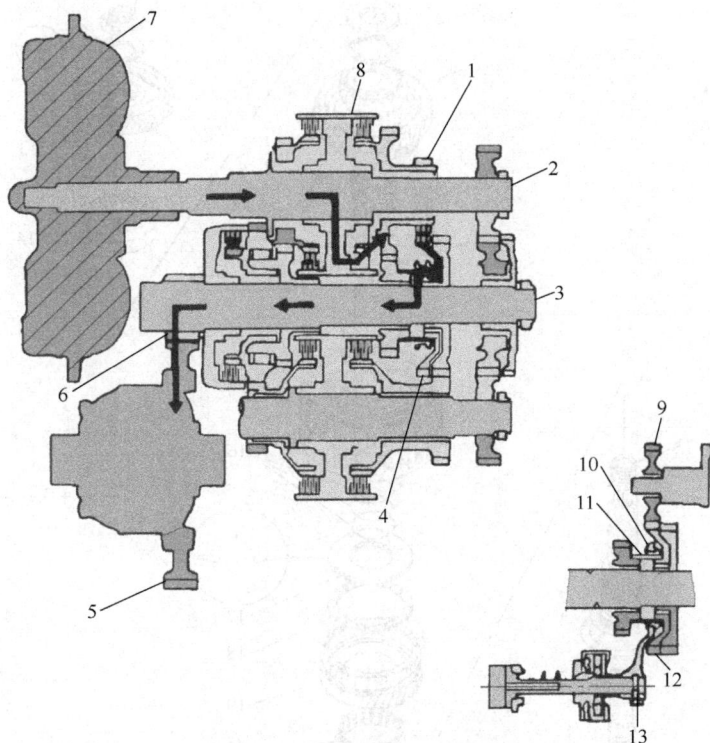

图5-11　"R"位动力传递路线

1—主轴倒挡齿轮；2—主轴；3—副轴；4—副轴倒挡齿轮；5—最终输出齿轮；6—最终驱动齿轮；

7—液力变矩器；8—4挡离合器；9—倒挡惰轮；10—倒挡选择器；11—倒挡选择器轮壳；

12—副轴倒挡齿轮；13—倒挡换挡拨叉

□ 项目实施 □

操作一　主轴的检修

主轴的装配关系图如图5-12所示。

步骤一　拆下主轴锁紧螺母（左旋螺纹）和定位环，依次拆下主轴止推滚针轴承、主轴4挡齿轮及3挡、4挡离合器总成等零部件。

步骤二　检查止推滚针轴承和滚针轴承是否磨损或转动不自如，并视情更换。

步骤三　检查主轴花键及轴承轴颈是否磨损或损坏，必要时更换主轴。

步骤四　检查油封的技术状况，油封如有磨损变形或损坏现象，则将其更换。

步骤五 检查离合器导向板与 4 挡齿轮轴肩之间的止推间隙。

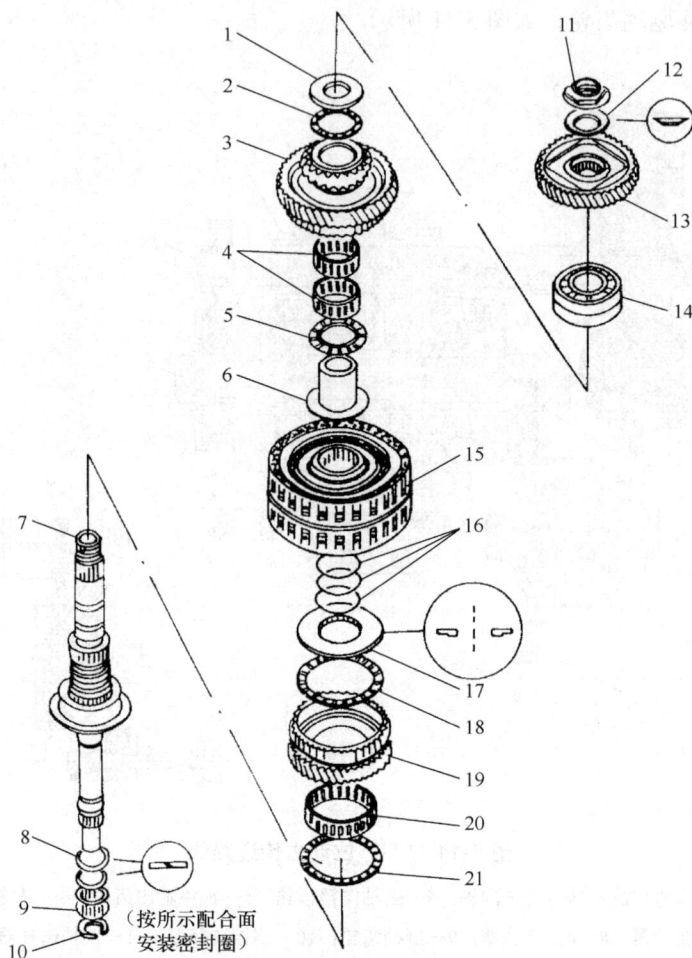

图 5-12　主轴的装配关系

1—止推垫片（27mm×47mm×5mm）；2、5、18、21—止推滚针轴承；3—4挡齿轮；4—滚针轴承；

6—4挡齿轮轴肩；7—主轴（检查花键是否过度磨损或损坏，检查轴承表面是否划伤或过度磨损）；8—密封圈；

9、20—滚针轴承；10—定位环；11—锁紧螺母（凸缘螺母）；12—锥形弹簧垫圈；13—惰轮；

14—自动变速器箱体轴承；15—3挡、4挡离合器总成；16—O形圈（更换）；

17—止推垫片（41mm×72mm，可选择部件）；19—3挡齿轮

① 如图 5-13 所示，将主轴止推垫片，3 挡、4 挡离合器总成及 4 挡齿轮轴肩安装在主轴上（检查时不要安装 O 形圈）。

② 如图 5-14 所示，将 4 挡齿轮轴肩靠紧离合器总成，然后使用塞尺测量离合器导向板与 4 挡齿轮轴肩之间的止推间隙（至少测 3 处，取平均值）。

止推间隙的标准值为 0.03 ～ 0.11mm。

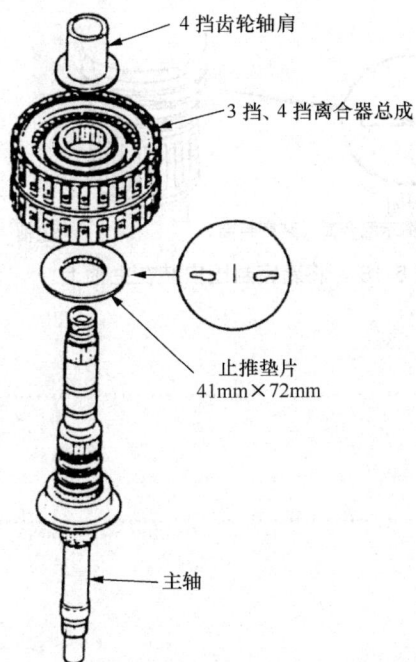

图 5-13　将主轴止推垫片、3 挡、4 挡离合器
总成及 4 挡齿轮轴肩安装在主轴上

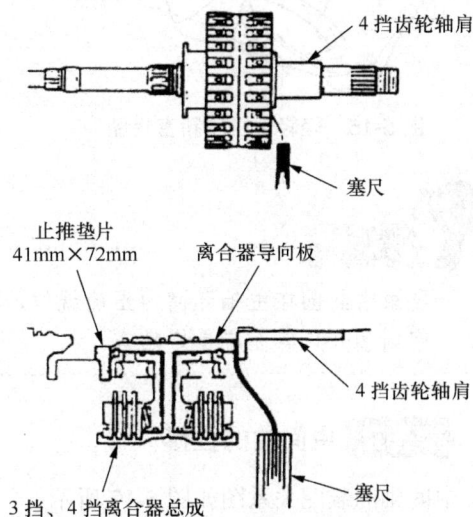

图 5-14　使用塞尺测量离合器导向板
与 4 挡齿轮轴肩之间的止推间隙

提示

　　如果被测间隙与标准值不符，则应拆下止推垫片并测量其厚度，再根据需要按表 5-4
所列选择合适的止推垫片，并再次检查。

　　组装时，应给所有零部件施加 ATF。

　　安装 O 形圈之前，应使用胶带包扎主轴花键齿，以免损坏 O 形圈。

表 5-4　　　　　　　　　　　　　　　止推垫片（41mm×72mm）

编号	零件号	厚度 /mm	编号	零件号	厚度 /mm
1	90414-P6H-010	6.35	4	90417-P6H-010	6.50
2	90415-P6H-010	6.40	5	90418-P6H-010	6.55
3	90416-P6H-010	6.45	6	90419-P6H-010	6.60

　　步骤六　检查主轴密封圈（合成树脂）是否有磨损、变形或损坏等不良现象。如有则应
按下述方法予以更换。

　　① 为了更好地配合，在安装前，应将新密封圈轻轻地挤压，如图 5-15 所示。

　　② 如图 5-16 所示，将新密封圈安装在主轴上。

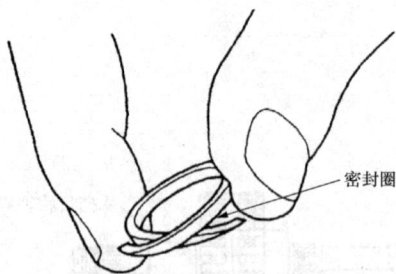

图 5-15　轻轻地挤压新密封圈

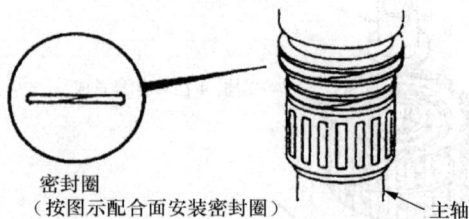

密封圈
（按图示配合面安装密封圈）
主轴

图 5-16　将新密封圈安装在主轴上

提示

要求密封圈在主轴环槽内正确就位，不得扭曲。
密封圈开口斜面应良好贴合。

操作二 中间轴的检修

中间轴的装配关系图如图 5-17 所示。

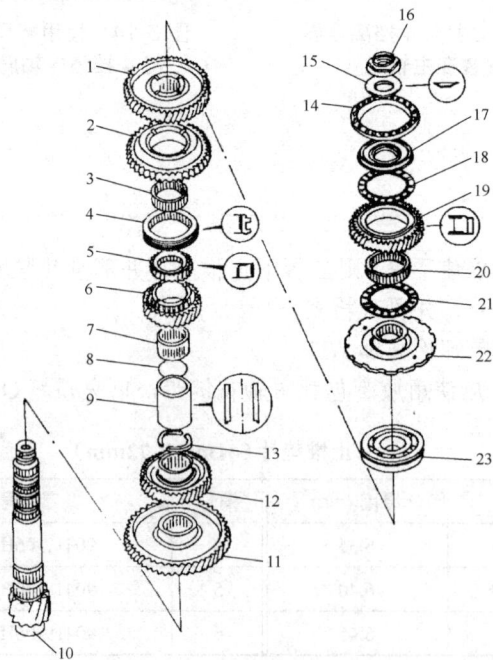

图 5-17　中间轴的装配关系图

1—2挡齿轮；2—倒挡齿轮；3、7、20—滚针轴承；4—倒挡接合套；5—倒挡接合套轴套；6—4挡齿轮；8—弹簧卡环；9—定距隔套；10—中间轴（检查花键有无过度磨损和损坏，检查轴承表面有无擦伤、刮痕及过度磨损）；11—1挡齿轮；12—3挡齿轮；13—开口销（29mm）；14—滚珠轴承；15—锥形弹簧垫圈（更换）；16—锁紧螺母（轴肩螺母）；17—轴承轴套（可选择部件）；18、21—止推滚针轴承；19—惰轮；22—驻车挡齿轮；23—自动变速器箱体轴承

步骤一　在拉力器和中间轴之间放置一个护轴垫块（以免损坏中间轴），如图 5-18 所示，使用拉力器拆卸倒挡接合套轴套和 4 挡齿轮。

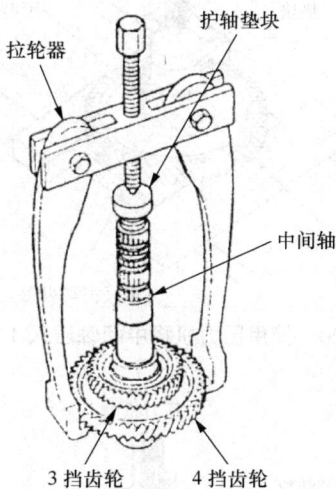

步骤二　从中间轴上拆下滚针轴承、弹簧卡环、定距隔套和 29mm 开口销。

步骤三　在拉力器和中间轴之间放置一个护轴垫块（以免损坏中间轴），如图 5-19 所示，使用拉力器拆卸中间轴 1 挡齿轮和 3 挡齿轮。

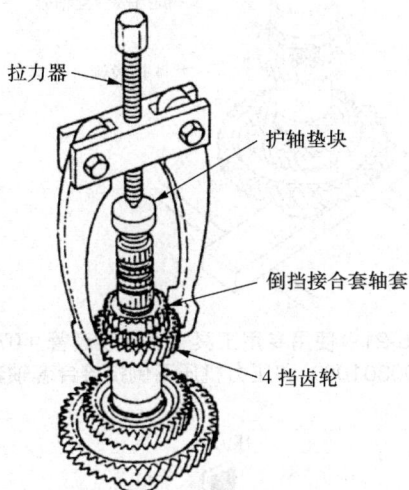

图 5-18　使用拉力器拆卸倒挡接合
套轴套和 4 挡齿轮

图 5-19　使用拉力器拆卸中间轴
1 挡齿轮和 3 挡齿轮

步骤四　用检修主轴分总成类似的方法检修中间轴分总成。

步骤五　使用 ATF 润滑所有零部件。

步骤六　在压力机与中间轴之间放置一垫块，将中间轴花键与 1 挡齿轮花键对准，然后按图 5-20 所示方法使用压力机将中间轴压入 1 挡齿轮。当 1 挡齿轮碰到最终主动齿轮时，应立即停止压中间轴。

步骤七　在压力机与中间轴之间放置一垫块，将中间轴花键与 3 挡齿轮花键对准，使用压力机将中间轴压入 3 挡齿轮。当 3 挡齿轮碰到 1 挡齿轮时，应立即停止压中间轴。然后装上开口销、定距隔套、弹簧卡环、滚针轴承和 4 挡齿轮。

步骤八　装上倒挡接合套轴套，然后如图 5-21 所示使用专用工具——拆装套管（07746-0030100）和压力机压下倒挡接合套轴套。

步骤九　如滚针轴承磨损、损坏或转动不自如，则应按下述方法予以更换。

① 如图 5-22 所示，使用压力机及专用工具——拆装垫块（07746-0010300，42mm×47mm）和拆装导柱（07749-0010000）从轴承轴套上拆下旧轴承。

② 换用专用工具拆装垫块（07746-0010500，62mm×68mm），按图 5-23 所示方法将新轴承压入轴承轴套内。

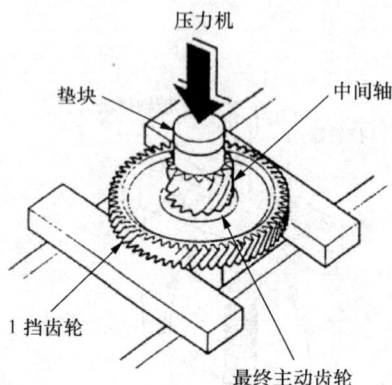

图 5-20　使用压力机将中间轴压入 1 挡齿轮

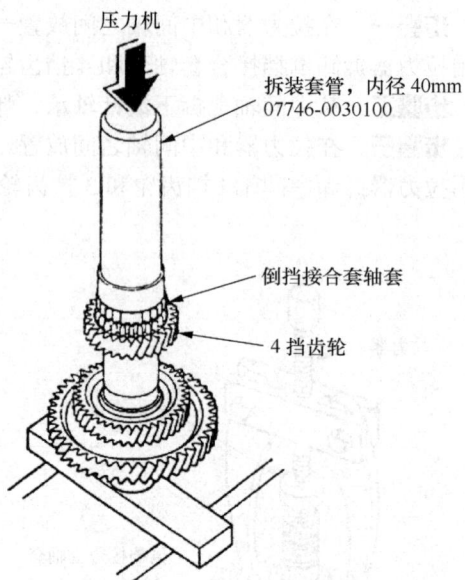

图 5-21　使用专用工具——拆装套管（07746-0030100）和压力机压下倒挡接合套轴套

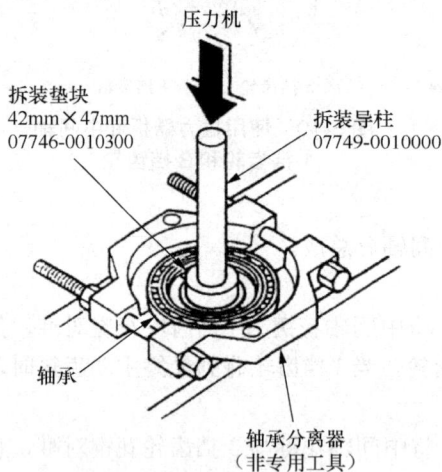

图 5-22　使用压力机及专用工具——拆装垫块和拆装导柱从轴承轴套上拆下旧轴承

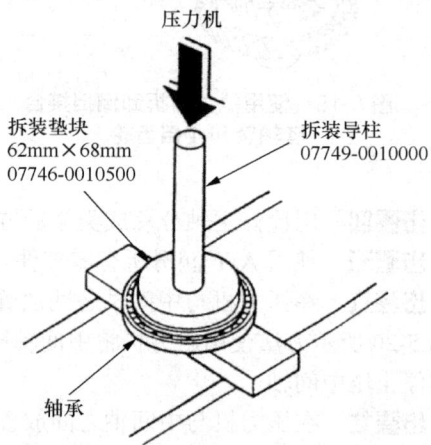

图 5-23　将新轴承压入轴承轴套内

操作三 副轴的检修

副轴的装配关系图如图 5-24 所示。

步骤一　分解副轴后，按要求清洗各零部件并施加 ATF。

步骤二　按下述方法检查副轴花键垫圈与开口销之间的轴向间隙。

① 如图 5-25 所示，依次将止推滚针轴承、滚针轴承和 1 挡齿轮等零件安装到副轴上。

② 如图 5-26 所示，使用塞尺测量副轴花键垫圈与开口销之间的轴向间隙（至少测 3 处，取平均值）。

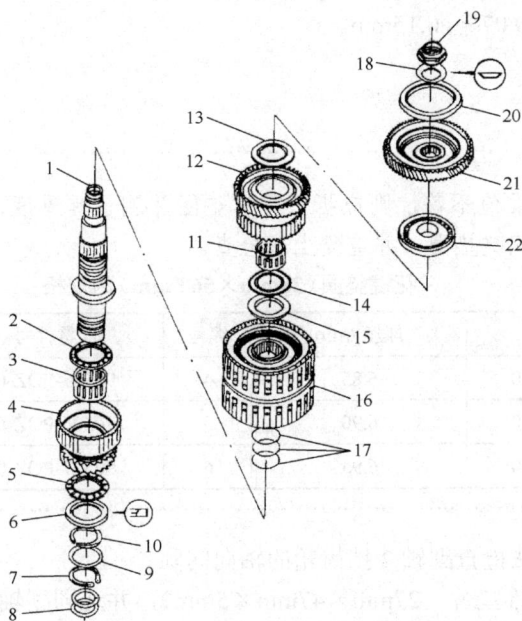

图 5-24 副轴的装配关系图

1—副轴（检查花键有无过度磨损和损坏，检查轴承表面有无擦伤、刮痕及过度磨损）；2、5、12、13、14—止推滚针
轴承；3、11—滚针轴承；4—1挡齿轮；6—花键垫圈（38mm×56.5mm，可选择部件）；7—弹簧卡环；8—密封圈；
9—开口销座圈（32mm）；10—开口销；15—止推垫片（可选择部件，37mm×55mm）；16—1挡、4挡离合器总成；
17—O形圈（更换）；18—锥形弹簧垫圈（更换）；19—锁紧螺母（轴肩螺母）；20—滚珠轴承；
21—惰轮；22—自动变速器箱体

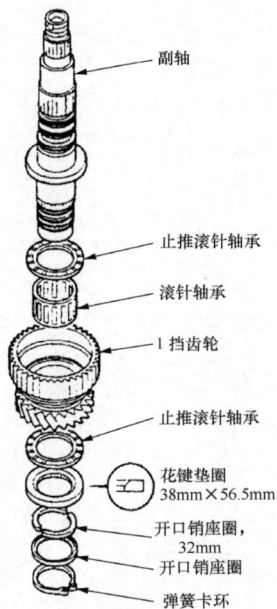

**图 5-25 依次将止推滚针轴承、滚针轴承和
1挡齿轮等零件安装到副轴上**

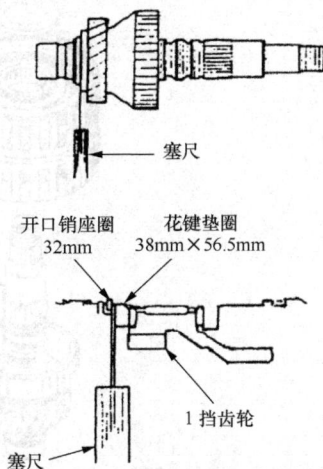

**图 5-26 使用塞尺测量副轴花键
垫圈与开口销之间的轴向间隙**

该间隙的标准值为 0.07 ～ 0.15mm。

提示

如果被测值与标准值不符，则应拆下花键垫圈并测量其厚度，再根据需要按表 5-5 所列选择合适厚度的花键垫圈，并重复上述检查。

表 5-5　　　　　　　　　　　花键垫圈（38mm×56.5mm）的规格

编号	零件号	厚度 /mm	编号	零件号	厚度 /mm
1	90502-POZ-000	6.85	4	90505-POZ-000	7.00
2	90503-POZ-000	6.90	5	90506-POZ-000	7.05
3	90504-POZ-000	6.95	6	90507-POZ-000	7.10

步骤三　按下述方法检查副轴 2 挡齿轮的轴向间隙。

① 从主轴上拆下止推垫片（27mm×47mm×5mm），并连同副轴上的其他零件按图 5-27 所示顺序依次安装到副轴上（检查时不要安装 O 形圈）。

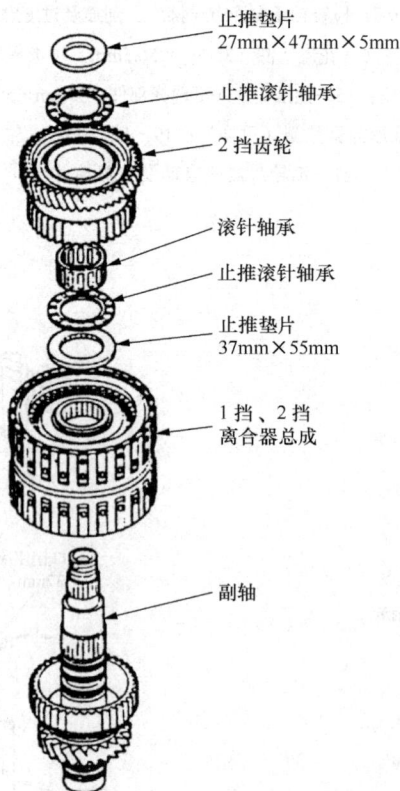

止推垫片
27mm×47mm×5mm

止推滚针轴承

2 挡齿轮

滚针轴承

止推滚针轴承

止推垫片
37mm×55mm

1 挡、2 挡
离合器总成

副轴

图 5-27　将止推垫片连同副轴上的其他零件顺序依次安装到副轴上

② 如图 5-28 所示，将百分表固定在靠 2 挡齿轮的位置上，将止推垫片 （27mm×47mm×5mm）紧压在 1 挡、2 挡离合器总成上，如图 5-29 所示，使用百分表一边转动 2 挡齿轮一边测量其轴向间隙 （至少测 3 处，取平均值）。

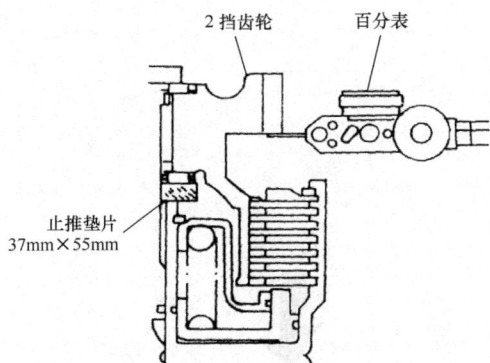

图 5-28　将百分表固定在靠 2 挡
　　　　　齿轮的位置上

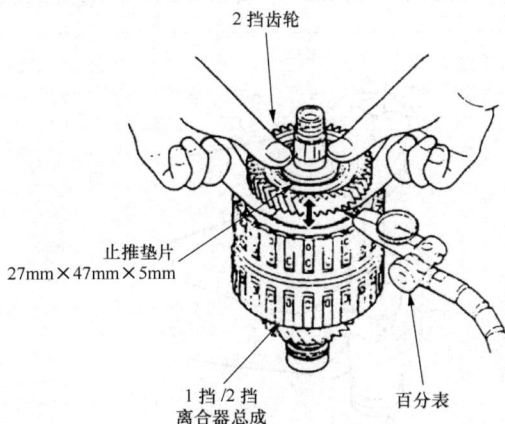

图 5-29　使用百分表一边转动 2 挡齿轮
　　　　　一边测量其轴向间隙

该轴向间隙的标准值为 0.04 ～ 0.12mm。

提示

如被测间隙值不符合此要求，则拆下止推垫片 37mm×55mm 并测量其厚度，再根据需要按表 5-6 选择合适厚度止推垫片，并重复上述检查。

表 5-6　　　　　　　　　　　　止推垫片（27mm×47mm×5mm）

编号	零件号	厚度 /mm	编号	零件号	厚度 /mm
1	90406-POZ-000	4.90	5	90410-POZ-000	5.10
2	90407-POZ-000	4.95	6	90411-POZ-000	5.15
3	90408-POZ-000	5.00	7	90412-POZ-000	5.20
4	90409-POZ-000	5.05			

③ 确认间隙正常后，切记应将 27mm×47mm×5mm 的止推垫圈安装到主轴上。

步骤四 如滚针轴承磨损、损坏或转动不自如，则应按下述方法予以更换。

① 在台钳钳口上垫放软垫，然后夹紧副轴惰轮。

② 如图 5-30 所示，使用盲孔轴承拉出器拆下副轴惰轮旧滚针轴承。

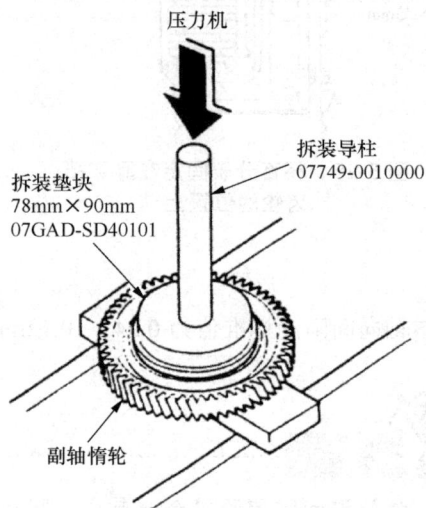

③ 使用压力机及专用工具——拆装垫块（07GAD-SD40101，78mm×90mm）和拆装导柱（07749-0010000）按图 5-31 所示方法将新滚针轴承装入副轴惰轮内。

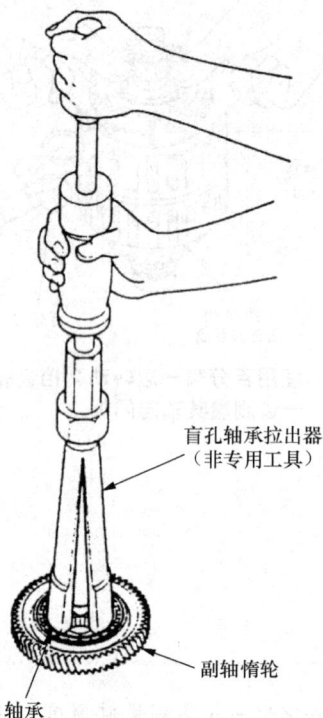

图 5-30　使用盲孔轴承拉出器拆下副轴
惰轮旧滚针轴承

图 5-31　将新滚针轴承装入副轴惰轮内

操作四　离合器的检修

（1）1 挡、2 挡离合器的结构

1 挡、2 挡离合器位于副轴中部，两者的离合器毂制成一体，两者的离合器片等元件相背安装。

1 挡、2 挡离合器的装配关系图如图 5-32 所示。

O 形圈

离合器活塞

波形垫圈弹簧

复位弹簧

弹簧座圈

弹簧卡环

离合器片
标准厚度：
1.94mm

离合器盘
标准厚度：
2.0mm

离合器端盘

弹簧卡环

离合器片
标准厚度：
1.94mm

弹簧卡环

离合器端盘

离合器盘
标准厚度：
2.3mm（0.091 英寸）

弹簧卡环

弹簧座圈

复位弹簧

离合器活塞

O 形圈

2 挡离合器毂

1 挡离合器毂

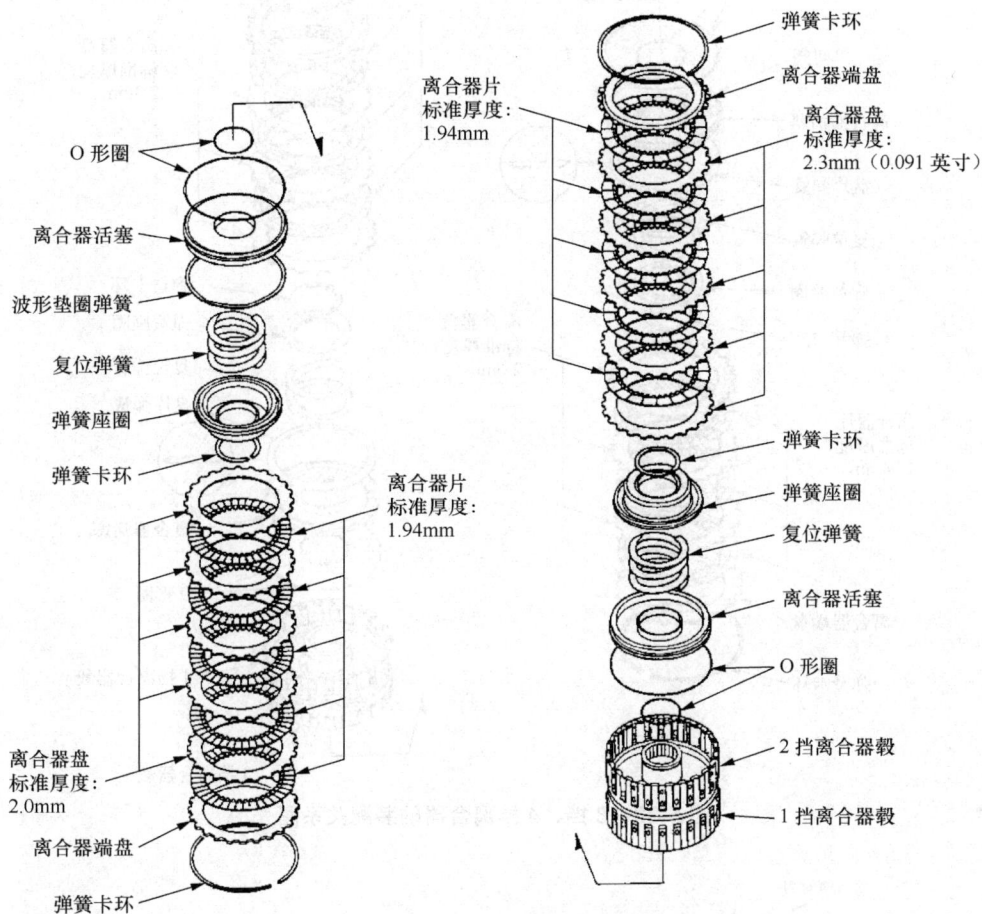

图 5-32　1 挡、2 挡离合器的装配关系图

（2）3 挡、4 挡离合器的结构

3 挡、4 挡离合器位于主轴中部，两者的离合器毂制成一体，两者的离合器片等元件相背安装。

3 挡、4 挡离合器的装配关系图如图 5-33 所示。

（3）离合器的分解

步骤一　如图 5-34 所示，卸下弹簧卡环，然后拆下离合器端盘、离合器片和离合器盘。

步骤二　如图 5-35 所示，从 3 挡、4 挡离合器上拆下盘片弹簧。

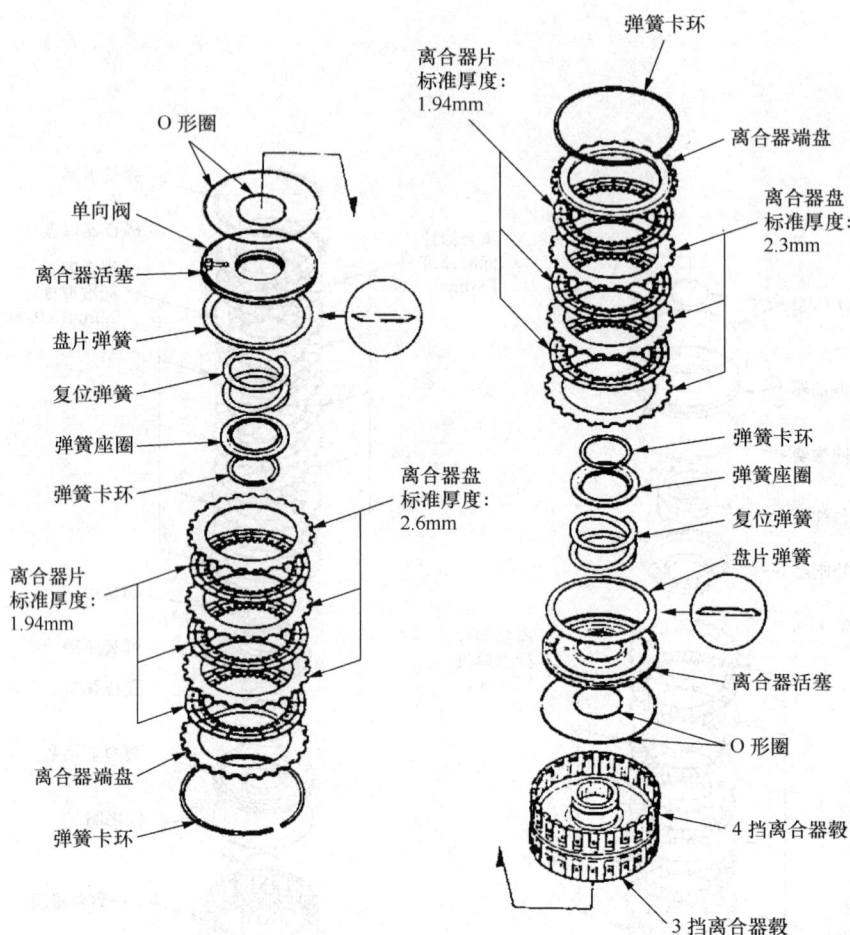

图 5-33　3 挡、4 挡离合器的装配关系图

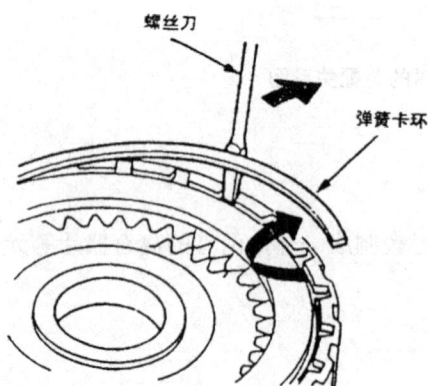

图 5-34　卸下弹簧卡环

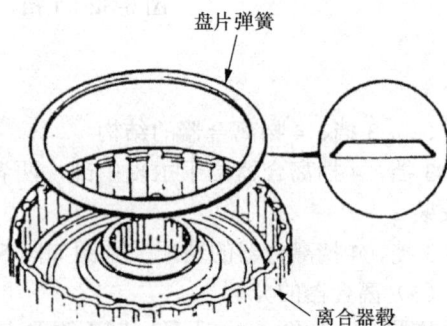

图 5-35　从 3 挡、4 挡离合器上拆下盘片弹簧

步骤三　如图 5-36 所示，从 1 挡离合器上拆下波形垫圈弹簧。

步骤四　如图 5-37 所示，安装专用工具。

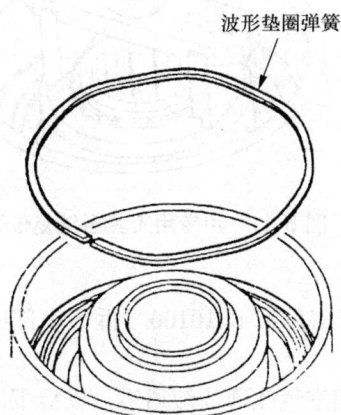

图 5-36 从 1 挡离合器上拆下波形垫圈弹簧

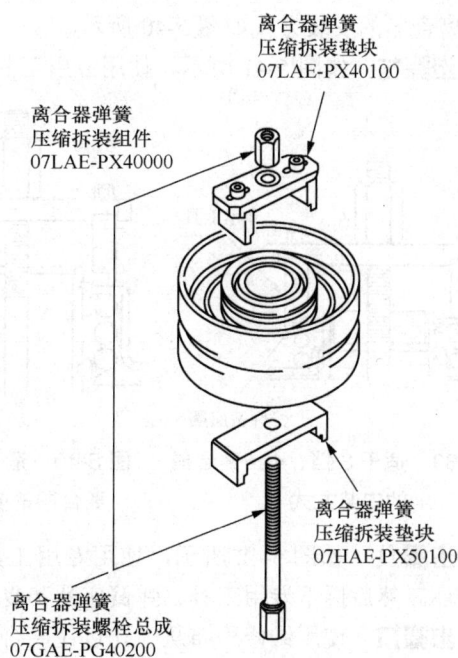

图 5-37 安装专用工具

提示

如果专用工具的任何一端放置在弹簧座圈未被复位弹簧支撑的部位，则该座圈将被损坏。专用工具不可放置的位置如图 5-38 所示。

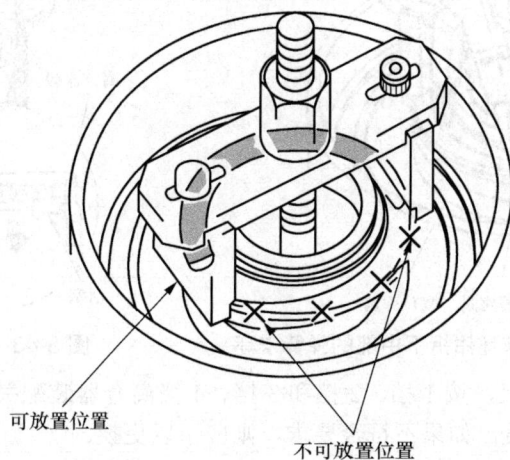

图 5-38 专用工具不可放置的位置

步骤五 确认专用工具已被调节到与 3 挡、4 挡离合器弹簧座圈完全接触。

步骤六 以使用专用工具对离合器复位弹簧施加作用力的方式，将专用工具放置在 1 挡、2 挡离合器弹簧座圈上，适用于 3 挡、4 挡离合器的安装方式如图 5-39 所示。适用于 1 挡、

2 挡离合器的安装方式如图 5-40 所示。

步骤七 如图 5-41 所示，使用专用工具压缩复位弹簧。

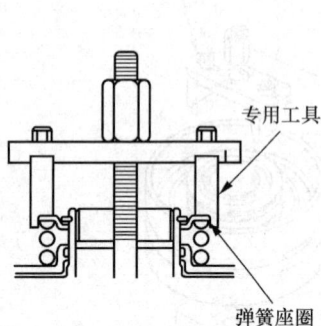

图 5-39　适于 3 挡、4 挡离合器
的安装方式

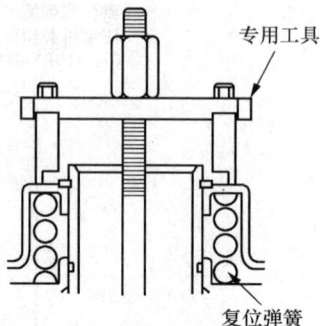

图 5-40　适于 1 挡、2 挡
离合器的安装方式

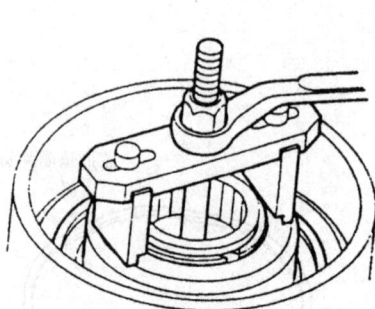

图 5-41　用专用工具压缩复位弹簧

步骤八 如图 5-42 所示，使用专用工具弹簧卡环钳（07LGC-0010100）拆下中部的弹簧卡环。然后拆下专用工具、弹簧座圈和复位弹簧等。

步骤九 使用维修用布从中孔包住离合器毂，再用压缩空气吹通油液通道，以拆下离合器活塞，在施加压缩空气的同时应用指尖抵住另一端，如图 5-43 所示。

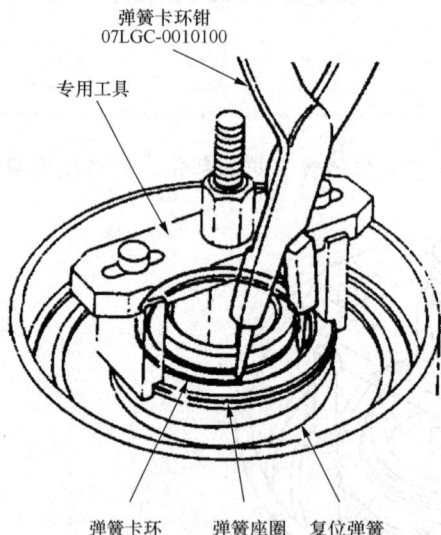

图 5-42　用专用工具弹簧卡环钳拆下中部的弹簧卡环

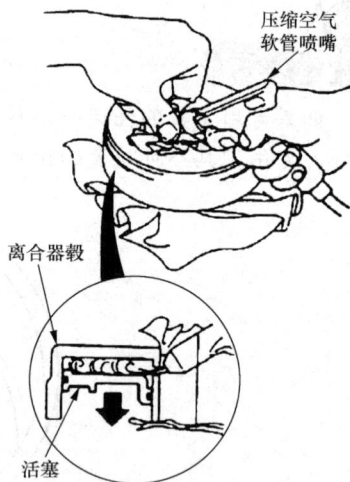

图 5-43　拆下离合器活塞

步骤十 用游标卡尺，按 1 挡、2 挡和 3 挡、4 挡离合器装配关系图所注要求检查各离合器片和离合器盘的厚度，如果不符合要求，则应予以更换。

（4）离合器的组装

步骤一 使用溶剂或化油器清洗剂彻底清洗所有的零部件，然后用压缩空气吹干。

步骤二 用压缩空气吹净所有的通道。

步骤三 安装前，要对所有的零部件施加 ATF 使其润滑。

步骤四 如图 5-44 所示，检查 3 挡、4 挡离合器单向阀，如果松动，则更换活塞。

步骤五 如图 5-45 所示，将新的 O 形圈装在活塞上。

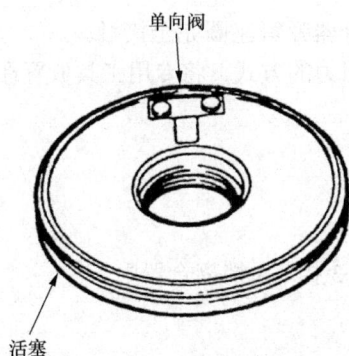

图 5-44 检查 3 挡、4 挡离合器单向阀

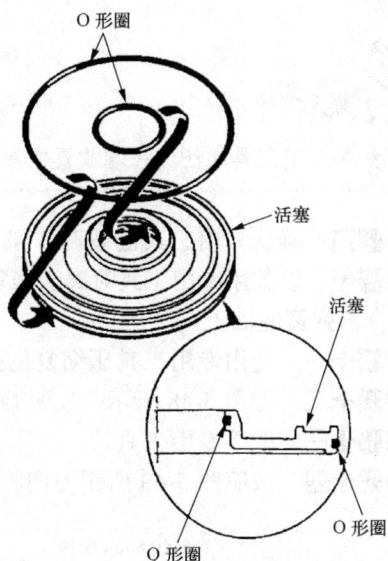

图 5-45 将新的 O 形圈装在活塞上

步骤六 如图 5-46 所示，将活塞装入离合器毂，加压并转动以保证其正确就位。

提示

安装前，应用 ATF 润滑活塞 O 形圈。

不要因安装活塞而过度压紧 O 形圈。

步骤七 如图 5-47 所示，安装复位弹簧和弹簧座圈，将弹簧卡环卡在座圈上。

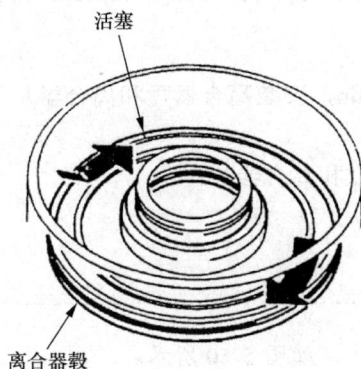

图 5-46 将活塞装入离合器毂

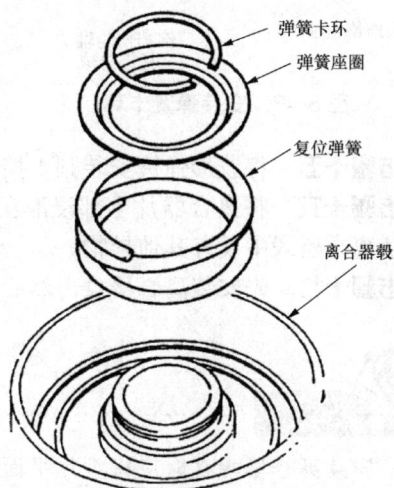

图 5-47 安装复位弹簧和弹簧座圈

步骤八 安装专用工具。

提示

如果专用工具的任何一端放置在弹簧座圈未被复位弹簧支撑的部位，则该座圈将被损坏。

步骤九 确认专用工具已被调节到与 3 挡、4 挡离合器弹簧座圈完全接触。

步骤十 以使用专用工具对离合器复位弹簧施加作用力的方式，将专用工具放置在 1 挡、2 挡离合器弹簧座圈上。

步骤十一 使用专用工具压缩复位弹簧。

步骤十二 如图 5-48 所示，安装弹簧卡环。

步骤十三 取下专用工具。

步骤十四 按照图 5-49 所示方向将盘片弹簧安装到 3 挡、4 挡离合器中。

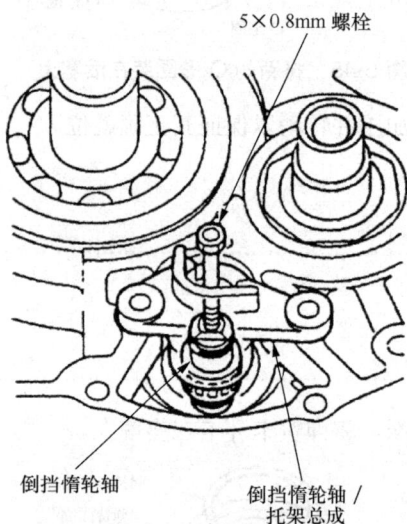

图 5-48　安装弹簧卡环

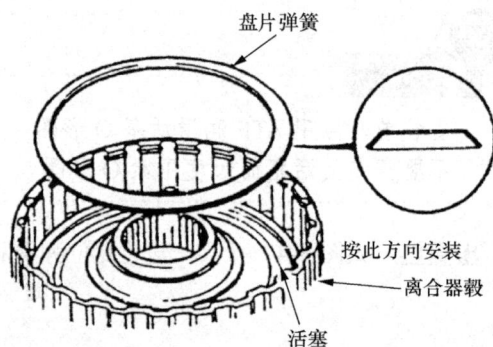

图 5-49　将盘片弹簧安装到 3 挡、4 挡离合器中的方向

步骤十五 将波形弹簧安装到 1 挡离合器中。

步骤十六 将离合器片全部浸泡在 ATF 中至少 30min，安装离合器盘和离合器片之前，应确认离合器毂中没有其他异物。

步骤十七 先安装离合器盘，然后交替装上离合器盘和离合器片。

提示

安装离合器端盘时应将盘片平面一侧朝向离合器片，如图 5-50 所示。

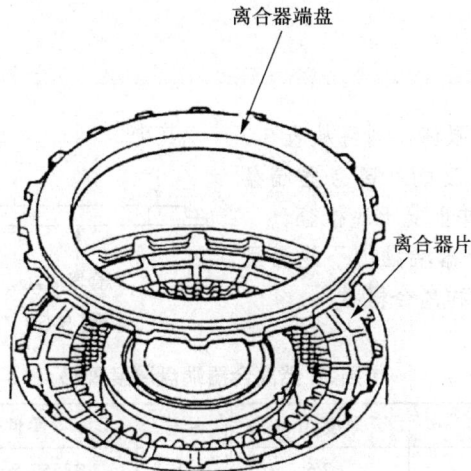

图 5-50 离合器端盘平面一侧朝向离合器片

步骤十八 如图 5-51 所示，安装弹簧卡环。

步骤十九 如图 5-52 所示，使用百分表检测离合器端盘和其相邻的离合器片（顶片）之间的轴向间隙，上、下移动端盘，在离合器端盘下降时将百分表调零，然后将离合器端盘升至弹簧卡环处，离合器端盘移动的距离就是离合器端盘和顶片之间的间隙（至少测 3 处，取平均值）。离合器端盘和顶片之间的间隙的维修极限：1 挡离合器为 1.15 ～ 1.35mm；2 挡离合器为 0.7 ～ 0.9mm；3 挡离合器为 0.6 ～ 0.8mm；4 挡离合器为 0.4 ～ 0.6mm。

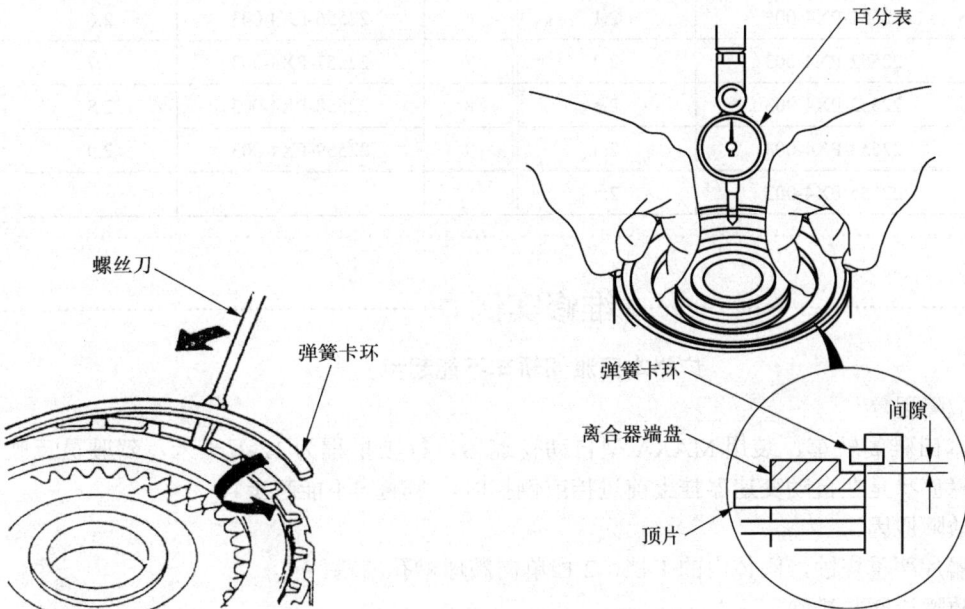

图 5-51 安装弹簧卡环

图 5-52 检测离合器端盘与离合器顶片之间的轴向间隙

如果被测间隙超过极限值，则可从表 5-7 和表 5-8 中选择一合适厚度的新离合器端盘（见图 5-53）进行更换，并重复上述检查。

如果使用最厚的离合器端盘仍不能满足要求，则需更换离合器片和离合器盘。

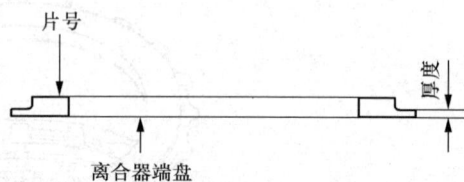

图 5-53　新离合器端盘

表 5-7　　　　　　　　　　　　　1 挡、2 挡离合器端盘厚度规格

片号	零件号	厚度 /mm	片号	零件号	厚度 /mm
6	22551-P6H-003	2.6	2	22557-P6H-003	3.2
7	22552-P6H-003	2.7	3	22558-P6H-003	3.3
8	22553-P6H-003	2.8	4	22559-P6H-003	3.4
9	22554-P6H-003	2.9	5	22560-PCT-003	3.5
0	22555-P6H-003	3.0	16	22561-PCT-003	3.6
1	22556-P6H-003	3.1	17	22562-PCT-003	3.7

表 5-8　　　　　　　　　　　　　3 挡、4 挡离合器端盘厚度规格

片号	零件号	厚度 /mm	片号	零件号	厚度 /mm
1	22551-PX4-003	2.1	6	22556-PX4-003	2.6
2	22552-PX4-003	2.2	7	22557-PX4-003	2.7
3	22553-PX4-003	2.3	8	22558-PX4-003	2.8
4	22554-PX4-003	2.4	9	22559-PX4-003	2.9
5	22555-PX4-003	2.5			

□ 维修实例 □

广州本田雅阁轿车不能起步

（1）故障现象

广州本田雅阁轿车，装用 MAXA 型自动变速器，行驶里程为 12 万千米。驾驶员反映该车的故障症状是在自动变速器挂上前进挡或倒挡时，车辆均不能起步。

（2）故障原因

离合器片严重烧蚀，阀体内的 1 挡、2 挡单向阀球槽孔堵塞。

（3）故障诊断与排除

由于该车无法行驶，于是驾驶员将故障车辆拖到修理厂。维修人员先拆检自动变速器，发现 3 挡、4 挡离合器片严重烧蚀，1 挡、2 挡离合器片磨损程度相对较轻，为了慎重起见，更换了 1 ～ 4 挡的离合器片。

将自动变速器装复后试车，却又发现 1 挡升 2 挡或 2 挡降 1 挡时车身振动过大，而在其他工作状况都比较正常。当时，考虑到自动变速器已进行了大修，问题只会出在电路上。

拔掉液力变矩器壳体上的一个黑色两孔导线插头（换挡控制电磁阀 B 插头，如图 5-54 所示），换挡居然正常了，但没有倒挡，并且起步明显无力。

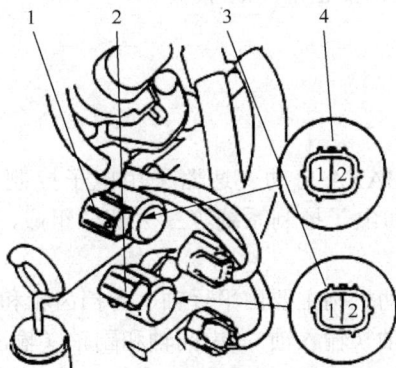

图 5-54　换挡控制电磁阀插头

1—换挡控制电磁阀 B；2—换挡控制电磁阀 C；3—换挡控制电磁阀 C 插头；
4—换挡控制电磁阀 B 插头

其实，像这样拔掉换挡控制电磁阀 B 插头仍能运行的现象，只要熟悉工作原理，也就不感到奇怪了。

插头被拔掉之后，换挡控制电磁阀 B 处于断开状态，而当变速器处于 3 挡与 4 挡以及 2 挡与 3 挡之间变换挡位，3 挡与 4 挡之间变换挡位时，换挡电磁阀本来就不动作，处于断开状态。在换挡控制电磁阀 A、C 以及相关系统正常的情况下，车辆将以 3 挡起步行驶，并且能在 3 挡与 4 挡之间正常换挡。只是 3 挡起步时，发动机负荷相对增大，起步自然无力了。另外，倒挡时，换挡控制电磁阀 B 必须处于接通状态，插头被拔掉之后，自然没有倒挡了。

现在需要解决的问题是 1 挡、2 挡之间换挡振动过大，如果 1 挡、2 挡各自的离合器、蓄压器出现故障，或单向阀球卡滞，2 挡离合器开关出现故障，均会导致 1 挡升 2 挡或 2 挡降 1 挡时振动过大现象。

首先用故障诊断仪读取自动变速器的故障码，没有故障码显示，说明控制电路部分没有问题。

拔出自动变速器油尺仔细观察，发现刚换的 ATF 不够清洁。拆下自动变速器油底壳查看，壳底居然还沉积有一些离合器磨削下来的粉末。由于之前拆检自动变速器时，没有对液力变矩器进行彻底清洗，换 ATF 时也没用自动变速器换油机，所以变速器内的粉末可能是残留下来的烧损的离合器磨削粉。

为慎重起见，再次拆检了自动变速器进行仔细检查。2 挡离合器压力开关没问题，1 挡、2 挡蓄压器弹簧正常，活塞运动自如，1 挡、2 挡离合器相关元件都没有问题，最后发现阀体内的 1 挡、2 挡单向阀球槽孔被堵塞。

　　因该车在第一次拆检后没有进行彻底清洗，液压系统内残存有离合器磨削粉及杂质。装复后在运行中，这些磨削粉及杂质堵塞阀体液压通道，导致 1 挡、2 挡单向阀球卡滞，运动不畅，1 挡、2 挡离合器工作油压过高，从而出现换挡振动过大现象。

　　彻底清洗阀体，用自动变速器换油机把液力变矩器内的自动变速器油抽出来，然后组装自动变速器并加入变速器油。在路上使车辆行驶几千米后，再次用换油机将 ATF 重新更换，然后再次上路试车，该车一切恢复正常，故障排除。

小　结

　　1. 广州本田雅阁轿车 MAXA 自动变速器采用电子控制式，主要由平行轴式齿轮变速传动机构、液压控制系统和电子控制系统等三大部分组成，可以提供 4 个前进挡和一个倒挡。

　　2. 平行轴式齿轮变速传动机构主要由平行轴、各挡齿轮和湿式多片离合器等组成。

　　3. 平行轴为 3 根，即主轴（输入轴）、中间轴和副轴（输出轴）。

　　4. 主轴与发动机曲轴主轴颈同轴。主轴上装有 3 挡、4 挡离合器以及 3 挡、4 挡、倒挡齿轮和惰轮（倒挡齿轮与 4 挡齿轮制为一体）。

　　5. 中间轴上装有最终主动齿轮及 1 挡、3 挡、4 挡、倒挡、2 挡和驻车挡齿轮以及惰轮（最终主动齿轮与中间轴制成一体）。

　　6. 副轴上装有 1 挡、2 挡离合器和 1 挡、2 挡齿轮及惰轮。

　　7. 中间轴 4 挡齿轮及其倒挡齿轮可以锁止在副轴中部，工作时是锁止 4 挡齿轮还是倒挡齿轮则取决于接合套的移动方式。

　　8. 主轴和副轴上的齿轮与中间轴上的齿轮保持常啮合状态。

　　9. 行车中，当通过控制系统使变速器中某一组齿轮实现啮合时，动力将从主轴和副轴传递到中间轴，并由中间轴输出，同时仪表板上的 A/T 挡位指示灯将显示正在运行的挡位（D4、D3、2、1 或 R）。

　　10. 平行轴式变速器的特点：①采用与手动变速器相同的常啮合斜齿圆柱齿轮；②离合器的作用类似于手动变速器中换挡用的接合套；③没有采用制动器。

　　11. 平行轴式变速器有 5 个离合器、1 个单向离合器和 1 个伺服阀共 7 个换挡执行元件。

练习思考题

　　1. 广州本田雅阁轿车 MAXA 自动变速器由哪几部分组成？

　　2. 平行轴式齿轮变速传动机构主要由哪些零件组成？

　　3. 平行轴有哪几根？

　　4. 主轴的结构特点如何？

　　5. 中间轴的结构特点如何？

　　6. 副轴的结构特点如何？

7. 平行轴式变速器的特点有哪些？

8. 平行轴式变速器有哪些换挡执行元件？

9. 平行轴式变速器各换挡执行元件的功能是怎样的？

10. 平行轴式变速器各挡离合器的特点是怎样的？

11. MAXA 自动变速器各挡位参与工作的相关部件是怎样的？

12. 试叙述平行轴式变速器"D_4"位 4 挡动力传递路线。

13. 怎样检修平行轴式变速器主轴？

14. 怎样检修平行轴式变速器中间轴？

15. 怎样检修平行轴式变速器副轴？

16. 怎样检修平行轴式变速器离合器？

项目六
自动变速器液压控制系统

□ 学习目标 □

（1）熟悉自动变速器液压控制系统的组成。
（2）熟悉自动变速器液压控制系统主要部件的结构和原理。
（3）能够熟练进行自动变速器液压控制系统的拆装。
（4）能够熟练分解油泵和阀体。

□ 案例引入 □

一辆装备了 U340E 自动变速器的丰田雅力士轿车，行驶里程为 9.3 万千米。该车驾驶人反映车辆冷车时起步行驶正常，而热车时起步很困难，必须猛踩下加速踏板，车辆才能慢慢起步，车辆起步后，能正常行驶。

根据故障现象初步分析判断，可能是自动变速器液压控制系统出现故障，那么，自动变速器液压控制系统的结构是怎样的呢？

□ 相关知识 □

一、液压控制系统简介

无论是液控自动变速器还是电控自动变速器，液压控制系统都是非常重要的一个部分。对于液控自动变速器，液压控制系统将发动机的负荷（节气门开度）和车速转换为不同的自动变速器油压，并由此确定换挡时刻，并进行换挡的控制。而对于电控自动变速器，虽然换挡正时由自动变速器 ECU 控制，但换挡的过程仍通过液压控制系统来执行。

动画

液控系统

1. 液控自动变速器的液压控制系统

（1）液压控制系统的基本组成

液控自动变速器液压控制系统的基本组成包括动力源、执行机构和控制机构等部分，组成示意图如图 6-1 所示。

① 动力源。液压控制系统的动力源是油泵（或称为液压泵），它是整个液压控制系统的工作基础。如各种阀体的动作、换挡执行元件的工作等都需要一定压力的 ATF。油泵的基本功用就是提供满足需求的 ATF 油量和油压。

② 执行机构。执行机构主要由离合器、制动器油缸等组成。其功用是在控制油压的作

用下实现离合器的接合和分离、制动器的制动和松开动作，以便得到相应的挡位。

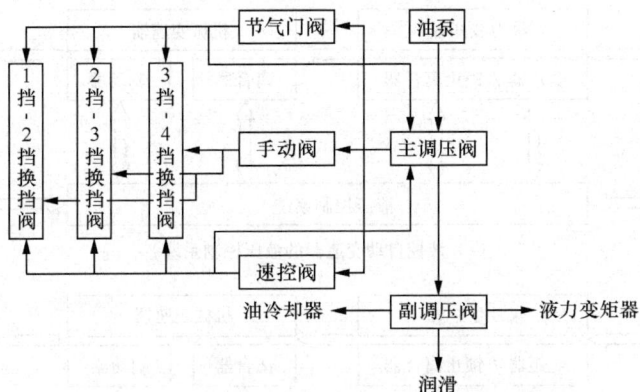

图 6-1 液控自动变速器液压控制系统组成示意图

③ 控制机构。控制机构包括阀体和各种阀，如主调压阀、副调压阀、手动阀、换挡阀、节气门阀、速控阀（调速器）、强制降挡阀等。

液压控制系统还包括一些辅助装置，如用于防止换挡冲击的蓄能器、单向阀等。

（2）液压控制系统的工作原理

油泵将 ATF 从自动变速器油底壳中泵出来，加压，并经过主调压阀的调压，形成具有一定压力的 ATF（一般称为主油压（或管道压力）。主油压作用在节气门阀和速控阀上，分别产生与节气门开度和车速成正比的节气门油压和速控油压。节气门油压和速控油压作用在换挡阀上，以控制换挡阀的动作。节气门油压和速控油压还要反馈给主调压阀，以根据节气门的开度和车速调节主油压。主油压经过手动阀后作用在各换挡阀上，换挡阀的动作切换油道，使经过手动阀的主油压作用到不同的换挡执行元件（离合器、制动器）以得到不同的挡位。主油压还作用到副调压阀上，并把 ATF 分别送到油冷却器进行冷却，送到机械变速器相应元件处进行润滑，送到液力变矩器作为液力变矩器的工作介质。

2. 电控自动变速器的液压控制系统

电控自动变速器液压控制系统除了前述的液控自动变速器液压控制系统的动力源、执行机构和控制机构之外，增加了电磁阀等电控元件。

液压控制系统将油泵所产生的经主调节阀调节后的主油压，通过阀体上电磁阀的工作来操纵换挡阀，电磁阀由 ECU 根据车辆的实际工况控制，从而控制作用在变矩器、离合器及制动器上的油压，以控制变矩器和行星齿轮机构的工作。

电控自动变速器的液压控制系统与液控自动变速器的液压控制系统的不同如图 6-2 所示。

在液控自动变速器的液压控制系统中，车速和节气门开度信号被转换为液压信号，液压信号在液压控制系统中经过处理后被直接执行。而电控自动变速器的液压控制系统中，车速和节气门开度信号先被转换为电信号，这个电信号在电子控制系统中经过处理后，再传递给液压控制系统去执行。这就是两者的差别。

电控自动变速器的换挡不再根据节气门油压和速控油压，而是由 ECU 根据传感器信号（主要是节气门位置传感器和车速传感器）控制电磁阀工作来实现，因此电控自动变速器的液压控制系统比液控自动变速器的液压控制系统相对简单。

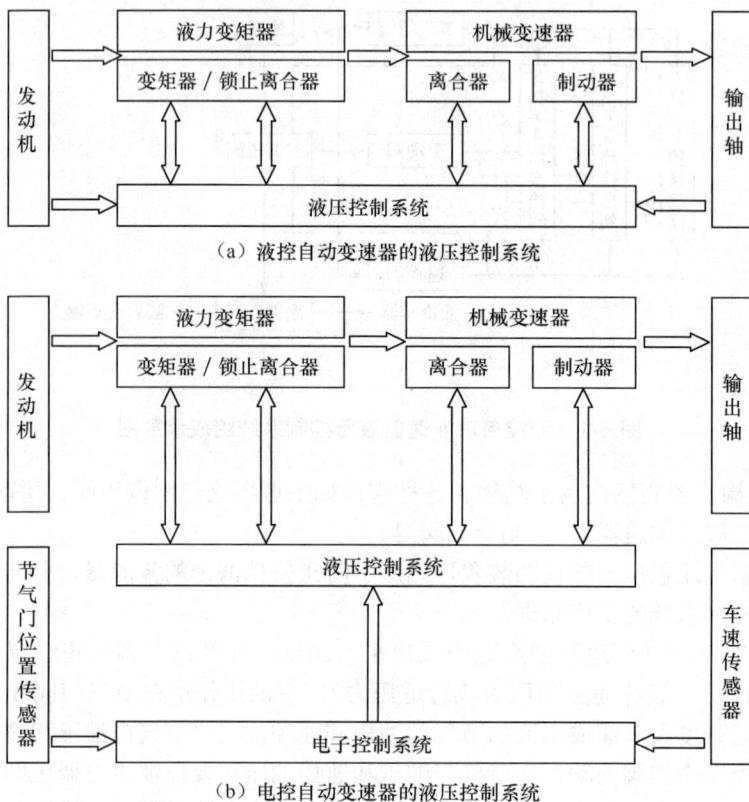

（a）液控自动变速器的液压控制系统

（b）电控自动变速器的液压控制系统

图 6-2　电控自动变速器与液控自动变速器的液压控制系统的不同

二、液压控制系统主要部件结构

1．油泵

（1）油泵的功用

油泵是液压控制系统的动力源，其功用是产生一定压力和流量的 ATF，供给液力变矩器、液压控制系统和行星齿轮机构。

（2）油泵的驱动方式

油泵的驱动方式分 2 种：一种称为外驱动，如图 6-3 所示。发动机曲轴通过液力变矩器壳体后端的油泵驱动毂来驱动油泵的主动部分，所有的后轮驱动自动变速器及少数前轮驱动的自动变速驱动桥都是采用此种方式。油泵驱动毂加工有 2 个槽或平面，以连接油泵的主动件。油泵的另一种驱动方式称为内驱动，如图 6-4 所示。许多前轮驱动的自动变速驱动桥采用这种方式，通过与液力变矩器中心孔相配合的六方轴或花键轴来驱动油泵。

（3）油泵的分类

自动变速器上常见的油泵有 3 种形式：内啮合齿轮泵、转子泵和叶片泵。

动画

油泵的工作原理

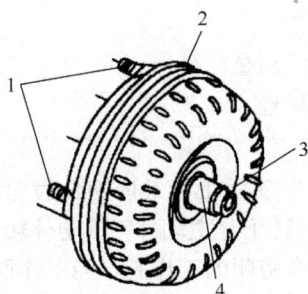

图 6-3　油泵的外驱动

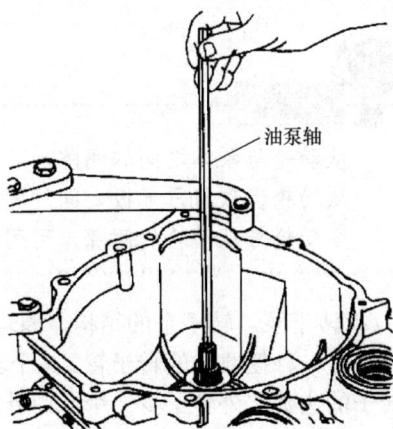

图 6-4　油泵的内驱动

1—挠性板连接螺栓；2—变矩器壳体；3—油泵驱动毂；4—变矩器套管

　　目前内啮合齿轮泵应用最广泛。

　　① 内啮合齿轮泵。内啮合齿轮泵的结构、原理如图 6-5 所示。内啮合齿轮泵主要由主动齿轮、从动齿轮、月牙板、壳体等组成。主动齿轮为外齿轮，从动齿轮为内齿轮，在壳体上有一个月牙板，把主、从动齿轮不啮合的部分隔开，并形成两个工作腔，分别为进油腔和出油腔。进油腔与泵体上的进油口相通，出油腔与泵体上的出油口相通。主动齿轮内径上有两个对称的凸键，与液力变矩器后端油泵驱动毂的键槽或平面相配合。因此，只要发动机转动，油泵便转动并开始供油。

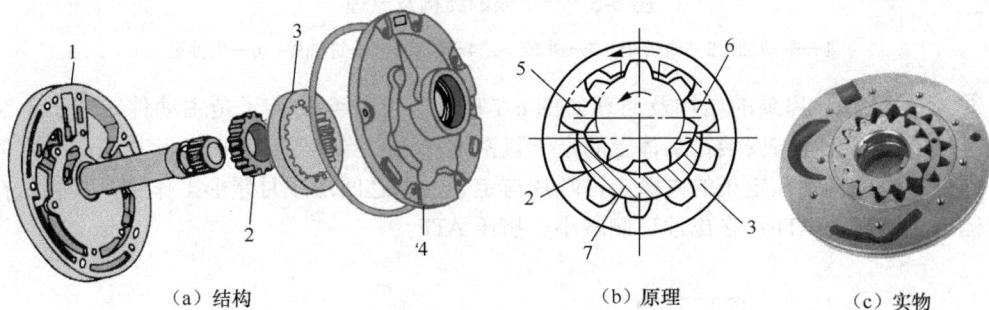

（a）结构　　　　　　　　　（b）原理　　　　　　　　（c）实物

图 6-5　内啮合齿轮泵的结构、原理

1—泵盖；2—主动齿轮；3—从动齿轮；4—壳体；5—进油腔；6—出油腔；7—月牙板

　　油泵在工作过程中，主动齿轮带动从动齿轮转动，在齿轮脱离啮合的一端（进油腔），容积不断变大，产生真空吸力，把 ATF 从油底壳经滤网吸入油泵。在齿轮进入啮合的一端（出油腔），容积不断减小，油压升高，把 ATF 从出油腔挤压出去。油泵这样不断地运转，就形成了具有一定压力的油液，供给自动变速器工作。

　　这种油泵要求具有严格的加工制造精度。因为齿轮之间、齿轮与泵体之间，过大的磨损和间隙会导致油泵的性能下降，油压过低。而油压对于自动变速器的正常工作是非常重要的。决定油泵工作性能的是下列油泵齿轮的工作间隙。

从动轮与泵体之间的间隙，可用塞尺进行测量。

从动轮齿顶与月牙板之间的间隙，可用塞尺进行测量。

主动轮与从动轮的侧隙，可用直尺和塞尺进行测量。

② 转子泵。转子泵的结构、原理如图 6-6 所示。它实际上也是内啮合齿轮泵，但其内、外转子是一种摆线式的转子轮。2 个转子偏心安装，内转子是主动件，带动外转子一起转动。内转子的齿数比外转子少一个。内外转子紧密接触形成密闭的工作腔，当工作腔从进油口处转过时，容积增大而形成真空，ATF 便从进油口吸入。当工作腔转到出油口侧时，容积减小，ATF 被挤压，并由出油口泵出。

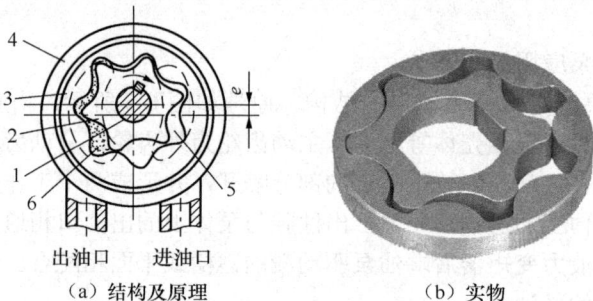

（a）结构及原理　　　　　　　　　（b）实物

图 6-6　转子泵的结构及原理

1—驱动轴；2—内转子；3—外转子；4—泵壳；5—进油腔；6—出油腔

③ 叶片泵。叶片泵的结构及原理如图 6-7 所示。叶片泵的转子是主动件，转子上装有一些滑动叶片，叶片与安装在泵体上的定子紧密地接触。当转子转动时，叶片在离心力的作用下向外甩出，紧贴在定子的内壁上，叶片与定子内壁之间形成月牙形工作腔，其容积在进油口侧增大，吸入 ATF；在出油口侧减小，挤压 ATF。

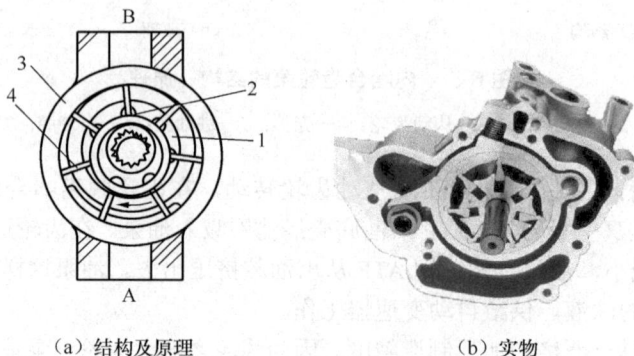

（a）结构及原理　　　　　　　　　（b）实物

图 6-7　叶片泵的结构及原理

1—转子；2—定位环；3—定子；4—叶片；A—进油口；B—出油口

④ 变量泵。上述 3 种油泵的排量都是固定不变的，所以也称为定量泵，为了保证自动变速器的正常工作，油泵的排量应足够大，以便在发动机怠速运转的低速工况下，也能为自动变速器各部分提供足够大流量和压力的 ATF。定量泵的泵油量随转速的增大而成正比地增加。当发动机在中高速运转时，油泵的泵油量将大大超过自动变速器的实际需要，此时油泵泵出的大部分 ATF 将通过调压阀返回油底壳。由于油泵泵油量越大，其运转阻力也越大，因此这种定量泵在高转速时，过多的泵油量使阻力增大，从而增加了发动机的负荷和油耗，造成了一定的动力损失。

为了减少油泵在高速运转时，由于泵油量过多而引起的动力损失，上述用于汽车自动变速器的叶片泵，大部分都设计成排量可变的形式，称为变量泵或可变排量式叶片泵。这种叶片泵的定子不是固定在泵壳上，而是可以绕一个销轴做一定的摆动，以改变定子与转子的偏心距，如图 6-8 所示，从而改变油泵的排量。

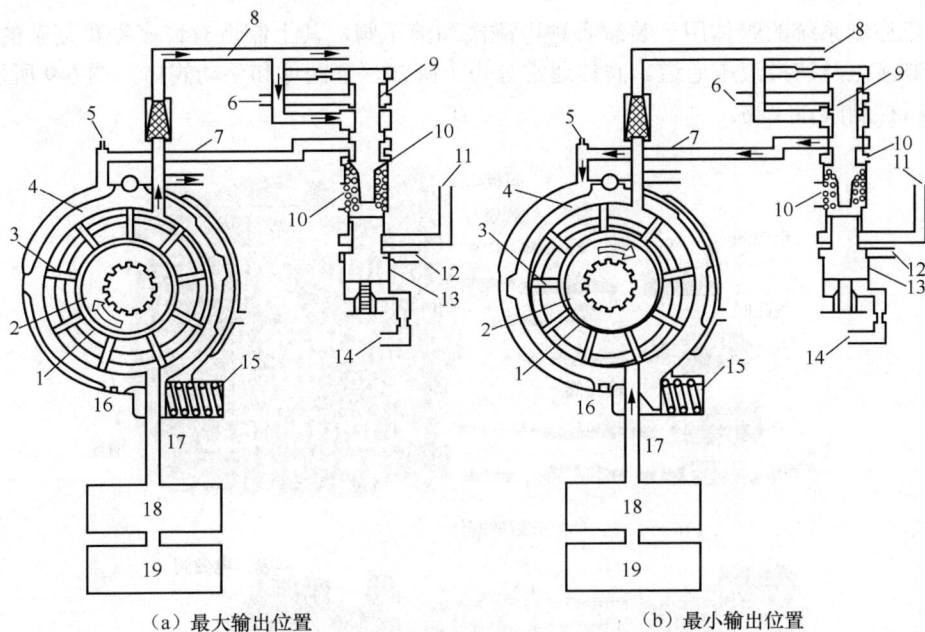

（a）最大输出位置　　　　　　　　　　　（b）最小输出位置

图 6-8　变量泵的结构及原理

1—叶片泵；2—转子；3—叶片；4—滑座；5—排气孔；6—变矩器供油油路；7—反馈油路；8—主油路；
9—调压阀；10—排泄口；11—PRN油路；12—低挡油路；13—倒挡阀；14—锁止装置/调节器；
15—预紧弹簧；16—进油口；17—泵；18—过滤器；19—油底壳

在油泵运转时，定子的位置由定子侧面控制腔内反馈油压（来自调压阀）来控制。当油泵转速较低时，泵油量较小，调压阀将反馈油路关小，使反馈压力下降，定子在预紧弹簧的作用下，绕销轴向顺时针方向摆动一个角度，加大了定子与转子的偏心距，油泵回排量随之增大；当油泵转速增高时，泵油量增大，出油压力随之上升，推动调压阀将反馈油路开大，使控制腔内的反馈油压上升，定子在反馈油压的推动下，绕销轴向逆时针方向摆动，定子与转子的偏心距减小，油泵的排量也随之减小，从而降低了油泵的泵油量，直到出油压力降至原来的数值。

定量泵的泵油量和发动机的转速成正比，并随发动机转速的增加而不断增加。变量泵的泵油量在发动机转速超过某一数值后就不再增加。保持在一个能满足油路压力的水平上，从而减小了油泵在高转速时的运转阻力，提高了汽车的燃油经济性。

（4）油泵使用注意事项

① 发动机不工作，油泵不转，自动变速器无油压，即使在"D"位和"R"位，也不能靠推车起动发动机。

② 长距离拖车时，由于发动机不转，油泵也不转，齿轮系统没有润滑油，磨损会加剧，因此要求车速慢、距离短。如丰田车系要求拖车车速不高于 30km/h，距离不超过 80km；奔驰车系要求拖车车速不高于 50km/h，距离不超过 50km。如果长距离拖车应将驱动轮提起，或断开传动轴。

2. 各种阀体

液压控制系统的阀体用于装载各种电磁阀和液压阀，其上制造有许多密集复杂的油道，用于控制液压及切换液压通道。阀体通常分为上阀体、下阀体和手动阀体，图 6-9 所示为典型的液压控制阀体实物。

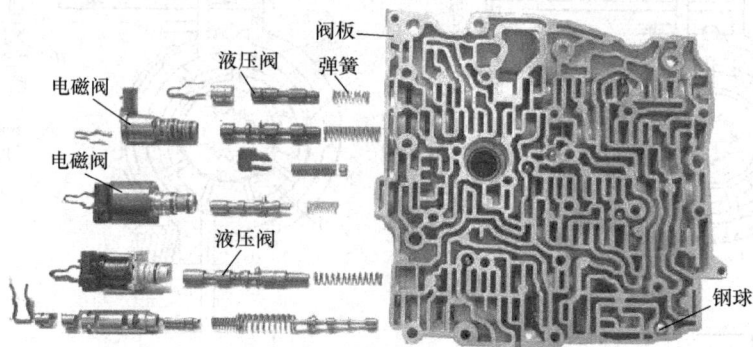

（a）分解的阀体

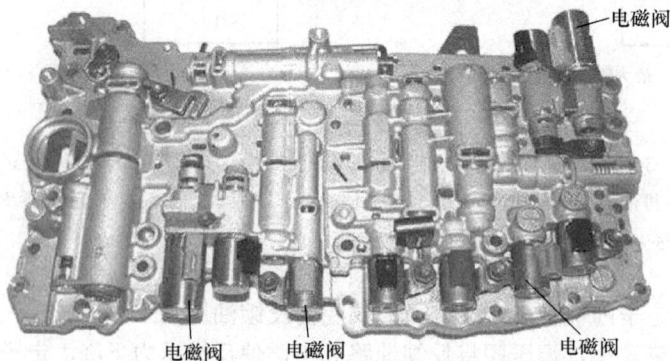

（b）阀体总成

图 6-9　阀体

（1）主调压阀

① 主调压阀的功用。主调压阀是主油路压力调节阀的简称，也称为第一调压阀，其功

用是根据车速、节气门开度和换挡杆位置自动控制主油压（管道压力），保证液压系统油压稳定。

前面已经提及，油泵是由发动机驱动的，随着发动机转速的增加，油泵输出油量和油压就会增加，反之亦然。但自动变速器的正常工作需要相对稳定的油压。如果油压过高，会导致离合器、制动器接合过快而出现换挡冲击。如果油压过低，又会导致离合器、制动器接合不紧而打滑、烧毁，所以必须要有油压调节装置。

② 主调压阀的结构、原理。主调压阀的结构如图 6-10 所示。当发动机转速增加时，油泵输出油压会升高，作用在阀体上部 A 处的油压升高，使阀体向下移动，回油通道的截面积增大，从回油口排出的油液增加，使主油压下降；反之，阀体向下移动，主油压升高。

当发动机负荷（节气门开度）增加时，由于传递的扭矩增加，所以需要较大的油压才能保证离合器、制动器的正常工作。此时，随着节气门开度的增加，节气门油压也会增加，作用在主调压阀下端的节气门油压使阀体向上移动，使主油压升高。

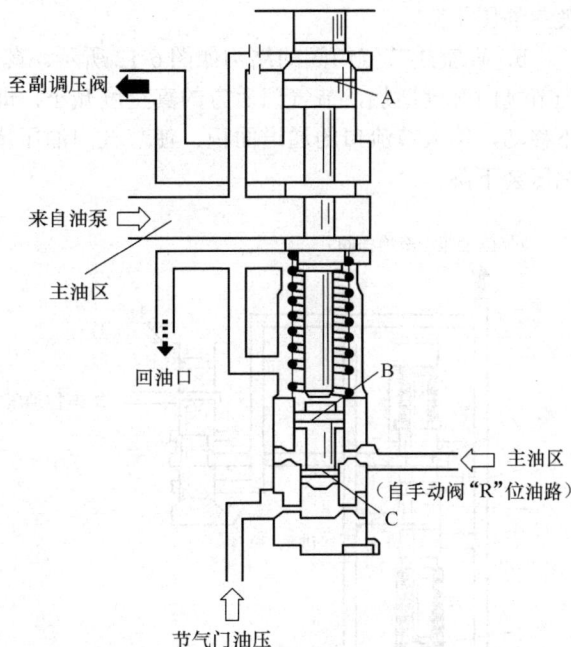

图 6-10　主调压阀的结构

当换挡杆置于"R"位时，来自手动阀的主油压作用在阀体的 B 处和 C 处，由于 B 处的面积大于 C 处的面积，使得阀体受到向上的力的作用，阀体向上移动，主油压升高，满足倒挡较大传动比的要求。

得出以下结论。

➢ 节气门开度增加，主油压增加。

➢ 倒挡油压高于前进挡油压。

➢ 车速增加，节气门油压会降低，从而导致主油压降低。

（2）节气门阀

① 节气门阀的功用。反映节气门开度的信号是自动变速器自动换挡的 2 个重要参数之一，液控自动变速器是采用节气门阀来反映节气门开度的大小的。节气门阀的功用是产生与节气门开度成正比的控制油压（节气门油压），传给主调压阀和换挡阀，以控制主油压和换挡。

② 节气门阀的结构、原理。节气门阀有 2 种类型：机械式节气门阀和真空式节气门阀。

a. 机械式节气门阀的结构如图 6-11 所示，由强制降挡柱塞、节气门阀、弹簧等组成。强制降挡柱塞装有滚轮，与节气门凸轮相接触。节气门凸轮经拉索与加速踏板相连。当踩下加速踏板使节气门开度增加时，节气门拉索拉动节气门凸轮转动，将强制降挡柱塞上推，并通过弹簧将节气门阀体上推，使节流口开大，输出的节气门油压增加，使得节气门油压与节气门开度成正比。

当车速增加时，来自速控阀的速控油压也会增加，使减压阀下移，这样节气门油压会通过减压阀作用到节气门阀体的 A 处，由于 A 处的上横截面积小于下横截面积，所以在 A 处作用一个向下的油压，节气门阀下移，减小了节流口的通道面积，使节气门油压下降，从而使主油压下降。

b. 真空式节气门阀的结构如图 6-12 所示。真空气室与发动机节气门后的进气歧管相通，当节气门开度增加，节气门后方的真空度减小，即真空气室的压力增加，使推杆带动滑阀向下移动，增大节流口的通道面积，使节气门油压增加。同样，当节气门开度减小时，节气门油压会下降。

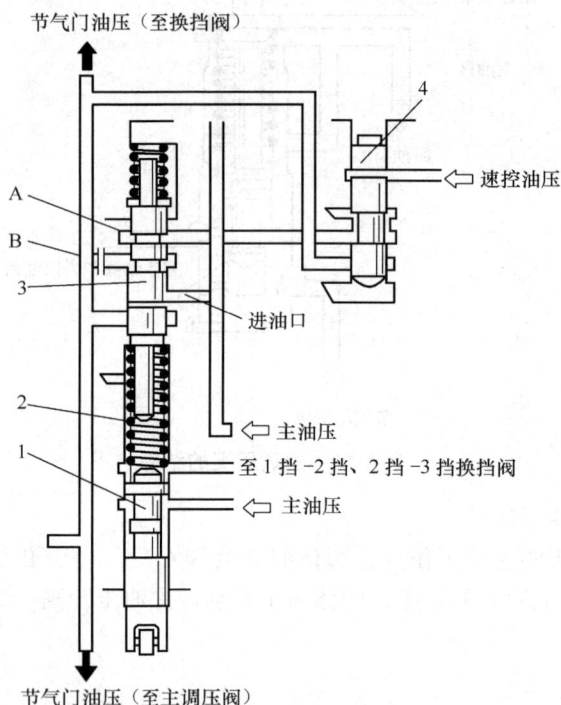

图 6-11　机械式节气门阀的结构

1—强制降挡柱塞；2—弹簧；3—节气门阀；4—减压阀；
A—节气门阀体的位置；B—油道

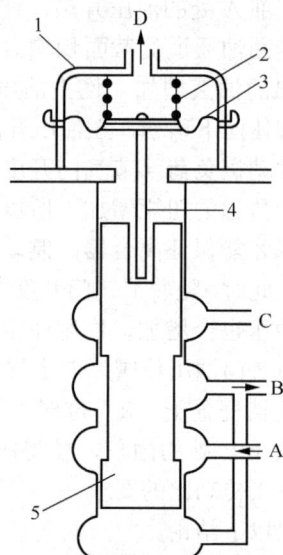

图 6-12　真空式节气门阀的结构

1—真空气室；2—弹簧；3—膜片；4—推杆；
5—滑阀；A—主油压；B—节气门油压；
C—泄油口；D—真空接口

如果节气门油压低于标准值，换挡阀会以低于标准值的速控油压工作，并且变速器也会以低于所需的车速进行换挡。相反，如果节气门油压高于标准值，变速器就会以高于正常的车速换挡。

（3）速控阀

① 速控阀的功用。速控阀又叫调速器或速度调压阀，它的功用是产生与车速成正比的控制油压（速控油压），传给换挡阀，以便控制换挡。速控阀是液控自动变速器反映车速的装置，仅用于液控自动变速器，电控自动变速器采用车速传感器来反映车速。

正确的速控油压对于自动变速器的正常工作非常重要，如果速控油压过高，会导致换挡的车速提前；而速控油压过低，会导致换挡的车速滞后。

② 速控阀的结构及原理。速控阀的结构如图6-13所示。速控阀安装在变速器输出轴上，与输出轴一起旋转。作用在滑阀上的力包括向外的离心力和向内的速控油压力。当汽车低速行驶时，阀轴和滑阀构成一体，在重锤和滑阀的离心力作用下使滑阀向外移动，此时速控油压随着车速的增加而增加。当车速增加到一定程度时，阀轴被壳体内部台阶限位而不再向外移动，此时滑阀向外移动仅能靠自身的离心力，因此，速控油压随着车速的增加而缓慢增加。所以，速控油压与车速的关系分成两个阶段，一般把这种形式的速控阀称为二阶段速控阀，与此类似的还有三阶段速控阀。

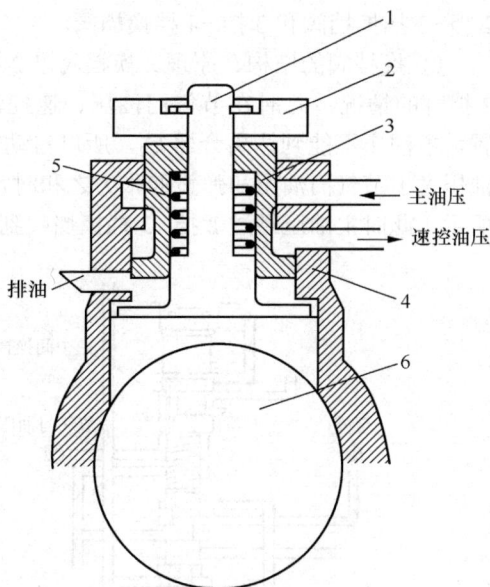

图 6-13　速控阀的结构

1—阀轴；2—重锤；3—滑阀；4—壳体；
5—弹簧；6—变速器输出轴

> **提示**
>
> 自动变速器一般有检测节气门油压和速控油压的检测口。

（4）强制降挡阀

① 强制降挡阀的功用。强制降挡阀的功用是加速超车，当节气门开度大于85%时，自动变速器在当前挡位降一挡。

② 强制降挡阀的结构及原理。对于液控自动变速器，强制降挡阀与节气门阀安装在一起。当节气门开度超过85%时，节气门凸轮将强制降挡柱塞顶起到一定程度，使主油压能到达相应换挡阀，使换挡阀动作，使当前挡位降一挡。

如果是电控自动变速器，一般在蓄电池正极与自动变速器ECU的KD端子之间有一个强制降挡开关（KD开关），当节气门开度超过85%时，KD开关闭合，自动变速器ECU在KD端子得到12V电压，此时自动变速器ECU会控制换挡电磁阀使自动变速器在当前挡位降一挡。

（5）换挡阀

① 换挡阀的功用。换挡阀的功用是根据换挡控制信号或油压，切换挡位油路，以实现2个挡位的转换。换挡阀直接与换挡执行元件（离合器、制动器）相通，当换挡阀动作后，会切换相应的油道以便给相应挡位的离合器和制动器供油，得到所需要的挡位。换挡阀的数量与自动变速器前进挡的个数有关。一般，4挡自动变速器需要3个换挡阀，即1挡-2挡换挡阀、

2 挡 -3 挡换挡阀和 3 挡 -4 挡换挡阀。

② 换挡阀的结构、原理。换挡阀以 2 挡 -3 挡换挡阀为例进行介绍。图 6-14（a）所示为 2 挡时的情况，此时在节气门油压、速控油压及弹簧作用下，2 挡 -3 挡换挡阀处于下方位置，主油压不能到达离合器 C_2，所以自动变速器处于 D_2 挡；当车速增加到一定程度，速控油压大于节气门油压和弹簧伸张力之和时，2 挡 -3 挡换挡阀上移处于上方位置，如图 6-14（b）所示，此时主油压经过 2 挡 -3 挡换挡阀到达离合器 C_2，自动变速器换至 D_3 挡。

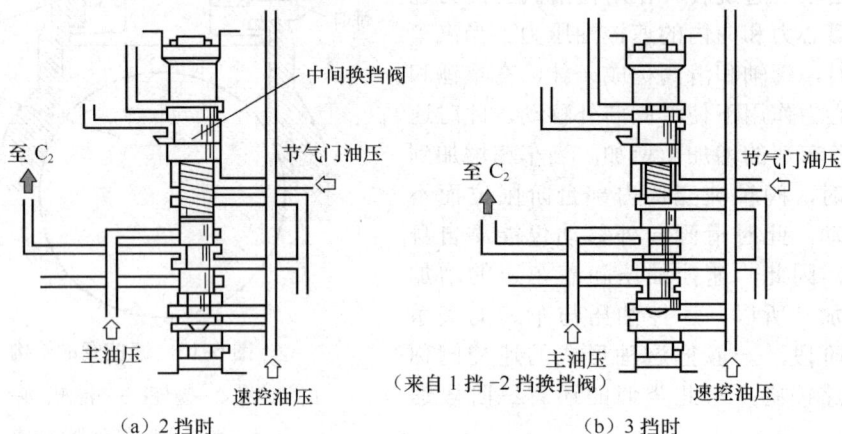

图 6-14　2 挡 -3 挡换挡阀

（6）手动阀

手动阀又称为手控阀或手动换挡阀，与驾驶室内的换挡杆相连，其功用是控制各挡位油路的转换。如图 6-15 所示，当驾驶员操纵换挡杆时，手动阀会移动，使主油压通往不同的油道。例如，当换挡杆置于"P"位时，主油压会通往"P""R"和"L"位油道；当换挡杆置于"R"位时，主油压会同时通往"P""R"和"L"位油道与"R"位油道；当换挡杆置于"N"位时，手动阀会将主油压进油道切断，使不会有主油压通往各换挡阀；当换挡杆置于"D"位时，主油压会通往"D""2"和"L"位油道；当换挡杆置于"2"位时，主油压会同时通往"D""2"和"L"位油道与"2"和"L"位油道；当换挡杆置于"L"位时，主油压会同时通往"D""2"和"L"位油道与"2"和"L"位油道及P""R"和"L"位油道。

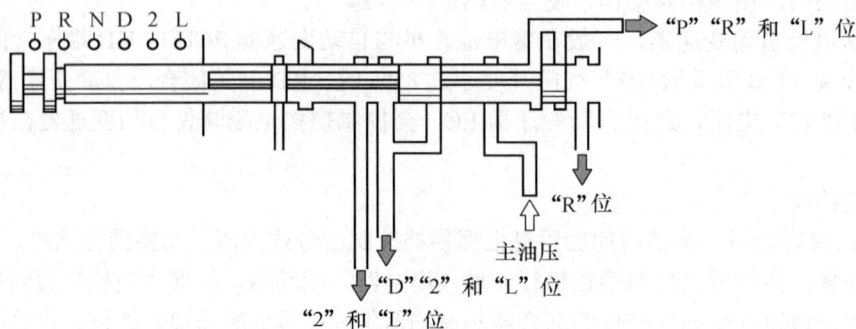

图 6-15　手动阀的结构

（7）换挡平顺性装置

自动变速器为了防止换挡冲击，使得换挡平顺，常采用一些换挡平顺性装置，如离合器中的蝶形钢片、油路中的单向阀和蓄能器（也称储能器）。

a. 油路中的单向阀。单向阀一般安装在离合器和制动器的油路中，其结构和原理如图6-16所示。当离合器或制动器工作时，ATF由进排液口①流入进排液口②，油压压住节流口上的球阀，此时ATF仅能流经一个节流口，由进排液口②流出的ATF油压仅能逐渐升高，保证离合器或制动器接合平顺。当离合器或制动器分离时，ATF由进排液口②流入进排液口①，油压将球阀从节流口上推开，此

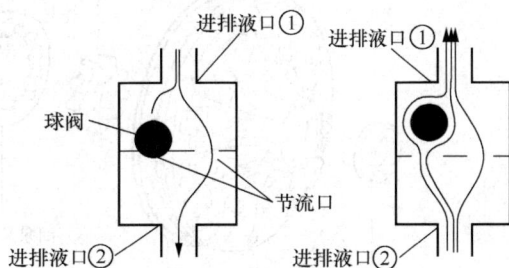

图6-16 单向阀的结构和原理

时两个节流口同时泄油，使油压快速下降，保证离合器或制动器的快速分离，防止运动干涉。

由上述单向阀的工作原理可以看出，单向阀的功用是"进油慢，回油快"，保证换挡平顺，无冲击。

b. 油路中的蓄能器。蓄能器一般并联安装在离合器或制动器的油路中，用于防止离合器或制动器接合时的换挡冲击，其结构和原理如图6-17所示。在主油压通往离合器的过程中，先将蓄能器活塞向下推，压缩弹簧存储一定能量，使通往离合器的油压降低，防止离合器迅速接合而引起的冲击。同时，当油路中压力下降时，蓄能器弹簧伸张，将压力释放，保证离合器活塞工作的正常油压。

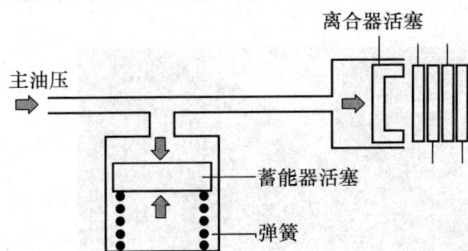

（a）结构和原理

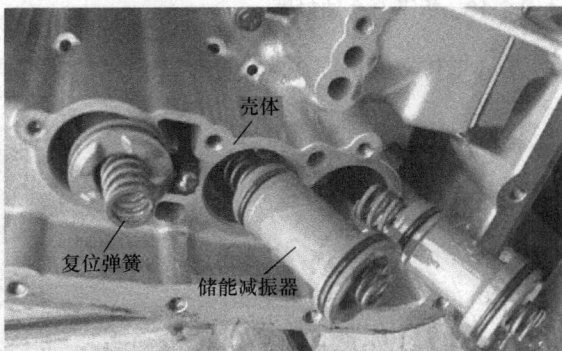

（b）安装位置

图6-17 蓄能器的结构和原理及安装位置

□ 项目实施 □

这里以A341E型自动变速器的液压控制系统为例介绍液压控制系统的维修。

操作一 油泵的检修

油泵的零件分解图如图6-18所示。

油泵体
油泵主动齿轮
定子轴
10（100）

油泵从动齿轮
油封圈

规定力矩，单位为 N·m（kgf·cm）
◆：不可重复使用的零件

◆ 油封
◆ O 形圈

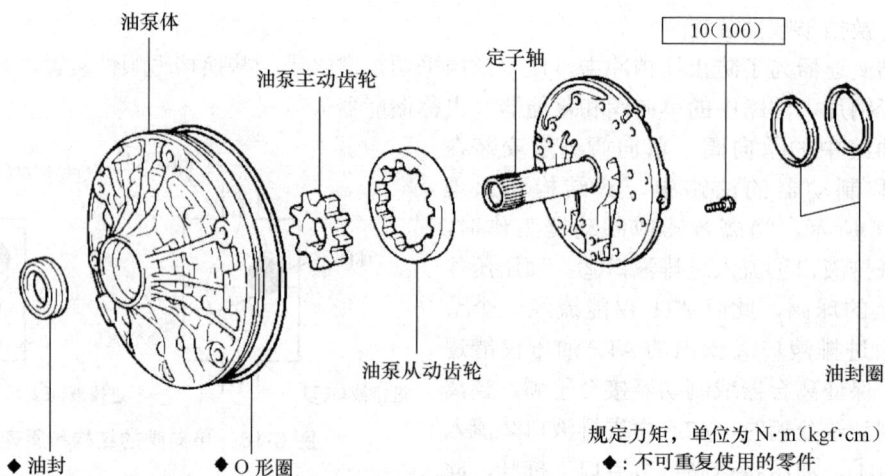

图 6-18　油泵的零件分解图

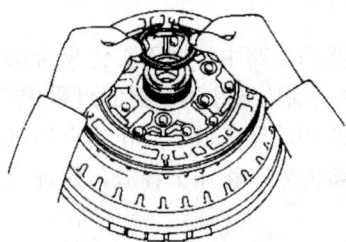

图 6-19　拆下 2 个油封圈

（1）油泵的分解与检查

步骤一　用变矩器作为工作台，将油泵体放在变矩器上，然后拆下 2 个油封圈，如图 6-19 所示。

步骤二　拆下 13 个螺栓，如图 6-20 所示，然后从油泵体上拆下定子轴，从变矩器上拆下油泵体。

步骤三　将从动齿轮推向泵体的一侧，用塞尺测量从动齿轮与泵体之间的间隙，如图 6-21 所示。标准间隙为 0.07 ～ 0.15mm，最大间隙为 0.3mm。

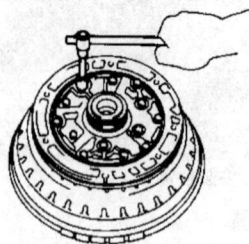

视频

油泵的检测

图 6-20　拆下 13 个螺栓

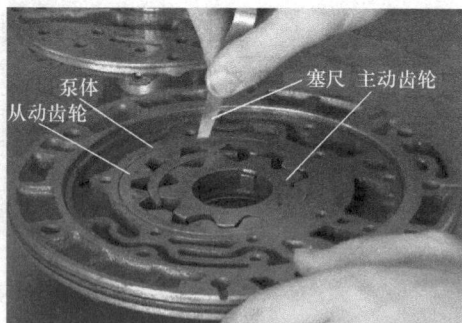

泵体
从动齿轮
塞尺　主动齿轮

图 6-21　测量从动齿轮与泵体之间的间隙

提示

如果间隙超过最大值，应更换主动齿轮、从动齿轮或泵体。

步骤四　用塞尺测量从动齿轮齿顶与泵体月牙板之间的间隙，如图 6-22 所示。标准间隙为 0.11 ～ 0.14mm，最大间隙为 0.3mm。

> **提示**
>
> 如果间隙超过最大值，应更换主动齿轮、从动齿轮或泵体。

步骤五　检查主动齿轮齿顶与月牙板之间的间隙。如图 6-23 所示，用塞尺测量主动齿轮齿顶与月牙板之间的间隙。标准间隙为 0.11 ～ 0.14mm，最大间隙为 0.3mm。

图 6-22　测量从动齿轮齿顶与泵体月牙板之间的间隙

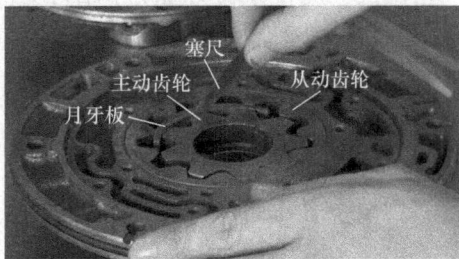

图 6-23　用塞尺测量主动齿轮齿顶与月牙板之间的间隙

> **提示**
>
> 如果间隙超过最大值，应更换主动齿轮、从动齿轮或泵体。

步骤六　用直角尺和塞尺测量主动齿轮和从动齿轮之间的侧隙，如图 6-24 所示。标准侧隙为 0.02 ～ 0.05mm，最大侧隙为 0.1mm。

> **提示**
>
> 如果侧隙超过最大值，应更换主动齿轮、从动齿轮或泵体。

步骤七　拆下油泵主动齿轮和从动齿轮。

步骤八　用旋具撬下油封。用 SST 安装新油封，油封端面应与油泵体外边缘齐平，如图 6-25 所示。在油封唇部涂 MP 润滑脂。

（2）油泵衬套的检查

步骤一　用百分表测量油泵体衬套内径，如图 6-26 所示。最大内径为 38.19mm，如果内径超过最大值，应更换油泵体。

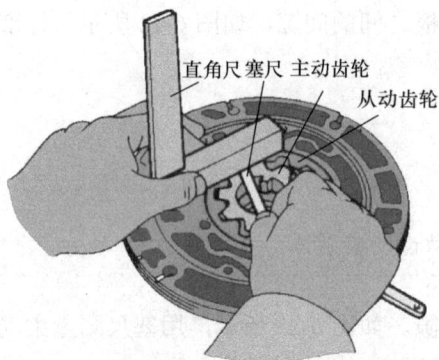

图 6-24　测量主动齿轮和从动齿轮之间的侧隙

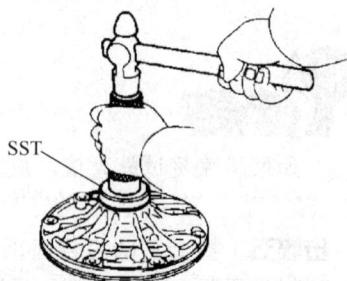

图 6-25　用 SST 安装新油封

标注：直角尺 塞尺 主动齿轮 从动齿轮；SST

步骤二　用百分表测量定子轴衬套内径，如图 6-27 所示。前端最大内径为 21.58mm，后端最大内径为 27.08mm。如果内径超过最大值，应更换定子轴。

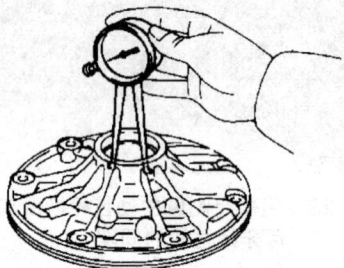

图 6-26　用百分表测量油泵体衬套内径

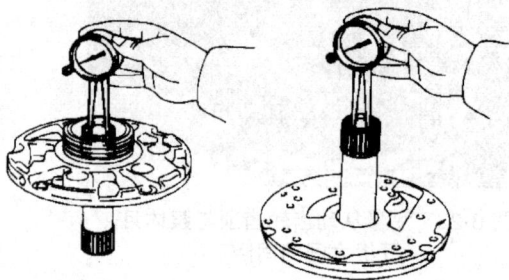

图 6-27　用百分表测量定子轴衬套内径

（3）油泵的装配

步骤一　将油泵体放在变矩器上。在从动齿轮和主动齿轮上涂 ATF。安装从动齿轮和主动齿轮，如图 6-28 所示。

步骤二　将定子轴装入油泵体。借助每一个螺栓孔调准定子轴，拧紧 13 个螺栓，拧紧力矩为 10N·m。

步骤三　在 2 个油封圈上涂 ATF，将油封圈收缩后装到定子轴上。安装油封圈后，检查其转动是否平稳。

步骤四　检查油泵主动齿轮的转动是否平稳，如图 6-29 所示。

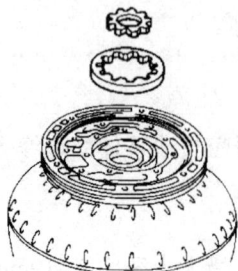

图 6-28　安装从动齿轮和主动齿轮

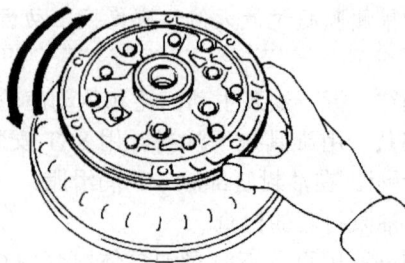

图 6-29　检查油泵主动齿轮的转动是否平稳

操作二　阀体的检修

自动变速器阀体的
拆卸和安装

自动变速器阀体的
清洗

阀体的零件分解图如图 6-30 所示。

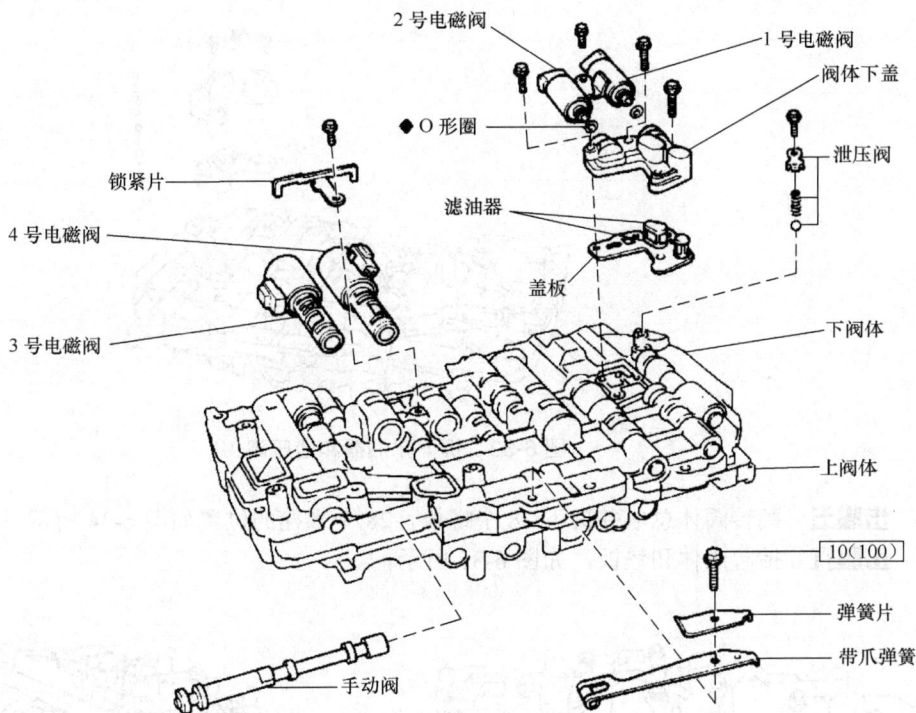

规定力矩，单位为 N·m（kgf·cm）

◆：不可重复使用的零件

图 6-30　阀体的零件分解图

（1）阀体的分解

步骤一　拆下带爪弹簧和弹簧片，如图 6-31 所示。

步骤二　拆下手动阀。

步骤三　拆下 4 个电磁阀，从 1 号和 2 号电磁阀上拆下 O 形圈，从 3 号和 4 号电磁阀上拆下锁紧片，如图 6-32 所示。

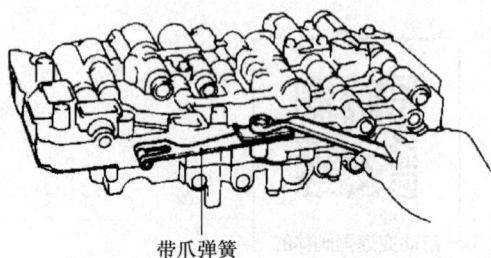

图 6-31　拆下带爪弹簧和弹簧片

带爪弹簧

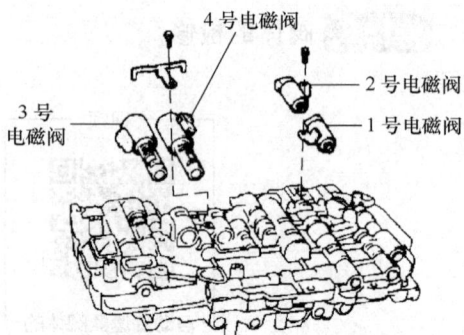

图 6-32　拆下 4 个电磁阀

4 号电磁阀

3 号
电磁阀

2 号电磁阀

1 号电磁阀

步骤四　拆下滤油器和泄压阀，如图 6-33 所示。

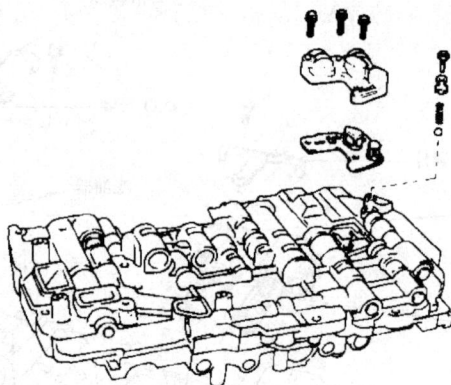

图 6-33　拆下滤油器和泄压阀

步骤五　翻转阀体总成并拆下 28 个螺栓，28 个螺栓的位置如图 6-34 所示。

步骤六　抬起阀体和垫板，如图 6-35 所示。

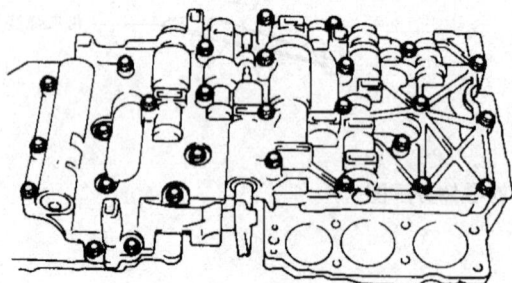

图 6-34　拆下 28 个螺栓

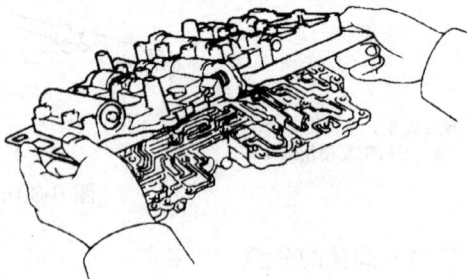

图 6-35　抬起阀体和垫板

步骤七　上阀体的零件分解图如图 6-36 所示，单向阀的位置如图 6-37 所示，下阀体的零件分解图如图 6-38 所示。

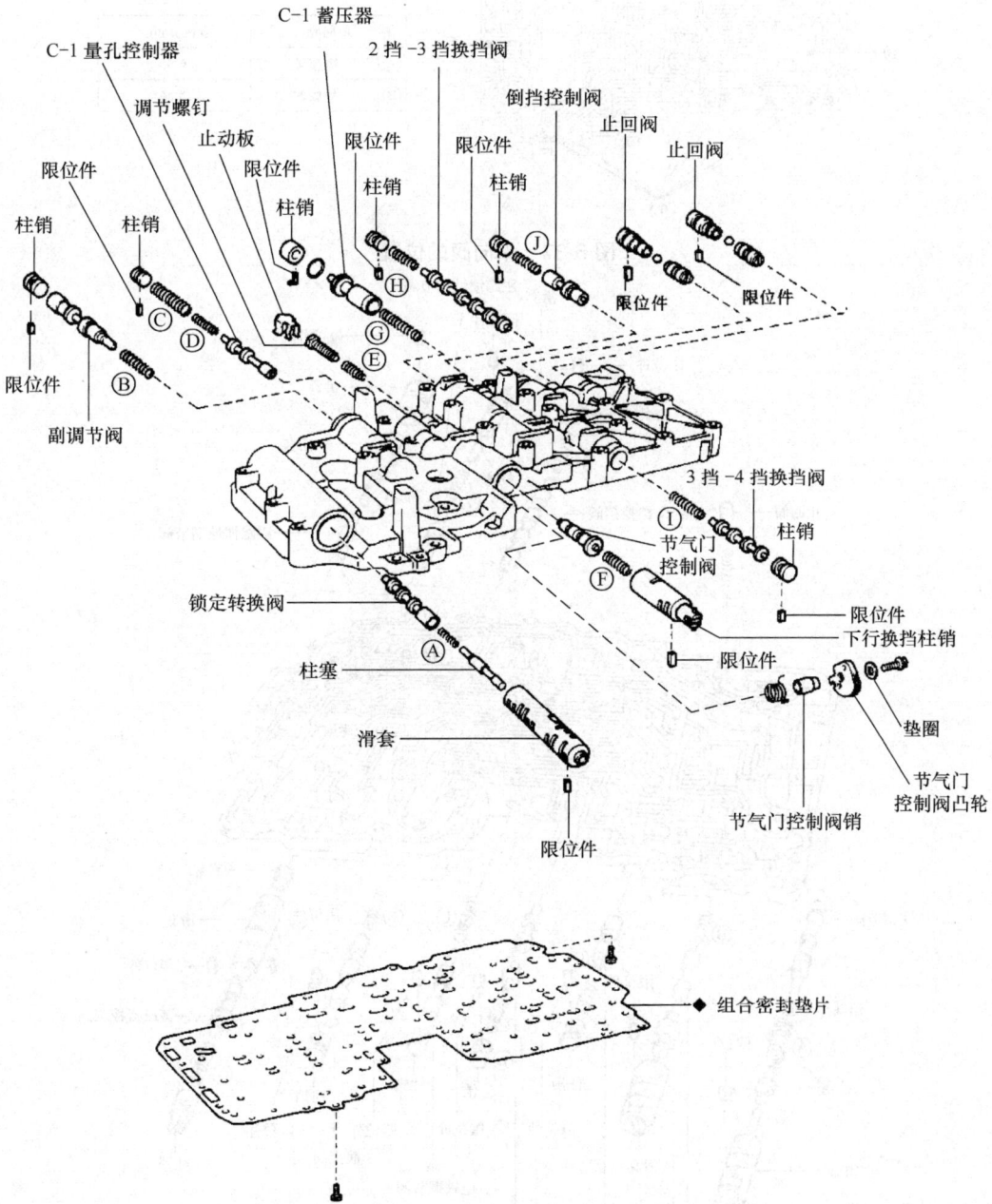

图 6-36 上阀体的零件分解图

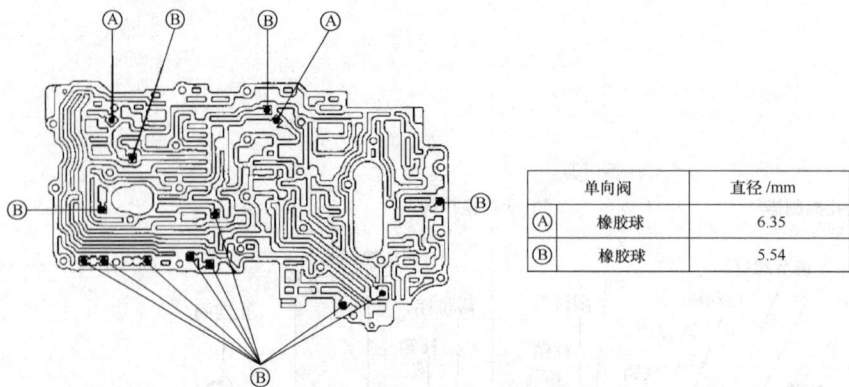

单向阀		直径 /mm
Ⓐ	橡胶球	6.35
Ⓑ	橡胶球	5.54

图 6-37　单向阀的位置

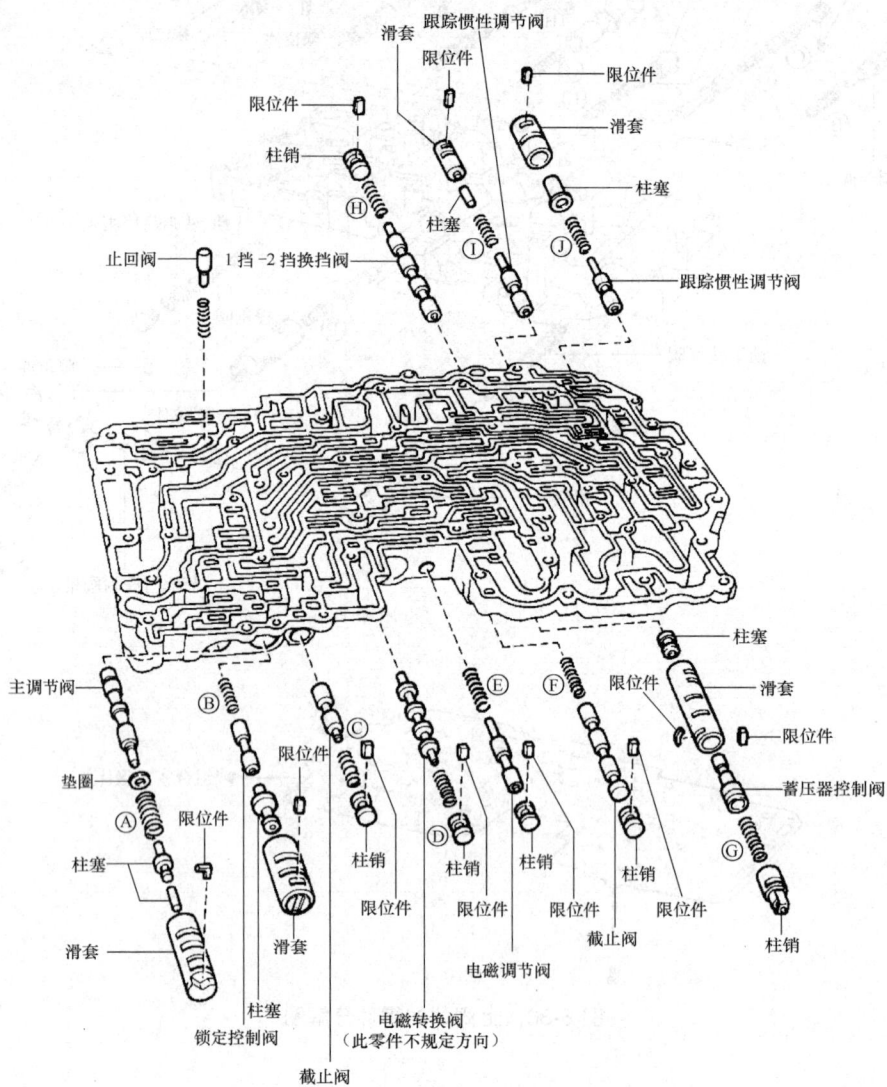

图 6-38　下阀体的零件分解图

（2）阀体的装配

步骤一　将组装的密封垫装在上阀体上，对准组装密封垫的每一个螺栓孔并装上螺钉。

步骤二　将带密封垫的上阀体装到下阀体上，对准密封垫和阀体的每一个螺栓孔。

步骤三　将 28 个螺栓安装到上阀体，拧紧力矩为 6.1N·m，如图 6-39 所示，A 螺栓长为 45mm，B 螺栓长为 35mm，C 螺栓长为 20mm。

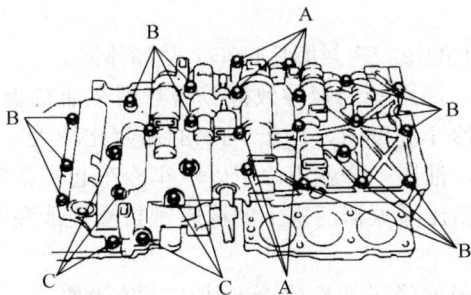

图 6-39　将 28 个螺栓安装到上阀体

步骤四　安装滤油器、泄压阀和 4 个电磁阀。

步骤五　安装手动阀、带爪弹簧，拧紧力矩为 10N·m，确保手动阀运动平稳。

□ 维修实例 □

丰田雅力士轿车热车起步困难

（1）故障现象

一辆装备了 U340E 自动变速器的丰田雅力士轿车，行驶里程为 9.3 万千米。该车驾驶员反映车辆冷车时起步行驶正常，而热车时起步很困难，必须猛踩下加速踏板，车辆才能慢慢起步，车辆起步后，能正常行驶。

（2）故障原因

蓄压减振器活塞上的橡胶密封圈严重变形，已不能起密封作用。

（3）故障诊断与排除

由于车辆起步后能正常行驶，从这点考虑可以排除发动机与行驶系统方面的原因。故障可能出在自动变速器上。

连接丰田汽车专用故障检测仪，接通点火开关，读取故障码，无故障码存储；对 ATF 进行检查，油面正常，油质无明显的变质现象；对自动变速器进行失速试验，发现 R 挡与 D 挡的失速转速均高于标准值。通过失速试验，可以肯定故障是由于自动变速器引起的。再根据该车冷车行驶正常而热车起步困难的故障症状，初步认为故障是由于液压系统某个部件配合间隙发生了变化而造成的。

对主油路压力进行测试，怠速时各挡位的油压均为 300kPa 左右，比标准值 380kPa 低 80kPa，但在突然加速时，油压能够达到 400kPa 左右。通过测试主油路压力，可以肯定液压系统有泄漏或油泵有损坏。拆下阀体（俗称"油路板"），检查主油压调节阀及其他换挡阀，没有发现异常情况；解体自动变速器检查油泵，发现油泵良好；检查各挡离合器的摩擦片和制动器及单向离合器，均无故障；对各挡离合器进行气压试验也没有发现有漏气的地方；更换一个修理包后装复自动变速器，再次测试自动变速器主油路压力，油压依然很低；更换阀体试车，故障仍然存在。

找出该自动变速器的油路图进行分析，发现该车超速挡离合器在发动机运转时除"D"位超速挡外其他挡都参加工作，而超速挡离合器油路中有一个蓄压减振器，拆下该蓄压减振器检查，发现蓄压减振器活塞上的橡胶密封圈有一小段严重变形，已不能起密封作用。

更换蓄压减振器活塞上的橡胶密封圈后试车，故障排除。

故障分析：由于高温、高压等因素导致橡胶密封圈在活塞上下运动时发生滚动，加之高温使橡胶软化变形。在冷车起动时，由于 ATF 的黏度比较大，从蓄压减振器活塞上的橡胶密封圈处泄漏的油较少，油压下降就小，所以汽车冷车起步正常。随着工作温度的升高，ATF 的黏度便会下降，从蓄压减振器活塞上的橡胶密封圈处泄漏的油较多，油压下降就大，从而造成热车时驱动无力。

本例故障在排除时，虽然经过初步检查，找出了故障原因，在理论上是由于某处间隙过大而导致油压过低，但是，在具体查找故障点时，未能事先充分了解油路结构，因而走了弯路。

小　结

1．液压控制系统是液控自动变速器或电控自动变速器非常重要的一个部分。对于液控自动变速器，液压控制系统将发动机的负荷（节气门开度）和车速转换为不同的自动变速器油压，并由此确定换挡时刻，并进行换挡的控制；而对于电控自动变速器，虽然换挡正时由自动变速器 ECU 控制，但换挡的过程仍通过液压控制系统来执行。

2．液控自动变速器液压控制系统的基本组成包括动力源、执行机构和控制机构等部分。

3．电控自动变速器液压控制系统除了液控自动变速器液压控制系统的动力源、执行机构和控制机构之外，增加了电磁阀等电控元件。

4．液控自动变速器与电控自动变速器的差别：在液控自动变速器的液压控制系统中，车速和节气门开度信号被转换为液压信号，液压信号在液压控制系统中经过处理后被直接执行；而电控自动变速器的液压控制系统中，车速和节气门开度信号先被转换为电信号，这个电信号在电子控制系统中经过处理后，再传递给液压控制系统去执行。

5．电控自动变速器的液压控制系统相对简单：电控自动变速器的换挡不再根据节气门油压和速控油压，而是由 ECU 根据传感器信号（主要是节气门位置传感器和车速传感器）去控制电磁阀工作来实现。

6．液压控制系统主要部件包括油泵和各种阀体。

7．油泵的功用是产生一定压力和流量的 ATF，供给液力变矩器、液压控制系统和行星齿轮机构。

8．油泵的驱动方式分 2 种：一种称为外驱动；另一种称为内驱动。许多前轮驱动的自动变速驱动桥采用内驱动方式。

9．自动变速器上常见的油泵有 3 种形式：内啮合齿轮泵、转子泵和叶片泵。目前内啮合齿轮泵应用最广泛。

10．内啮合齿轮泵主要由主动齿轮、从动齿轮、月牙板、壳体等组成。

11．主调压阀是主油路压力调节阀的简称，也称为第一调压阀，其功用是根据车速、节气门开度和换挡杆位置自动控制主油压（管道压力），保证液压系统油压稳定。

12．节气门阀的功用是产生与节气门开度成正比的控制油压（节气门油压），传给主调压阀和换挡阀，以控制主油压和换挡。节气门阀有两种类型：机械式节气门阀和真空式节气门阀。

13．速控阀又叫调速器或速度调压阀，它的功用是产生与车速成正比的控制油压（速控油压），传给换挡阀，以便控制换挡。速控阀是液控自动变速器反映车速的装置，仅用于液控自动变速器，电控自动变速器采用车速传感器来反映车速。

14．强制降挡阀的功用是加速超车，当节气门开度大于 85% 时，使自动变速器在当前挡位降一挡。

15．换挡阀的功用是根据换挡控制信号或油压，切换挡位油路，以实现 2 个挡位的转换。

16．手动阀又称为手控阀或手动换挡阀，与驾驶室内的换挡杆相连，其功用是控制各挡位油路的转换。

17．自动变速器为了防止换挡冲击，使得换挡平顺，常采用一些换挡平顺性装置，如离合器中的蝶形钢片、油路中的单向阀和蓄能器。

油路中的单向阀一般安装在离合器和制动器的油路中。单向阀的功用是"进油慢，回油快"，保证换挡平顺，无冲击。

油路中的蓄能器一般并联安装在离合器或制动器的油路中，用于防止离合器或制动器接合时的换挡冲击。

练习思考题

1．液压控制系统有何作用？

2．液控自动变速器液压控制系统的基本组成包括哪几部分？

3．电控自动变速器液压控制系统增加了什么元件？

4．液控自动变速器与电控自动变速器两者的差别是什么？

5．电控变速器的液压控制系统为何相对简单？

6．油泵有何功用？

7．油泵的驱动方式分哪两种？

8．自动变速器上常见的油泵有哪 3 种形式？

9．内啮合齿轮泵主要由哪些零件组成？

10．主调压阀主调压阀有何功用？

11．节气门阀有何功用？有哪两种类型？

12. 速控阀有何功用？
13. 自动变速器常采用的换挡平顺性装置有哪些？
14. 蓄能器有何功用？
15. 怎样分解油泵？
16. 怎样分解阀体？

（1）熟悉自动变速器电子控制系统的组成。
（2）能够熟练进行自动变速器电子控制系统的诊断。
（3）能够熟练对电磁阀进行检查。

□ 案例引入 □

  一辆装配 01N 自动变速器的上海帕萨特 B5 轿车，行驶里程为 6.1 万千米。该车驾驶员反映车辆原来行驶正常，在该车发生碰撞事故后，拆卸了自动变速器，修复后装好；自动变速器出现了频繁跳挡的故障，且车速提不起来。

  根据故障现象初步分析判断，可能是自动变速器电子控制系统出现故障，那么，自动变速器电子控制系统的结构是怎样的呢？

□ 相关知识 □

  电子控制自动变速器（ECT）的换挡是自动变速器电子控制单元（ECU，俗称电脑）根据接收到的电信号控制电磁阀动作来实现的，因此在液压控制部分取消了调速器，同时节气门油压也不影响换挡，所以其液压总成比液压控制自动变速器的液压总成要简单，降低了变速器的复杂性。同时采用电子控制单元来控制变速器的换挡，使变速器的工作响应更迅速；而且还可以通过电子控制单元来调节 ATF（自动变速器油）油压，使得变速器的工作压力更适合当时的实际负载，所以换挡更平顺、更可靠。

一、电子控制系统的组成

  与其他的电子控制系统一样，自动变速器的电子控制系统也包括传感器、自动变速器电子控制单元（ECT ECU）和执行器 3 部分，其组成框图如图 7-1 所示。典型自动变速器的电子控制系统的元件位置如图 7-2 所示。

  传感器部分主要包括节气门位置传感器、车速传感器、冷却液温度传感器、ATF 油温度传感器、空挡起动开关、强制降挡开关、制动灯开关、模式选择开关、O/D 开关等。

  执行器部分主要包括 4 个电磁阀和 O/D OFF 指示灯等。

  自动变速器 ECU 主要完成换挡控制、锁止离合器的控制、油压的控制、自诊断、失效保护等功能。自动变速器 ECU 要正确控制变速器通常还要与其他系统的 ECU 通信。各电子控制单元（ECU）之间的通信有专线通信和总线通信两种方式。专线通信的 ECU 间每传递一种信号要用一根导线；总线通信的 ECU 间采用相同的通信协议，由 1 根（如 J1850 协议）或 2 根（CAN 总线）通信数据线相连，来传递所有数据。

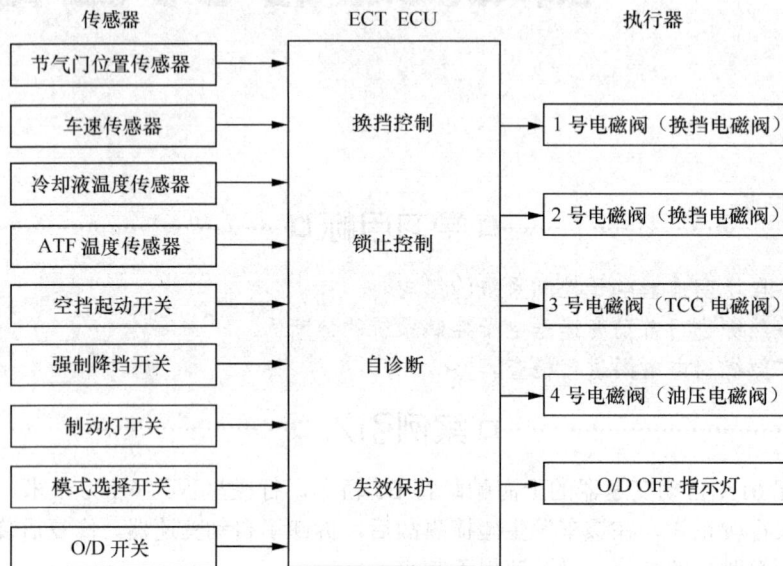

图 7-1　电子控制系统组成框图

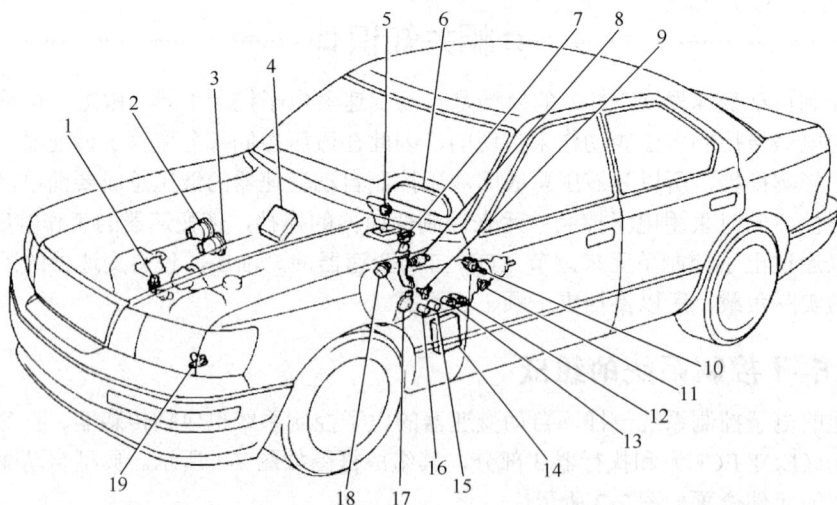

图 7-2　典型自动变速器的电子控制系统的元件位置

1—冷却液温度传感器；2—副节气门位置传感器；3—主节气门位置传感器；4—发动机和自动变速器ECU；5—O/D开关；6—O/D OFF指示灯；7—模式选择开关；8—制动灯开关；9—输入转速传感器；10—1号车速传感器；11—2号车速传感器；12—1号电磁阀；13—2号电磁阀；14—巡航控制ECU；15—3号电磁阀；16—4号电磁阀；17—空挡起动开关；18—KD（强制降挡）开关；19—发动机转速传感器

二、电子控制系统的工作原理

对于液控自动变速器，自动换挡主要取决于节气门油压和速控油压，即发动机负荷和车速的情况。对于电控自动变速器，与此情况是类似的，即自动换挡也主要取决于发动机负荷和车速，只不过是采用节气门位置传感器和车速传感器来感知发动机负荷和车速的情况，并将这 2 个信号发送给自动变速器 ECU，ECU 根据预存在存储器中的换挡程序决定升挡或降挡，然后再给换挡电磁阀发出控制信号，换至相应挡位。例如，对于丰田车系的 4 挡自动变速器，换挡情况如表 7-1 所示。如果自动变速器 ECU 给 1 号换挡电磁阀通电，而给 2 号换挡电磁阀断电，则自动变速器为 1 挡。

当然，自动变速器的换挡等控制还要取决于冷却液温度、ATF 温度等信号。如果冷却液温度、ATF 油温过低，自动变速器不会升挡。

表 7-1 　　　　　　　　　　　　丰田车系的 4 挡自动变速器换挡情况

挡位	换挡电磁阀	
	1号	2号
1挡	○	×
2挡	○	○
3挡	×	○
4挡	×	×

注：○表示通电，×表示断电。

如果自动变速器在工作过程中，满足了锁止离合器的工作情况，自动变速器 ECU 就会给锁止离合器（TCC）电磁阀（一般称为 3 号电磁阀）通电，切换油路使锁止离合器工作。

在换挡过程中，为了防止换挡冲击，自动变速器还会通过 4 号电磁阀控制换挡油压。

自动变速器 ECU 具有自诊断功能，如果电子控制系统出现故障，ECU 会将故障码存储在存储器中，以便读取；另外 ECU 还会点亮 O/D OFF 指示灯（或故障指示灯）提示自动变速器出现故障，并可通过 O/D OFF 指示灯的闪烁读取故障码。

提示

如果自动变速器出现故障，除了 O/D OFF 指示灯会点亮，一般自动变速器还会锁挡，即自动变速器不会升挡也不会降挡，锁挡一定有故障码。

三、传感器和控制开关

传感器部分包括各种传感器（节气门位置传感器、车速传感器、输入轴转速传感器、发动机转速传感器、发动机冷却液温度传感器、ATF 温度传感器）和控制开关（模式选择开关、空挡起动开关、O/D 开关、KD（强制降挡）开关、制动灯开关）。

（一）传感器的功用、原理

1. 节气门位置传感器（TPS）

（1）节气门位置传感器的功用。节气门位置传感器安装在节气门体上，用于检测节气门开度的大小，并将数据传送给ECU，ECU根据此信号判断发动机负荷，从而控制自动变速器的换挡及锁止。节气门位置信号相当于液控自动变速器中的节气门油压。不过电控自动变速器中的节气门油压仅用于控制主油压。自动变速器ECU利用节气门位置传感器进行以下控制。

① 用来确定换挡时刻和换挡曲线。当急踩加速踏板时，延迟换挡，以确保发动机动力性；缓踩加速踏板时，提前换挡，发动机工作在较低转速，以提高车辆的经济性。

② 用来调节主油压。节气门开度较小时，发动机负荷较小，变速器传递的扭矩较小，各离合器、制动器不易打滑，主油压可以降低；当节气门开度较大时，所传递的扭矩较大，为防止离合器、制动器打滑，主油压要升高。

（2）节气门位置传感器的结构、原理。节气门位置传感器分为有怠速触点和无怠速触点2种形式。

有怠速触点节气门位置传感器常见于丰田等车系，其结构及原理如图7-3所示，实际上是一个滑动变阻器，E是搭铁端子，IDL是怠速端子，V_{TA}是节气门开度信号端子，V_C是ECU供电端子，ECU提供恒定5V电压。当节气门开度增加时，节气门开度信号触点逆时针转动，V_{TA}端子输出电压也线性增大。如图7-4所示，V_{TA}端子输出电压与节气门开度成正比。当怠速时，怠速开关闭合，IDL端子电压为0V。

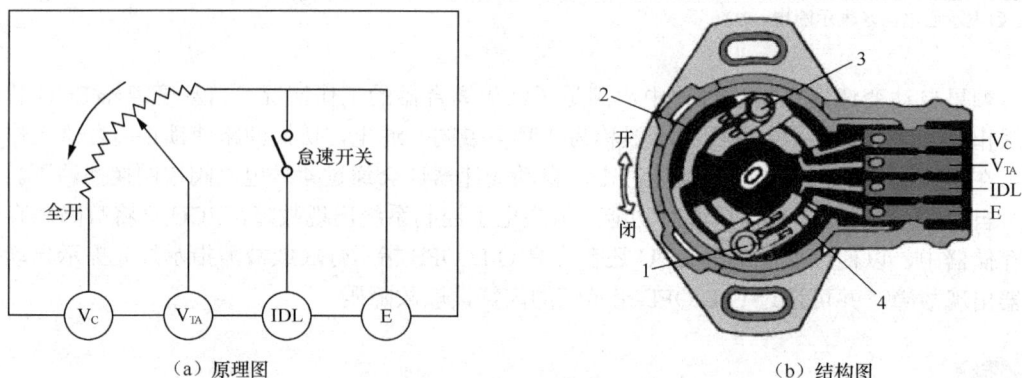

图7-3　节气门位置传感器的结构及原理

1—怠速信号触点；2—电阻器；3—节气门开度信号触点；4—绝缘体

目前，越来越多的汽车采用无怠速触点节气门位置传感器，如上海通用别克车系。当节气门关闭时，传感器的输出电压较低，为0～0.7V，在此范围内动力控制模块（PCM）认为发动机处于怠速状态；随着节气门的打开，输出电压升高，当节气门全开时，传感器输出电压约为4.5V。

当节气门位置传感器失效时，自动变速

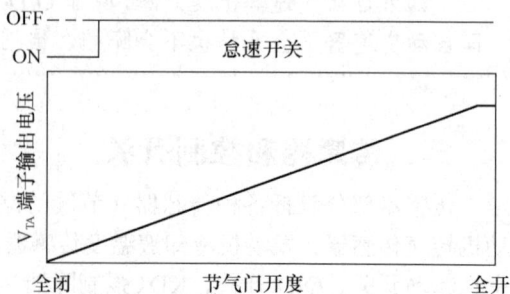

图7-4　V_{TA}端子输出电压与节气门开度的关系

器会以固定的方式控制换挡（非怠速工况时，按节气门开度为 1/2 进行控制），同时会存储故障码。如果节气门位置传感器输出电压值偏高则升挡会延迟，输出电压值偏低则升挡会提前。节气门位置传感器输出信号一般先送到发动机 ECU，通过发动机 ECU 再送到自动变速器 ECU。也有的从节气门位置传感器直接送到自动变速器 ECU，如三菱车系。

2. 车速传感器（VSS）

（1）车速传感器的功用。车速传感器也称为自动变速器输出轴转速传感器（OSS），其功用主要如下。

① 自动变速器 ECU 根据车速传感器和节气门位置传感器的信号确定换挡正时。

② 自动变速器 ECU 根据车速传感器和输入轴转速传感器的信号计算机械变速器的传动比。

③ 自动变速器 ECU 根据车速传感器信号进行主油压的调节：车辆在低挡行驶时所传递的扭矩大，主油压要增高；在高挡行驶时所传递的扭矩小，主油压可以降低。

（2）车速传感器的结构、原理。车速传感器有电磁式、霍尔式、舌簧开关式、光电式等多种形式，常见的为电磁式车速传感器，其结构及原理如图 7-5 所示，车速传感器主要由永久磁铁、电磁感应线圈、转子等组成。转子一般安装在变速器输出轴上，永久磁铁和电磁感应线圈安装在变速器壳体上，如图 7-5（c）所示。当输出轴转动时，转子也转动，转子与传感器之间的空气间隙发生周期性变化，使电磁感应线圈中磁通量也发生变化，从而产生交流感应电压，如图 7-5（b）所示，并输送给 ECU。交流感应电压随着车速（输出轴转速）变化具有 2 个响应特性：一个是随着车速的增加，交流感应电压增高；另一个是随着车速的增加，交流感应电压脉冲频率也增加。ECU 是根据交流感应电压脉冲频率大小计算车速，并以此控制自动变速器的换挡。车速传感器信号相当于液控自动变速器中的速控油压，电控自动变速器没有速控阀。

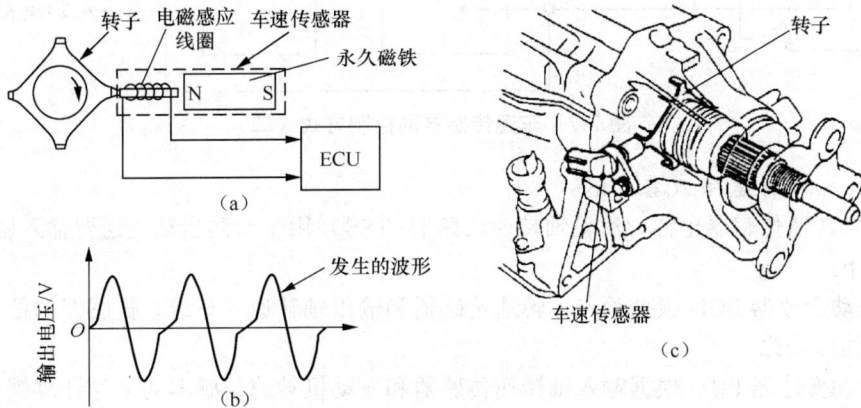

图 7-5 电磁式车速传感器的结构及原理

如果车速传感器的信号失效，自动变速器 ECU 会记忆存储故障码，并启动失效保护模式。但有的自动变速器具有 2 个车速传感器，如丰田车系的自动变速器。一个车速传感器安装在变速器输出轴，称为 2 号车速传感器或主车速传感器；另一个安装在车速里程表上，称为 1 号车速传感器或后备车速传感器。采用两个车速传感器可以增加自动变速器工作的可靠性。

如果 2 个车速传感器的信号都正确，来自 2 号车速传感器的信号在与 1 号车速传感器的输出比较以后，用于换挡正时控制，如图 7-6 所示。

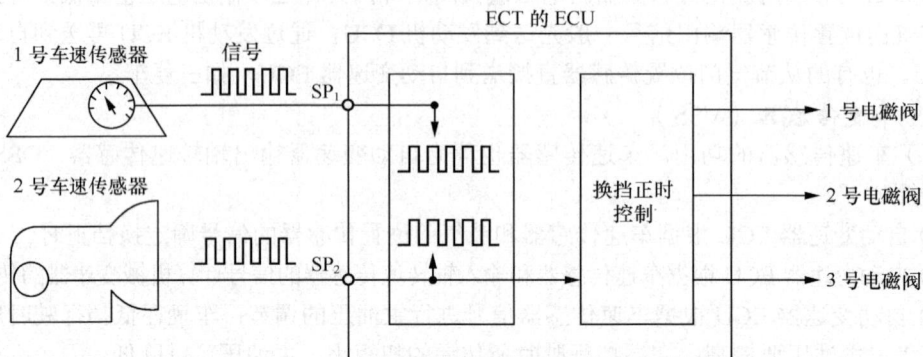

图 7-6　车速传感器的控制方式（一）

如果 2 号车速传感器的信号是错误的，ECU 立即停止使用该信号，将来自 1 号车速传感器的信号用于换挡正时控制，如图 7-7 所示。

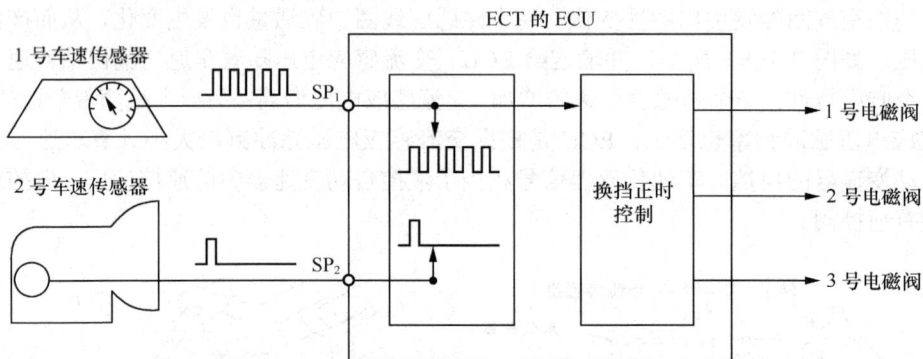

图 7-7　车速传感器的控制方式（二）

3．输入轴转速传感器（ISS）

输入轴转速传感器也称为涡轮轴转速传感器（TSS），用于检测自动变速器输入轴的转速，其功用如下。

① 自动变速器 ECU 根据输入轴转速传感器和输出轴转速（车速）传感器的信号计算机械变速器的传动比。

② 自动变速器 ECU 根据输入轴转速传感器和发动机转速传感器的信号计算锁止离合器的相对滑动。

③ 自动变速器 ECU 根据输入轴转速传感器和车速传感器的信号，在换挡时调节油压及推迟点火，以减小换挡冲击。

输入轴转速传感器的结构及原理同车速传感器。

4．发动机冷却液温度传感器（ECT）

（1）发动机冷却液温度传感器的功用。发动机冷却液温度传感器用于检测发动机的工作温度，并将其温度转变为电压信号传送给发动机 ECU，再由发动机 ECU 传送给自动变速器

ECU。其功用如下。

① 确定换挡正时。当发动机温度较低时，会推迟升挡，使发动机以高速运转，以尽快暖机升温。

② 控制锁止离合器的接合。当发动机温度低于某一个设定值（一般为 60 ～ 70℃）时，锁止离合器不接合。

（2）发动机冷却液温度传感器的结构、原理。发动机冷却液温度传感器一般都是一个负温度系数的热敏电阻，即温度升高，电阻下降。如图 7-8 所示，发动机 ECU 在 THW 端子接收到一个与冷却液温度成正比的电压，从而得到冷却液温度信号。

发动机冷却液温度传感器的信号不仅用于发动机的控制，还用于自动变速器的控制。当发动机冷却液温度低于设定温度（如 60℃），发动机 ECU 会发送一个信号给自动变速器 ECU 的 O/D$_1$ 端子，以防止自动变速器换入超速挡，并防止锁止离合器工作。

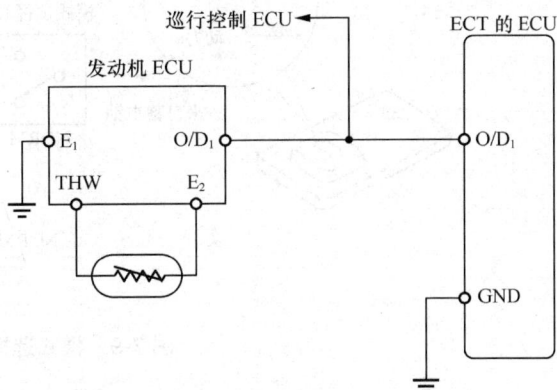

如果冷却液温度传感器故障，发动机 ECU 会自动将冷却液温度设定为 80℃，以便发动机和自动变速器可以工作。

图 7-8　发动机冷却液温度传感器线路图

5．ATF 温度传感器（TFT）

ATF 温度传感器用于检测 ATF 的温度，将其温度变化转变为电压信号传送给自动变速器 ECU，并作为换挡控制、油压控制、锁止离合器控制的依据。

当油温高于某一设定值（车型不同，此值也略有不同，如大众 01M 自动变速器为 150℃），为防止变速器内部机件损坏，自动变速器 ECU 使锁止离合器（TCC）接合，如果温度还降不下来，则 ECU 控制变速器降低一个挡位。

ATF 温度传感器的结构及原理同发动机冷却液温度传感器。

（二）控制开关的功用、原理

自动变速器 ECU 除了接收各传感器的信号外，还接收各控制开关的信号，以执行相应的操作。

1．模式选择开关

模式选择开关是供驾驶员选择所需要的行驶或换挡模式的开关。大部分车型都具有常规模式（N 或 NORM）和动力模式（P 或 PWR），有些车型还有经济模式（E 或 ECO）等。自动变速器 ECU 根据所选择的行驶模式执行不同的换挡程序，控制换挡和锁止正时。如选择动力模式，自动变速器会推迟升挡，以提高动力性；而选择经济模式，自动变速器会提前升挡，以提高经济性；常规模式介于二者之间。

图 7-9 所示为常见的具有常规和动力 2 种模式的模式选择开关线路图。当开关接通 NORM（常规模式）时，仪表板上 NORM 指示灯点亮，同时自动变速器 ECU 的 PWR 端

子的电压为 0V，ECU 从而知道选择了常规模式。当开关接通 PWR（动力模式），仪表板上 PWR 指示灯点亮，同时自动变速器 ECU 的 PWR 端子的电压为 12V，ECU 从而知道选择了动力模式。

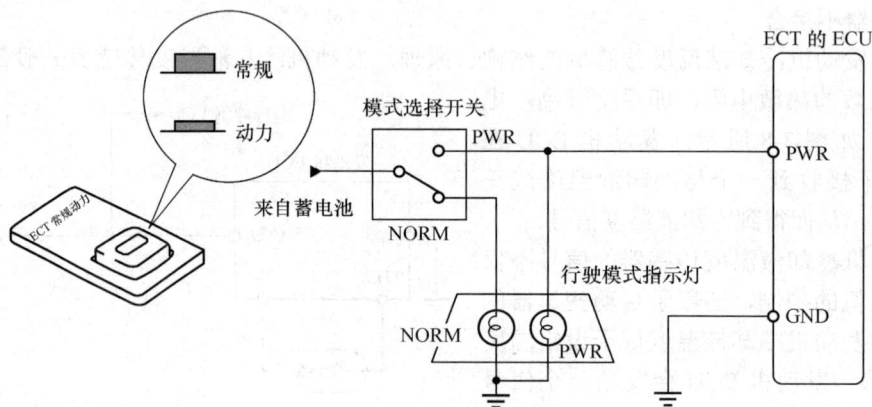

图 7-9　模式选择开关线路图

2. 空挡起动开关

空挡起动开关也称 P/N 开关或 PNP 开关，大众车系称为多功能开关。其功用有 3 个：一是给自动变速器 ECU 提供挡位信息；二是保证只有换挡杆置于"P"位或"N"位才能起动发动机；三是换挡杆置于"R"位时接通倒车灯。

如图 7-10 所示，当换挡杆置于不同的挡位时，仪表板上相应的挡位指示灯会点亮。当 ECU 的端子 N、2 或 L 与端子 E 接通时，ECU 便分别确定变速器位于"N""2"或"L"位；否则，ECU 便确定变速器位于"D"位。只有当换挡杆置于"P"位或"N"位时，端子 B 与 NB 接通，才能起动电动机，使发动机起动。

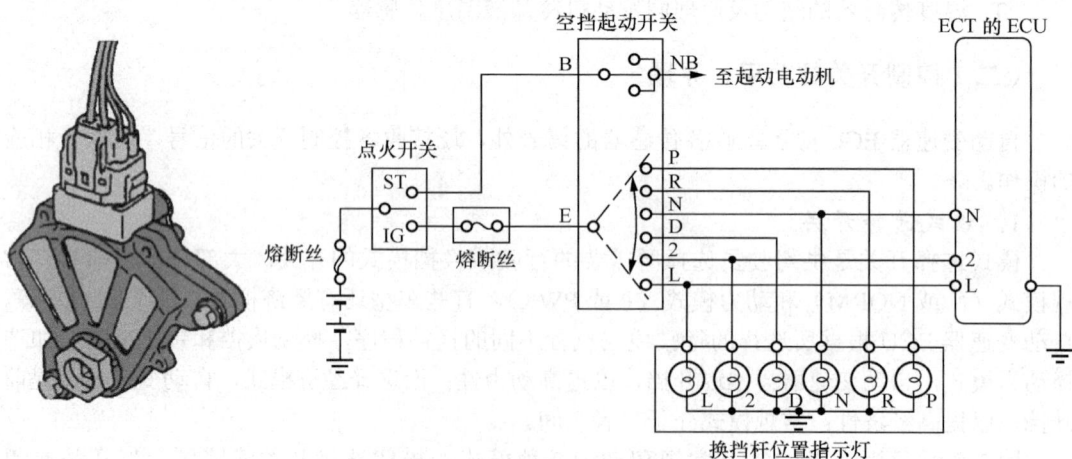

图 7-10　空挡起动开关线路图

3. O/D 开关

O/D 开关（超速挡开关）由驾驶员操作控制，使 ECT 有或没有超速挡。

如图 7-11 所示，当按下 O/D 开关（"ON"），O/D 开关的触点实际为断开，此时 ECU 的 O/D$_2$ 端子的电压为 12V，变速器可以升至超速挡，且 O/D OFF 指示灯不亮。

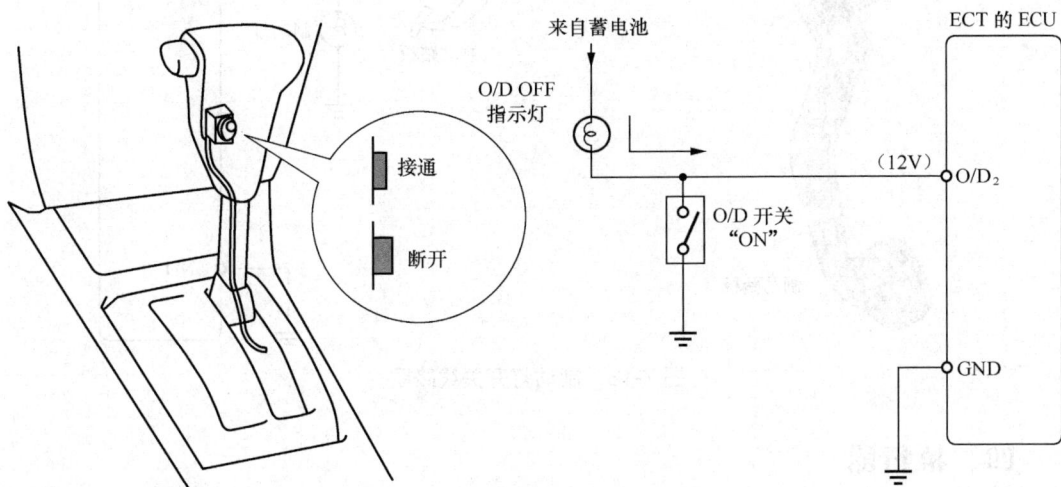

图 7-11 O/D 开关 ON 的线路图

如图 7-12 所示，当再次按下 O/D 开关，O/D 开关会弹起（OFF），O/D 开关的触点实际为闭合，此时 ECU 的 O/D$_2$ 端子的电压为 0V，变速器不能升至超速挡，且 O/D OFF 指示灯点亮。

4. 制动灯开关

自动变速器 ECU 会通过制动灯开关检测是否踩下制动踏板，如果踩下制动踏板，ECU 会取消锁止离合器的工作。且只有踩下制动踏板后，换挡杆才能从"P"位拨出。

如图 7-13 所示，制动灯开关安装在制动踏板支架上。当踩下制动踏板时，开关接通，ECU 的 STP 端子电压为 12V；当松开制动踏板

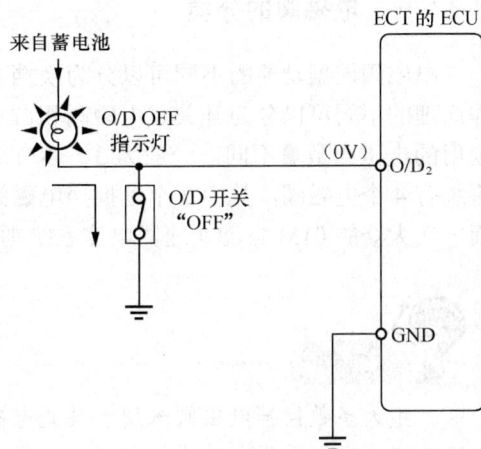

图 7-12 O/D 开关 OFF 的线路图

时，开关断开，STP 端子电压为 0V。ECU 根据 STP 端子的电压变化了解制动踏板的工作情况。

5. KD 开关

KD（强制降挡）开关安装在加速踏板的后面或节气门体上，当加速踏板的开度超过85% 时，KD 开关接通，并向 ECU 发送信号，此时 ECU 按照设置的程序控制换挡，使变速器在当前挡位降一挡，以提高汽车的加速性能。

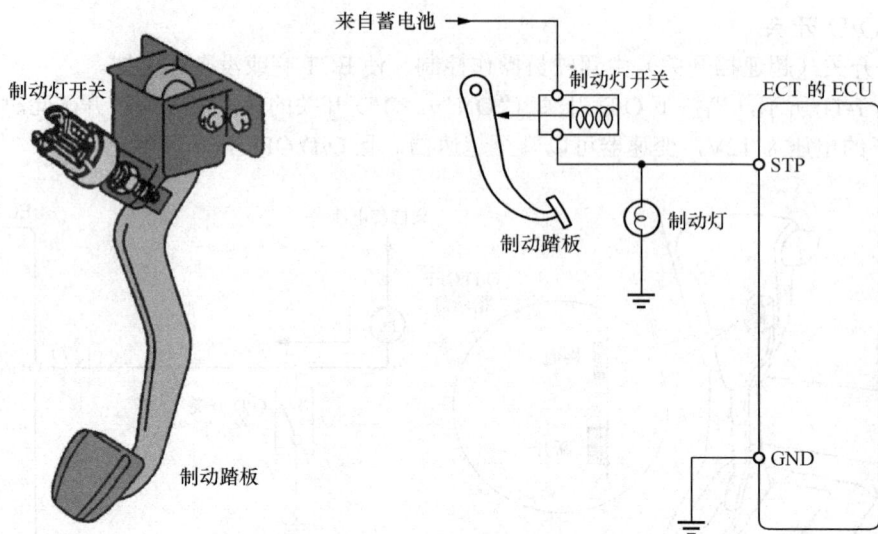

图 7-13　制动灯开关线路图

四、执行器

电子控制系统的执行器主要指各种电磁阀和故障指示灯。下面只介绍电磁阀。

（一）电磁阀的分类

电磁阀根据功能的不同可以分为换挡电磁阀、锁止离合器电磁阀和油压电磁阀。根据工作原理的不同可以分为开关式电磁阀和占空比式（脉冲线性式）电磁阀。不同的自动变速器使用的电磁阀数量不同，一般为 3 ~ 8 个不等。例如，上海通用的 4T65-E 自动变速器电控系统有 4 个电磁阀，其中 2 个是换挡电磁阀，1 个是油压电磁阀，1 个是锁止离合器电磁阀。而一汽大众的 01M 自动变速器电控系统则采用 7 个电磁阀。

> **提示**
>
> 绝大多数换挡电磁阀采用开关式电磁阀，油压电磁阀采用占空比式电磁阀，而锁止离合器电磁阀采用开关式的和占空比式的都有。

（二）电磁阀的功用、原理

1. 开关式电磁阀

（1）开关式电磁阀的功用。开关式电磁阀的功用是开启或关闭液压油路，通常用于控制换挡阀和部分车型锁止离合器的工作。

（2）开关式电磁阀的结构、原理。开关式电磁阀由电磁线圈、衔铁、阀芯等组成，如图 7-14 所示。当电磁阀通电时，在电磁吸力作用下衔铁和阀芯下移，关闭泄油口，主油压供给到控制油路。当电磁阀断电时，在复位弹簧的作用下衔铁和阀芯上移，打开泄油口，主油压被泄掉，控制油路压力很小。

（3）电控换挡阀的工作原理。如图 7-15 所示为电控换挡阀的工作原理图。当换挡电磁阀断电时，阀芯及球阀在复位弹簧作用下升起，主油压不能到达换挡阀的左侧，则换挡阀处于左端位置，主油压经过换挡阀给换挡执行元件供油，得到相应的挡位，如图 7-15（a）所示。当换挡电磁阀通电时，电磁吸力使阀芯及球阀下移，主油压经过换挡电磁阀到达换挡阀的左侧，换挡阀右移，主油压到达换挡阀后被截止，不能给换挡执行元件供油，得到另外的挡位，如图 7-15（b）所示。

2. 占空比式电磁阀

（1）占空比的概念。占空比是指一个脉冲周期中通电时间所占的比例（百分数），如图 7-16 所示。

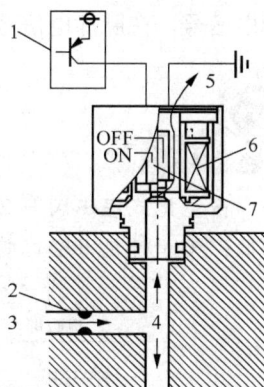

图 7-14　开关式电磁阀

1—ECU；2—节流口；3—主油路；
4—控制油路；5—泄油口；
6—电磁线圈；7—衔铁和阀芯

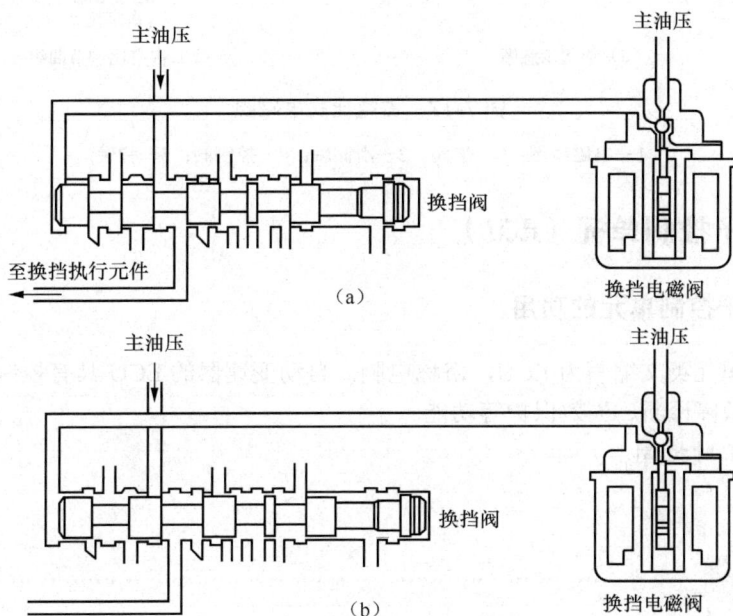

图 7-15　电控换挡阀的工作原理

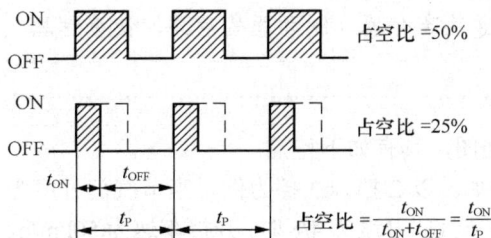

$$占空比 = \frac{t_{ON}}{t_{ON}+t_{OFF}} = \frac{t_{ON}}{t_P}$$

图 7-16　占空比

（2）占空比式电磁阀的结构、原理。占空比式电磁阀与开关式电磁阀类似，也是由电磁线圈、滑阀、弹簧等组成的，如图 7-17 所示。它通常用于控制油路的油压，有的车型的锁止离合器也采用此种电磁阀控制。与开关式电磁阀不同的是，控制占空比式电磁阀的电信号不是恒定不变的电压信号，而是一个固定频率的脉冲电信号。在脉冲电信号的作用下，电磁阀不断开启、关闭泄油口。

> **提示**
>
> 占空比式电磁阀有 2 种工作方式：一种是占空比越大，经电磁阀泄油越多，油压就越低；另一种是占空比越大，油压越高。

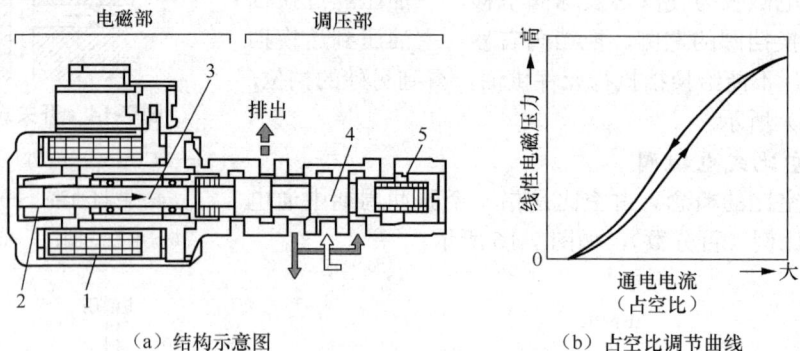

（a）结构示意图　　　　（b）占空比调节曲线

图 7-17　占空比式电磁阀

1—电磁线圈；2—滑阀；3—滑阀轴；4—控制阀；5—弹簧

五、电子控制单元（ECU）

（一）电子控制单元的功用

电子控制单元英文缩写为 ECU，俗称电脑。自动变速器的 ECU 具有控制换挡正时、控制锁止正时、故障诊断、失效保护等功能。

1. 换挡正时控制

> **提示**
>
> 在车辆行驶过程中，自动变速器 ECU 根据模式选择开关信号、节气门开度信号、车速信号等参数来打开或关闭换挡电磁阀。
>
> ECU 通过操纵各换挡电磁阀，打开或关闭通往离合器、制动器的油路，使变速器升挡或降挡。

图 7-18 所示为常见 4 挡自动变速器的自动换挡图，具有如下特点。

（1）随着节气门开度增加，升挡或降挡车速增加。以 2 挡升 3 挡为例，当节气门开度为 2/8 时，升挡车速为 35km/h，降挡车速为 12km/h；当节气门开度为 4/8 时，升挡车速为 50km/h，降挡车速为 25km/h。所以在实际的换挡操作过程中，一般可以采用"收节气门"的方法来快速升挡。

（2）升挡车速高于降挡车速，以免自动变速器在某一车速附近频繁升挡、降挡而加速自动变速器的磨损。

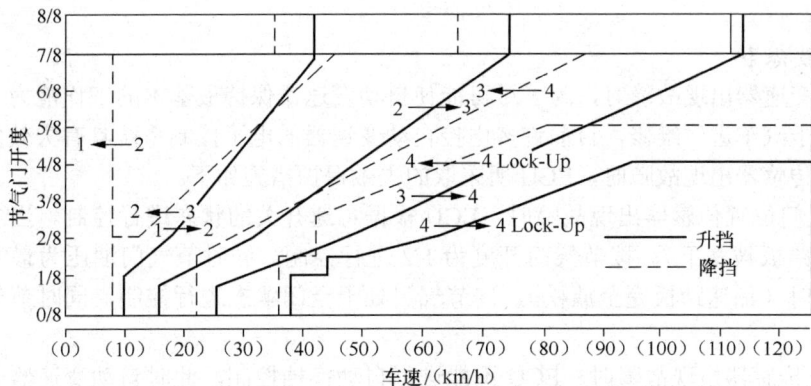

图 7-18　常见 4 挡自动变速器的自动换挡图

2. 锁止正时控制

自动变速器 ECU 将各种行驶模式下锁止离合器的工作方式编程存入存储器，然后根据各种输入信号，控制锁止离合器电磁阀的通、断电，从而控制锁止离合器的工作。

（1）锁止离合器工作的条件。如果满足以下 5 个条件，自动变速器 ECU 会接通锁止离合器电磁阀，使锁止离合器处于接合状态。

① 换挡杆置于 "D" 位，且挡位在 D_2、D_3 或 D_4 挡。

② 车速高于规定值。

③ 节气门开启（节气门位置传感器 IDL 触点未闭合）。

④ 冷却液温度高于规定值。

⑤ 未踩下制动踏板（制动灯开关未接通）。

（2）锁止的强制取消。如果符合以下条件中的任何一项，ECU 就会给锁止离合器电磁阀断电，使锁止离合器分离。

① 踩下制动踏板（制动灯开关接通）。

② 发动机怠速（节气门位置传感器 IDL 触点未闭合）。

③ 冷却液温度低于规定值（如 60℃）。

④ 当巡航系统工作时，车速降至设定车速以下至少 10km/h。

早期的电控自动变速器中，控制锁止离合器的电磁阀是开关式电磁阀，即通电时锁止离合器接合，断电时锁止离合器分离。目前许多新型电控自动变速器采用占空比式电磁阀作为锁止离合器电磁阀，ECU 在控制锁止离合器接合时，通过改变脉冲电信号的占空比，让锁止离合器电磁阀的开度缓慢增大，以减小锁止离合器接合时所产生的冲击，使锁止离合器的接合过程变得更加柔和。

3. 故障诊断

电控自动变速器 ECU 具有内置的自我诊断系统，它不断监控各传感器、电磁阀及其线路，当有故障时，ECU 使 O/D OFF 指示灯闪烁，以提醒驾驶员或维修人员；并将故障内容以故障码的形式存储在存储器中，以便维修人员采用人工或仪器的方式读取故障码。

当故障排除后，O/D OFF 指示灯将停止闪烁，不过故障码仍然会保留在 ECU 存储器中。

当 O/D 开关置"ON"时（O/D 开关断开），如果有故障，O/D OFF 指示灯将点亮而不是闪烁。

4. 失效保护

当自动变速器出现故障时，为了尽可能使自动变速器保持最基本的工作能力，以维持汽车行驶，便于汽车进厂维修，目前许多电控自动变速器的电子控制系统具有失效保护功能。

（1）当传感器出现故障时，ECU 所采取的失效保护措施如下。

① 节气门位置传感器出现故障时，ECU 根据怠速开关的状态进行控制。当怠速开关断开时（加速踏板被踩下），按节气门开度为 1/2 进行控制，同时节气门油压为最大值；当怠速开关接通时（加速踏板完全放松），按节气门处于全闭状态进行控制，同时节气门油压为最小值。

② 车速传感器出现故障时，ECU 不能进行自动换挡控制，此时自动变速器的挡位由换挡杆的位置决定。在"D"位和"2"位时固定为超速挡或 3 挡，在"L"位时固定为 2 挡或 1 挡；或不论换挡杆在任何前进挡位，都固定为 1 挡，以保持汽车最基本的行驶能力。

③ 冷却液或 ATF 温度传感器出现故障时，ECU 按温度为 80℃ 的设定进行控制。

（2）电磁阀出现故障时，ECU 所采取的失效保护措施如下。

① 换挡电磁阀出现故障时，ECU 一般会将自动变速器锁挡，挡位与换挡杆的位置有关。例如，丰田车系锁挡情况如表 7-2 所示。

② 锁止离合器电磁阀出现故障时，ECU 会停止锁止离合器的控制，使锁止离合器始终处于分离状态。

③ 油压电磁阀出现故障时，ECU 会停止油压的控制，使油路压力保持为最大。

表 7-2 丰田车系锁挡情况

换挡杆位置	D	2	L	R
挡位	4挡	3挡	1挡	倒挡

（二）不同电控系统 ECU 间的通信

自动变速器在正常工作时要与其他电控系统间 ECU 通信，包括发动机 ECU、巡航控制 ECU 等。ECU 之间的数据交换，有以下几种方式。

（1）采用一体化动力控制模块（PCM）。这种控制方式将发动机 ECU 和自动变速器 ECU 合二为一，它不但能控制发动机燃油喷射和点火系统，还能控制自动变速器的换挡及变矩器锁止离合器，允许使用共同的信号输入，发动机和变速器传感器的数据共享，这减小了传感器的数量和外部信号连线。

（2）采用专线通信方式。这种方式在自动变速器 ECU 和发动机 ECU 间有多条连线，每条连线有一个信号传送内容，如赛欧轿车 AF13 自动变速器，自动变速器 ECU 与发动机 ECU 间共有 4 条数据线，分别传送发动机转速信号、节气门位置（负荷）信号、空挡起动开关信号和扭矩控制信号。

（3）数据总线通信方式。目前生产的新款轿车自动变速器 ECU 与发动机 ECU 间的通信普遍采用了数据总线通信方式（如 CAN 总线控制器局域网络或 SAEJl850 通信网络），传输速度非常快，而且简化了电路连接，还大大提高了可靠性。图 7-19 所示为奔驰 722.6 自动变速器中 CAN 的构成和信号说明。

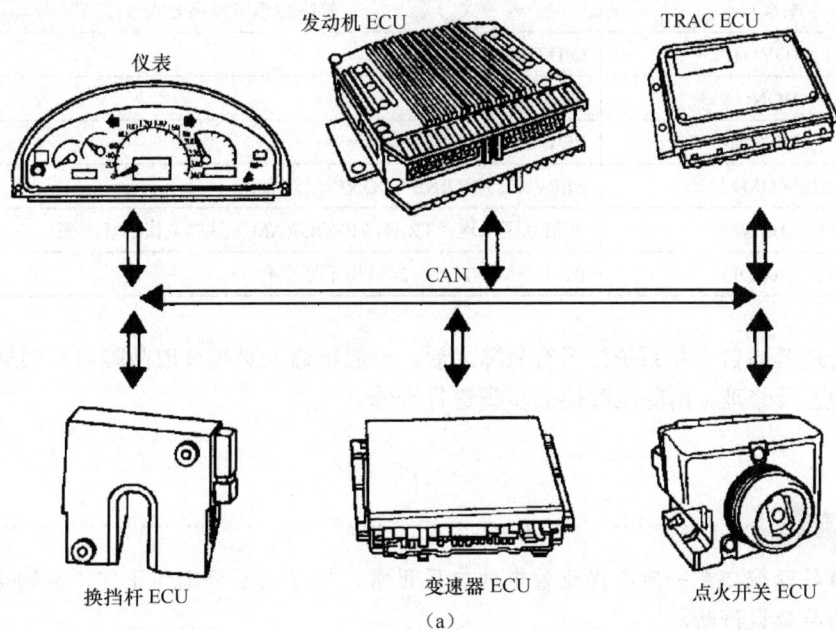

(a)

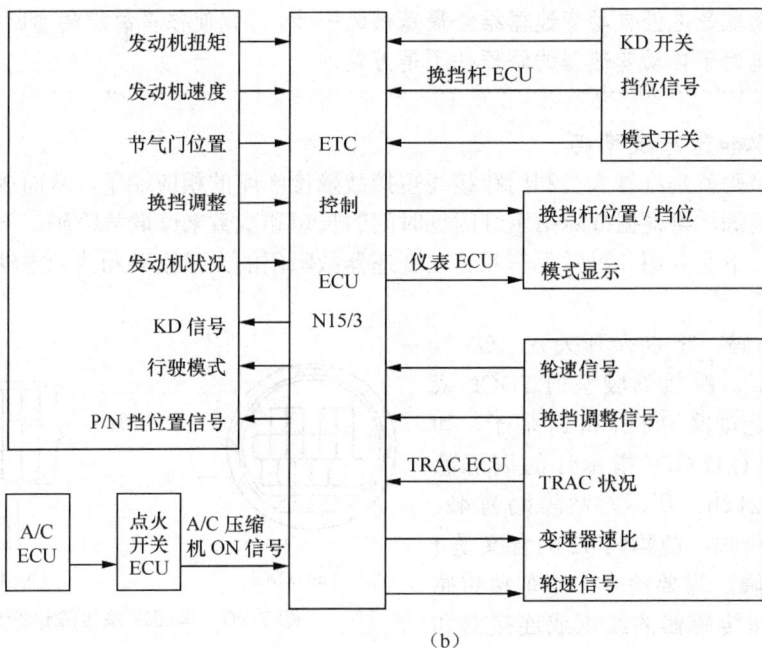

(b)

图 7-19　CAN 的构成和信号说明

（三）故障自诊断

如果自动变速器电控系统出现故障，黄色的故障指示灯（MIL）会点亮，但不同车系点亮的方式不同，具体情况如表 7-3 所示。

表 7-3　　　　　　　　　　　自动变速器故障指示灯的点亮

车系	故障指示灯点亮方式
丰田（TOYOTA）	O/D OFF指示灯点亮
本田（HONDA）	D₄指示灯点亮
日产（NISSAN）	POWER指示灯点亮
通用（GM）	SERVICE ENGINE SOON指示灯点亮
宝马（BMW）	在信息区出现"TRANS PROGRAM"且挡位指示灯不亮
奥迪（AUDI）	P、R、N、D、3、2、1指示灯全亮

自动变速器的自诊断系统指示有故障之后，一般维修人员按读取故障码、根据故障码的提示进行检查及修理、清除故障码的步骤进行维修。

提示

故障码读取之前一定要保证蓄电池电压正常、故障指示灯工作正常，否则会由于电压异常而导致误诊断。

故障码的读取是电控自动变速器维修最基础的一步，可以使很多故障的诊断简单化，但要注意故障码对于自动变速器的修理并不是万能的。

1. 人工读取和清除故障码

人工读取故障码就是维修人员利用跨接线短接故障诊断座的相应端子，从而激发仪表板上的故障指示灯闪烁，再根据故障指示灯闪烁时间的长短和次数来读取故障码。不同的车型读码的方法不同。下面介绍几种常见车系自动变速器故障码的人工读取和清除方法。

（1）丰田车系

① 读取故障码。将点火开关置"ON"，O/D 开关置"ON"。跨接驾驶室内 TDCL 或发动机舱内检查连接器的 TE₁ 和 E₁ 端子，如图 7-20 所示。由 O/D OFF 指示灯的闪烁状态读取，如图 7-21（b）所示，故障码为 42。通过查故障码表可知，故障码 42 的含义是 1 号车速传感器故障，需要检查 1 号车速传感器本身、1 号车速传感器的线束或连接器和 ECU。

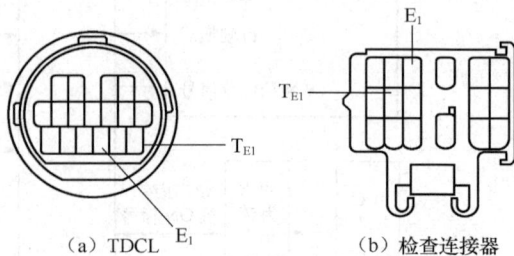

（a）TDCL　　　（b）检查连接器

图 7-20　丰田车系故障诊断座

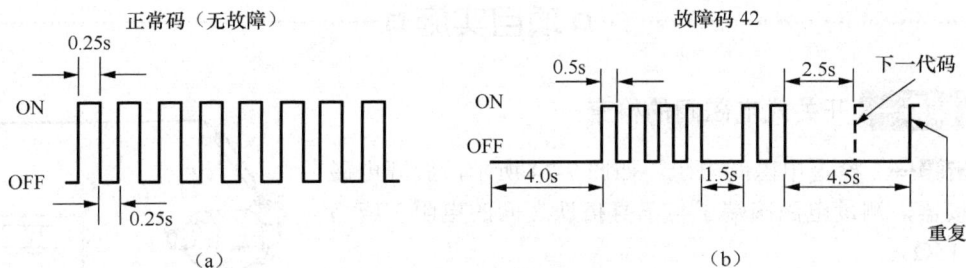

图 7-21 O/D OFF 指示灯的闪烁

② 清除故障码。

清除故障码的基本思路是将 ECT 的 ECU 断电，则存储在存储器中的故障码就被清除掉。

以丰田 A341E、A342E 自动变速器为例，将点火开关置"OFF"，然后将 EFI 熔断丝取下 10s 以上即可，如图 7-22 所示。

（2）本田车系

① 读取故障码。将点火开关置"ON"，用短路插头 SCS 跨接副驾驶面板下的双头诊断座，通过仪表板上 D₄ 指示灯的闪烁读取故障码。

② 清除故障码。只需将蓄电池负极搭铁线拆下 10s 以上即可。

（3）通用车系

① 读取故障码。跨接诊断座上的 A、B 端子，如图 7-23 所示。然后点火开关置"ON"，但不要起动发动机，仪表板上的 SERVICE ENGINE SOON 指示灯会闪烁故障码。

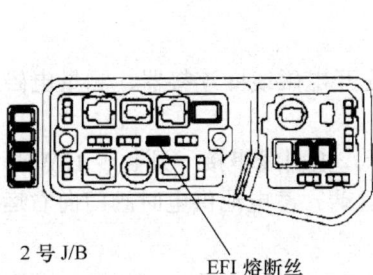

图 7-22 丰田 A341E、A342E 型自动变速器清除故障码

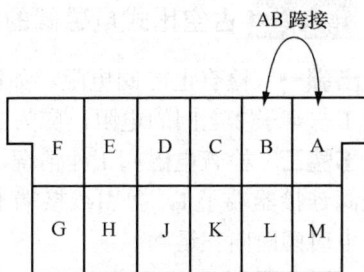

图 7-23 跨接诊断座上的 A、B 端子

② 清除故障码。拆下 ECU 熔断丝，等待 30s 以后，取下跨接线，故障码即可清除。

2. 仪器读取和清除故障码

目前很少采用人工方法读取故障码，各车系都有自己的专用检测仪来读取和清除故障码，如大众 / 奥迪车系采用 V.A.G 1551/1552、V.A.S 5051/5052 检测仪，丰田车系采用 INTELLIGENT 高智能检测仪，日产车系采用 CONSULT Ⅱ 检测仪，通用车系采用 TECH Ⅱ 检测仪，宝马车系采用 GT1 检测仪等。

采用仪器读取和清除故障码只需按照仪器屏幕的提示操作即可。

□ 项目实施 □

操作一 开关式电磁阀的检查

步骤一 检查电磁阀电阻。如图 7-24 所示，脱开电磁阀连接器，测量电磁阀端子与车身搭铁之间的电阻，应为 $11 \sim 15\Omega$。

步骤二 检查电磁阀的工作。如图 7-25 所示，用蓄电池给电磁阀通电，检查是否有工作响声。

步骤三 检查电磁阀是否漏气。如图 7-26 所示，拆下电磁阀，施加约 0.5MPa 的压缩空气，检查电磁阀是否漏气。

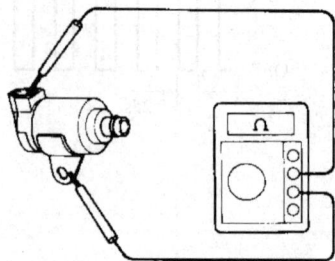

图 7-24　检查电磁阀电阻

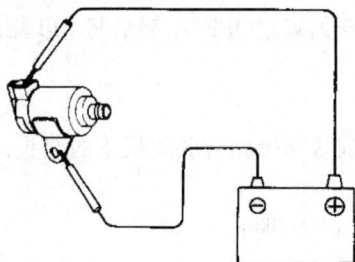

图 7-25　通电检查电磁阀的工作

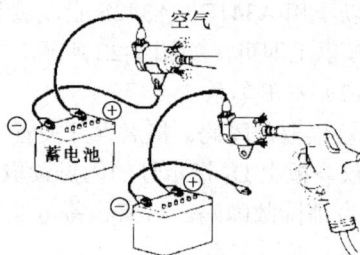

图 7-26　检查电磁阀是否漏气

如果不符合规定应更换电磁阀。

操作二 占空比式电磁阀的检查

步骤一 检查电磁阀电阻。如图 7-27 所示，脱开电磁线圈连接器，测量电磁阀连接器端子 1 与端子 2 之间的电阻，应为 $3.6 \sim 4.0\Omega$。

步骤二 检查电磁阀工作情况。如图 7-28 所示，正引线串接一只 $8 \sim 10W$ 灯泡后连接电磁阀连接器端子 1，负引线接端子 2，检查阀门运动。蓄电池供电时阀门向右运动；蓄电池断电时阀门向左运动。

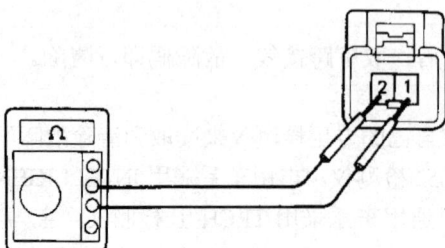

图 7-27　检查电磁阀电阻

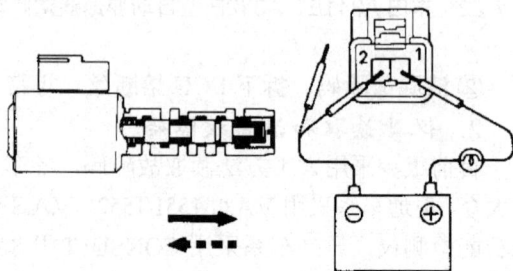

图 7-28　检查电磁阀工作情况

操作三　电磁式车速传感器的检查

步骤一　外观检查。检查转子是否有断齿、脏污等情况。

步骤二　检查转子齿顶与传感器之间的间隙。方法是用标准间隙厚度的塞尺插入转子齿顶与传感器之间，如果感觉阻力合适表明间隙符合标准，如果阻力大说明间隙过小，如果没有阻力说明间隙大。

步骤三　检查电磁线圈电阻。方法是关闭点火开关，拔下传感器插头，用欧姆表测量电磁线圈电阻。不同车型自动变速器的车速传感器线圈电阻不同，一般为几百欧姆到几千欧姆。

步骤四　模拟检查。方法是用交流电压表 2V 挡测量输出电压；起动时应高于 0.1V，运转时应为 0.4～0.8V；也可用示波器检测输出信号波形是否完整、连续、光滑等。

如果检查结果不符合要求，则应更换车速传感器。

操作四　有怠速触点节气门位置传感器的检查

步骤一　检查传感器电阻。点火开关关闭，拔下传感器连接器插头，用万用表的欧姆挡测量各端子之间的电阻值。如果电阻值不正常，应更换节气门位置传感器。

步骤二　检查传感器电压。打开点火开关，但不起动发动机。用万用表的电压挡测量各端子之间的电压。如果电压值不正常，应更换节气门位置传感器。

·· □ 维修实例 □ ··

帕萨特B5轿车频繁跳挡且车速提不起来

（1）故障现象

一辆帕萨特 B5 轿车频繁跳挡，该车装备 01N 自动变速器，原来行驶正常，在该车发生碰撞事故后，拆卸了自动变速器，修复后装复；自动变速器出现了频繁跳挡的故障，且车速提不起来。

（2）故障原因

转速传感器和车速传感器的插头插颠倒。

（3）故障诊断与排除

分析该车自动变速器频繁跳挡的原因有：主油路调压阀故障，造成主油路压力不正常；阀体故障；转速传感器故障；车速传感器故障；控制单元故障。

① 用 V.A.G 1552 故障诊断仪检查自动变速器电控系统，无故障码。

② 检查自动变速器上各电磁阀、传感器的接头，插接良好。

③ 经进一步检查后发现转速传感器 G38 和车速传感器 G68 的插头插颠倒了。

转速传感器应是白色插头，车速传感器应为黑色插头，而该车插的正好相反。该自动变速器的转速传感器用于指示行星齿轮中大太阳轮的转速，并将信号传给控制单元。车速传感器用于指示变速器输出轴输出的转速，也将信号传给控制单元。两个传感器发出的信号频率不同，若插颠倒了，则传给控制单元的信号也颠倒了，控制单元不能根据此信号控制自动变速器正常换挡，因而出现频繁跳挡的故障。

将转速传感器 G38 和车速传感器 G68 插头按正确方法插好后，故障排除。

小 结

1. 自动变速器的电子控制系统包括传感器、自动变速器电子控制单元（ECT ECU）和执行器 3 部分。

2. 传感器部分主要包括节气门位置传感器、车速传感器、冷却液温度传感器、ATF 温度传感器、空挡起动开关、强制降挡开关、制动灯开关、模式选择开关、O/D 开关等。

3. 执行器部分主要包括 4 个电磁阀和 O/D OFF 指示灯等。

4. 自动变速器 ECU 主要完成换挡控制、锁止离合器的控制、油压的控制、自诊断、失效保护等功能。

5. 节气门位置传感器安装在节气门体上，用于检测节气门开度的大小，并将数据传送给 ECU，ECU 根据此信号判断发动机负荷，从而控制自动变速器的换挡及锁止。节气门位置传感器有有怠速触点和无怠速触点两种形式。

6. 车速传感器也称为自动变速器输出轴转速传感器，其主要功用：确定换挡正时；计算机械变速器的传动比；进行主油压的调节。

车速传感器有电磁式、霍尔式、舌簧开关式、光电式等多种形式，常见的为电磁式车速传感器，主要由永久磁铁、电磁感应线圈、转子等组成。

7. 输入轴转速传感器也称为涡轮轴转速传感器，用于检测自动变速器输入轴的转速，其功用：计算机械变速器的传动比；计算锁止离合器的相对滑动；在换挡时调节油压及推迟点火，以减小换挡冲击。

8. 发动机冷却液温度传感器用于检测发动机的工作温度，并将其温度转变为电压信号传送给发动机 ECU，再由发动机 ECU 传送给自动变速器 ECU。其功用：确定换挡正时；控制锁止离合器的接合。

9. ATF 温度传感器用于检测 ATF 的温度，将其温度变化转变为电压信号传送给自动变速器 ECU，并作为换挡控制、油压控制、锁止离合器控制的依据。

10. 模式选择开关是供驾驶员选择所需要的行驶或换挡模式的开关，有常规模式、动力模式及经济模式等。

11. 空挡起动开关功用有 3 个：一是给自动变速器 ECU 提供挡位信息；二是保证只有换挡杆置于 "P" 位或 "N" 位才能起动发动机；三是换挡杆置于 "R" 位时接通倒车灯。

12. O/D 开关（超速挡开关）由驾驶员操作控制，使 ECT 有或没有超速挡。

13. 执行器中电磁阀根据功能的不同可以分为换挡电磁阀、锁止离合器电磁阀和油压电磁阀，根据工作原理的不同可以分为开关式电磁阀和占空比式（脉冲线性式）电磁阀。

14. 开关式电磁阀的功用是开启或关闭液压油路，通常用于控制换挡阀和部分车型锁止离合器的工作。

15. 占空比式电磁阀通常用于控制油路的油压。与开关式电磁阀不同的是，控制占空比式电磁阀的电信号不是恒定不变的电压信号，而是一个固定频率的脉冲电信号。在脉冲电信号的作用下，电磁阀不断开启、关闭泄油口。

16. 电子控制自动变速器的 ECU 具有控制换挡正时、控制锁止正时、故障诊断、失效保护等功能。

练习思考题

1. 自动变速器的电子控制系统包括哪 3 部分？
2. 传感器部分主要包括哪些零件？
3. 执行器部分主要包括哪些零件？
4. 自动变速器 ECU 主要完成哪些功能？
5. 节气门位置传感器有何功用？有哪两种形式？
6. 车速传感器有何功用？分哪几种形式？
7. 输入轴转速传感器有何功用？
8. 发动机冷却液温度传感器有何功用？
9. ATF 温度传感器有何功用？
10. 模式选择开关有何功用？
11. 空挡起动开关有何功用？
12. 执行器中的电磁阀是如何分类的？
13. 开关式电磁阀有何功用？
14. 占空比式电磁阀与开关式电磁阀的区别是什么？
15. 电子控制自动变速器的 ECU 有哪些功能？

项目八
无级变速器与双离合器自动变速器

任务一 无级变速器的检修

□ **学习目标** □

（1）熟悉无级变速器的基本组成与工作原理。
（2）熟悉无级变速器主要部件的结构及工作过程。
（3）掌握无级变速器的检查方法与维护方法。

□ **案例引入** □

一辆日产天籁汽车，装备 CVT 变速器，该车在加速时车辆颤抖，同时出现异响。根据以往的维修经验，分析该车产生故障的主要原因可能是变速器油压不足或者过高导致链条损坏或者链条打滑。

该车故障现象为典型的无级变速器故障。为了正确地判断无级变速器的故障，查明故障原因，汽车维修人员必须全面认识和了解无级变速器，熟悉无级变速器的结构与工作原理，掌握无级变速器的故障检查与诊断方法。

□ **相关知识** □

一、基本知识

汽车（例如雷克萨斯 CT200h、奥迪 A6、斯巴鲁、雅阁、帝豪、比亚迪、思域、长城、旗云、飞度、阳光、天籁、轩逸、逍客、骐达及丰田 RAV4 等众多车型）上装配的变速器除了手动变速器（MT）和自动变速器（AT）外，还有无级变速器（CVT）。无级变速器能实现传动比的连续变化，并且比其他两种变速器体积小，结构简单，因此被多种车型采用，成为变速器发展的主流品种。

图 8-1 所示为东风日产阳光汽车 CVT 和斯巴鲁汽车 CVT 实物。

无级变速器（Continuously Variable Transmission，CVT）是传动比可以在一定范围内连续变化的变速器。它最主要的结构特点是采用传动带和可变工作直径的主、从动轮相配合来传递动力，可以实现传动比的连续改变，从而得到传动系与发动机工况的最佳匹配，最大限度地利用发动机的特性，提高汽车的动力性和燃油经济性，目前在汽车上的应用越来越多。目前常见的无级变速器是金属带式和传动链式无级变速器。

（a）东风日产阳光汽车 CVT 实物 　　　　　　（b）斯巴鲁汽车 CVT 实物

图 8-1　CVT 实物

1. 无级变速器的优点

（1）结构简单，体积小，大批量生产后的成本低于液力自动变速器。

（2）理论上挡位可以无限多，挡位设定更为自由，工作速比范围宽，容易与发动机形成理想的匹配，从而改善燃烧过程，降低油耗和排放。

（3）具有较高的传动效率，功率损失少，经济性高。

（4）由于没有了一般自动挡变速器的传动齿轮，也就没有了自动挡变速器的换挡过程，由此带来的换挡顿挫感也随之消失，因此无级变速器的动力输出是线性的，在实际驾驶中非常平顺。

2. 无级变速器的缺点

（1）由于金属带所能承受的力量有限，应用范围受限制，故无级变速器一般只能应用在 2.8L 排量或 300N·m 功率以下的发动机上。目前金属带的问题正在逐步得到改善。

（2）相比于传统自动变速器而言，其成本要高，而且若使用操作不当，出现故障的概率更高。

3. 无级变速器的基本结构

金属带式无级变速器的基本结构如图 8-2 所示，主要由主动带轮、从动带轮和金属传动带（或传动链）所组成。

金属传动带是将动力从主动带轮传送到从动带轮。一般车型 CVT（如国产长城汽车）使用的是宽为 24 mm 的推式金属传动带，由钢带和钢片组成，如图 8-3 所示。

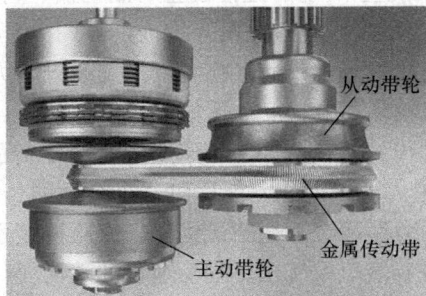

从动带轮

金属传动带

主动带轮

图 8-2　金属带式无级变速器的基本结构

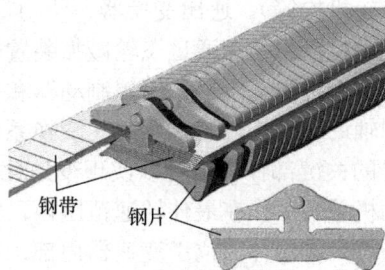

钢带　　钢片

图 8-3　金属传动带

传动带由 450 片钢片和 24 根钢带固定到一起，每边 12 根钢带。钢带上一般有箭头标记，箭头为转动方向。

4. 无级变速器的基本工作原理

金属带式无级变速器的变速原理如图 8-4 所示。

① 变速部分的主动带轮和从动带轮都是由两个带有锥面结构的半带轮组成，其中一个半轮是固定的，称为固定盘，而另一个半轮则可以通过液压控制系统控制其轴向移动，称为可动盘，它们的锥面所形成的 V 形槽与 V 形金属带啮合。

② 由于两个带轮之间的中心距是固定的，因此可通过调节主动带轮的可动盘与从动带轮的可动盘的轴向移动（即当其中一个带轮的 V 形槽变窄时，另一个带轮的 V 形槽就会变宽），来改变主动带轮、从动带轮与 V 形传动带啮合的工作半径，从而改变传动比，使之按低速或高速传动比输出动力。

③ 由于两个带轮的直径可以连续无级变化，所以形成的传动比也是连续无级变化的。

输入轴　液压驱动机构
主动带轮　金属传动带
从动带轮
输出轴

（a）低速传动比　　　（b）高速传动比

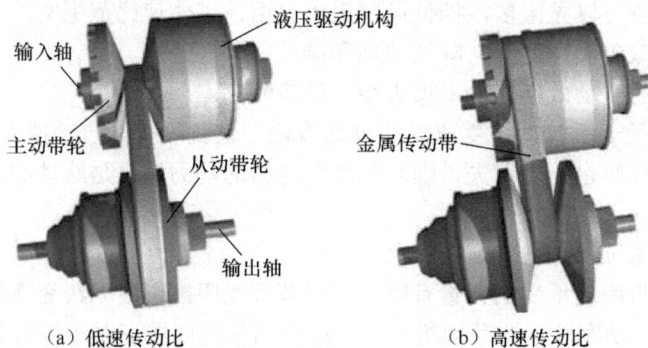

图 8-4　金属带式无级变速器的变速原理

二、典型车型无级变速器的结构与工作原理

下面以奥迪 Multitronic CVT（该无级变速器的内部编号为 01J）为例对无级变速器主要结构和工作过程进行介绍。

1. 基本组成

奥迪 01J CVT 主要由缓冲减振装置（飞轮减振装置）、动力连接装置（制动器、离合器、行星齿轮机构等）、速比变换器、传动带、液压控制系统和电控系统等组成，如图 8-5 所示。

发动机输出扭矩通过飞轮减振装置传递给变速器输入轴，前进挡和倒挡是通过动力连接装置中的前进挡离合器、倒挡制动器和行星齿轮机构实现的。变速器的动力通过动力连接装置中的辅助减速齿轮组传到速比变换系统，并由此传到主减速器、差速器。速比变换系统是变速器的关键部件，它可以实现变速比在允许范围内无级调节，能提供一个合适的传动比，使发动机总是工作在最佳转速范围内，实现汽车动力性和经济性的最优化。液压控制系统和电控系统集成一体，位于变速器内部，主要用来控制液压系统压力和变速器的速比变化。

（1）缓冲减振装置

由于 01J CVT 取消了变矩器，因此在 CVT 上需要一个缓冲减振装置来缓冲飞轮转动的不均匀对变速器所形成的扭转振动。奥迪 V6 2.8L 发动机采用飞轮减振装置，奥迪 A4 1.8L 四缸发动机采用双质量飞轮作为缓冲减振装置。

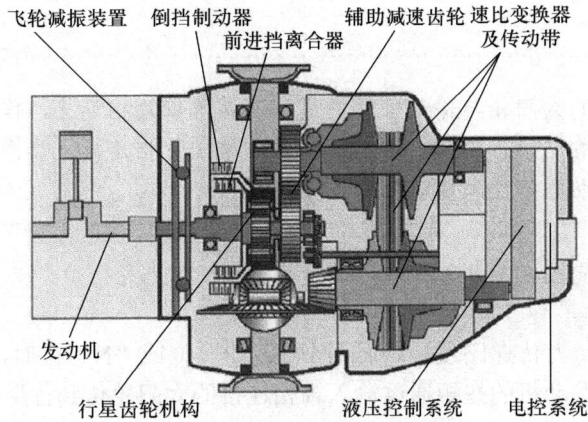

图 8-5　奥迪 01J CVT 的基本组成

（2）动力连接装置

动力连接装置包括前进挡离合器、倒挡制动器、行星齿轮机构和辅助减速齿轮，其传动简图如图 8-6 所示。

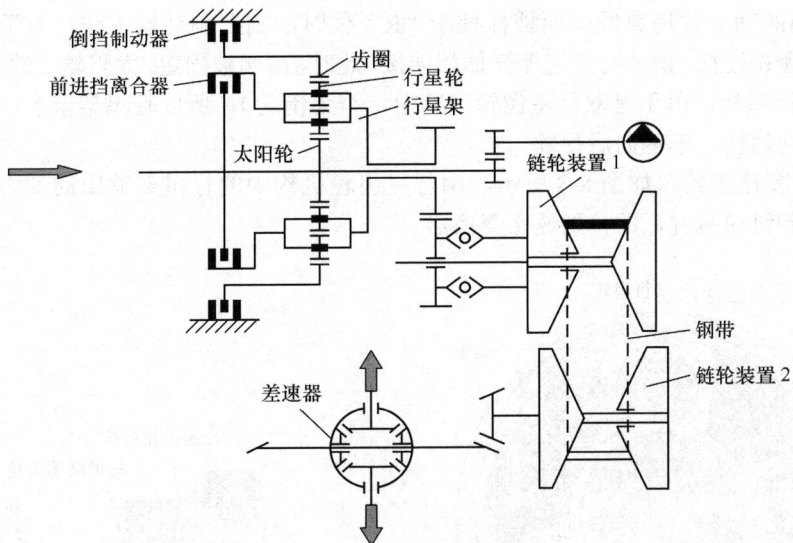

图 8-6　动力连接装置传动简图

① 前进挡离合器和倒挡制动器。它是该变速器的起动装置，并与行星齿轮机构一起实现前进挡和倒挡。前进挡离合器用于连接输入轴和行星齿轮机构的行星架，倒挡制动器用于固定行星齿轮机构的齿圈，两者均采用湿式多片式结构，这与前述的自动变速器中的离合器和制动器的结构是相同的。

②行星齿轮机构。它由齿圈、两个行星轮、行星架、太阳轮组成。当太阳轮顺时针转动时，驱动行星轮 1 逆时针转动，再驱动行星轮 2 顺时针转动，最后驱动齿圈也顺时针转动。

> **提示**
>
> 作为输入元件的太阳轮与输入轴和前进挡离合器钢片相连接，作为输出元件的行星架与辅助减速齿轮的主动齿轮和前进挡离合器的摩擦片相连接，齿圈和倒挡制动器摩擦片相连接，倒挡制动器钢片和变速器壳体相连接。

行星齿轮机构的简图如图 8-7 所示。

③动力传递路线。

a. P 挡 /N 挡的动力传递路线。换挡杆处于"P"位或"N"位时，前进挡离合器和倒挡制动器都不工作。发动机的扭矩通过输入轴相连接的太阳轮传到行星齿轮机构并驱动行星轮 1，行星轮 1 再驱动行星轮 2，行星轮 2 与齿圈相啮合。车辆尚未行驶时，作为辅助减速齿轮输入部分的行星架（行星齿轮机构的输出部分）的阻力很大，处于静止状态，齿圈以发动机转速一半的速度怠速运转，旋转方向与发动机相同。

b. 前进挡的动力传递路线。换挡杆处于"D"位时，前进挡离合器工作。由于前进挡离合器钢片与太阳轮连接，摩擦片与行星架相连接，此时，太阳轮（变速器输入轴）与行星架（输出部分）连接，行星齿轮机构被锁死成为一体，并与发动机运转方向相同，传动比为 1:1。

c. 倒挡的动力传递路线。换挡杆处于"R"位时，倒挡制动器工作。由于倒挡制动器摩擦片与齿圈相连接，钢片与变速器壳体相连接，此时，齿圈被固定，太阳轮（输入轴）主动，扭矩传递到行星架，由于是双行星齿轮（其中一个为惰轮），所以行星架就会以与发动机旋转相反的方向运转，车辆向后行驶。

④辅助减速齿轮。如图 8-8 所示，由行星齿轮机构中的行星架输出的动力，经辅助减速齿轮传递到链轮装置，即传到速比变换器。

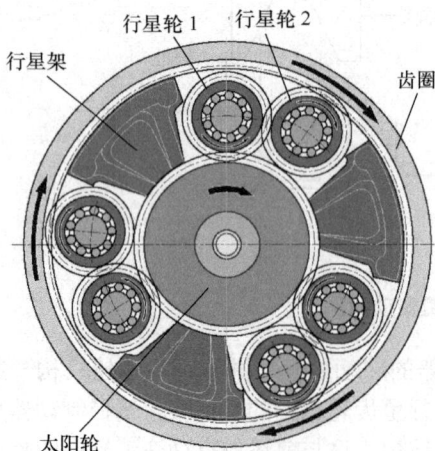

图 8-7　行星齿轮机构简图　　　　图 8-8　辅助减速齿轮的作用

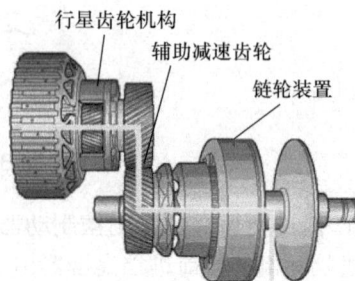

（3）速比变换器

速比变换器是 CVT 最重要的装置，其功用是实现无级变速传动。

速比变换器由主动链轮装置、从动链轮装置和传动链条等组成，如图 8-9 所示。

① 主动链轮由发动机通过辅助减速齿轮驱动，发动机扭矩由传动链传递到从动链轮装置，并由此传给主减速器。

② 每组链轮装置中的其中一个链轮可沿轴向移动，来调整传动链的跨度尺寸，从而连续地改变传动比。

③ 两组链轮装置必须同步进行，这样才能保证传动链始终处于张紧状态，以保证传动链和链轮之间有足够的接触压力。

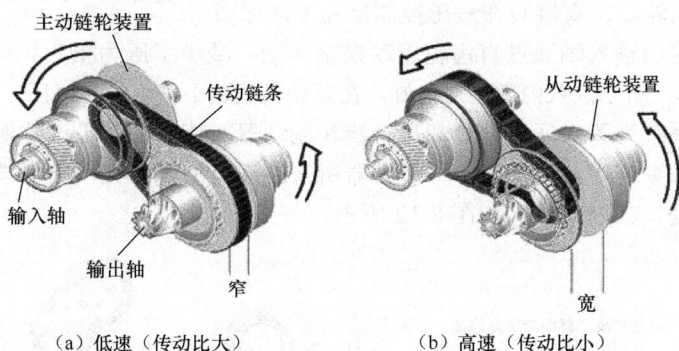

（a）低速（传动比大）　　　　　（b）高速（传动比小）

图 8-9　速比变换器的组成

a. 传动链轮。速比变换器传动链轮的工作模式是基于双活塞工作原理，如图 8-10 所示。其特点是利用少量的压力油就可以很快地进行换挡，这可以保证在相对低压时，锥面链轮与传动链之间有足够的接触压力。在链轮装置 1 和链轮装置 2 上各有一个保证传动链轮和传动链之间正常接触压力的压力缸和用于调整变速比的分离缸。为了有效地传递发动机扭矩，锥面链轮和传动链之间需要很高的接触压力，接触压力通过调节压力缸内的油压产生。压力缸表面积很大，能够在低压时提供所需的接触压力。液压系统泄压时，主动链轮膜片弹簧和从动链轮的螺旋弹簧产生一个额定的传动链条基础张紧力（接触压力）。在泄压状态下，速比变换器起动，传动比由从动链轮的螺旋弹簧弹力调整。

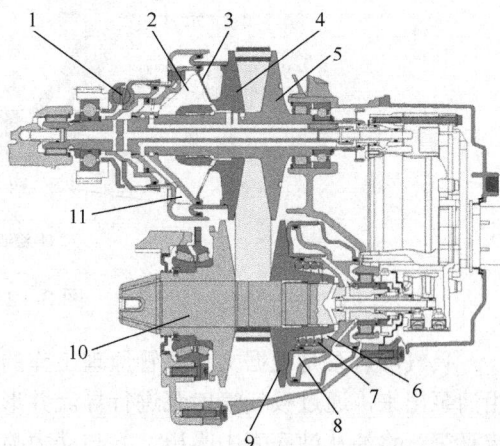

图 8-10　速比变换器传动链轮的工作原理

1—扭矩传感器；2、8—压力缸；3—膜片弹簧；
4—锥面链轮 1；5—链轮装置 1；6、11—分离缸；
7—螺旋弹簧；9—锥面链轮 2；10—链轮装置 2

b. 传动链。如图 8-11 所示，01J 自动变速器的传动链采用了不等长度的链节，可以有效防止共振，并减小运动噪声。与传统的滑动带或V带相比，01J 自动变速器的传动链传递扭矩大，传动效率高，很小的跨度半径就可以产生很大范围的传动比变化。

2. **液压控制系统**

CVT 的液压控制系统也像自动变速器的液压控制系统一样，负责系统油压的控制、油路的转换控制、用油元件的供油以及冷却、润滑控制等。

（1）供油装置

供油系统的主要装置是油泵，油泵是变速器中消耗动力的主要部件。奥迪 01J CVT 的供油装置采用的是带月牙形密封的内啮合齿轮泵，直接装在液压控制单元上，形成

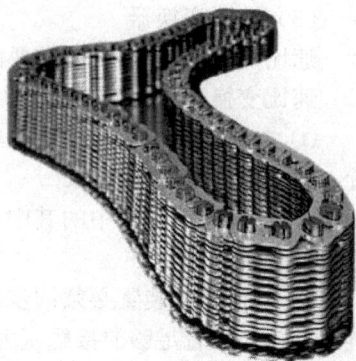

图 8-11　01J 自动变速器的传动链

一个整体，并直接由输入轴通过直齿轮驱动泵轴转动，减少了压力损失。由于该油泵内部零部件公差要求很高，所以油泵内部密封良好，在发动机低速下仍可产生高压。

另外，供油系统为了保证充分冷却离合器和制动器，特别装有吸气喷射泵。吸气喷射泵集成在离合器冷却系统中，以供应冷却离合器所需的润滑油量。吸气喷射泵为塑料结构，并且凸向油底壳深处，其内部结构如图 8-12 所示。

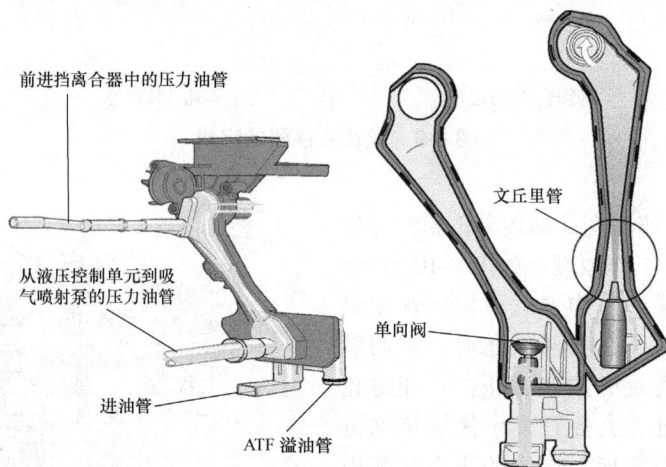

图 8-12　吸气喷射泵

吸气喷射泵是根据文丘里管原理工作的。当离合器需要冷却时，冷却油（自动变速器油）由油泵出来，通过吸气喷射泵进行导流并形成动力喷射流，润滑油流经泵的真空部分产生一定真空。将油从油底壳中吸出，并与动力喷射流一起形成一股大量的油流，在不增加油泵容积的情况下，冷却油流量几乎加倍。

（2）液压控制单元

液压控制单元与油泵和变速器控制单元集成为一个小型的不可分单元。液压控制单元和变速器控制单元直接插接在一起。液压控制单元由手动换挡阀、9 个液压阀和 3 个电磁控制阀组成，主要完成以下功能。

① 前进挡离合器 / 倒挡制动器。

② 调节离合器压力。

③ 冷却离合器。

④ 为接触压力控制提供压力油。

⑤ 传动控制。

⑥ 为飞溅润滑油罩盖供油。

（3）液压控制油路

液压控制系统的油路图如图 8-13 所示。为防止系统工作压力过高，限压阀将油泵产生的最高压力限制在 0.82MPa，并通过输导控制阀向 3 个压力调节电磁阀提供一个恒定的 0.5MPa 的输导控制压力。压力阀防止起动时油泵吸入空气，当油泵输出功率高时，压力阀打开，允许 ATF 从回油管流到油泵吸入侧，提高油泵效率。施压阀控制系统压力，在各种工况下都始终能够提供足够的油压。电磁阀 N88、N215 和 N216 是压力控制阀，它们将控制电流转变为相应的液压控制压力。

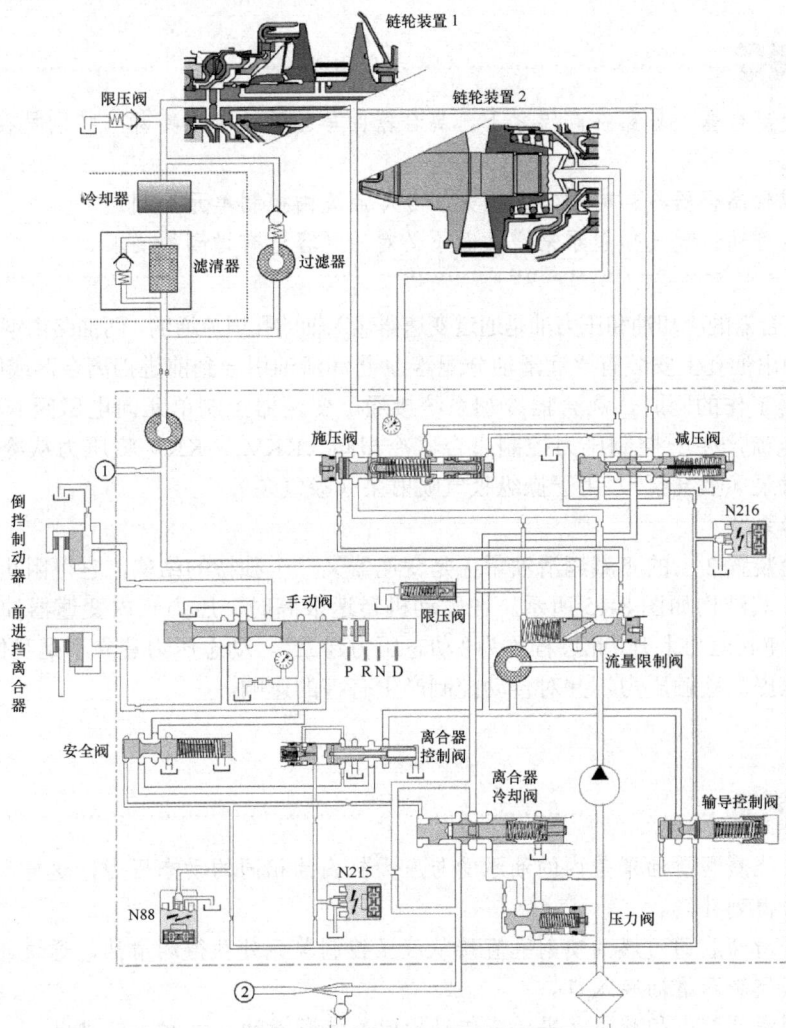

图 8-13　液压控制系统的油路图

（4）冷却系统

来自主动链轮装置 1 的 ATF，最初流经 ATF 散热器（ATF 散热器与发动机散热器集成在一起）之后，在流回液压控制单元前流经 ATF 滤清器，如图 8-14 所示。图中差压阀 DDV1 防止 ATF 冷却器压力过高。当 ATF 温度低时，供油管和回油管建立起的压力有很大不同。达到标定压差，差压阀 DDV1 打开，供油管与回油管直接接通，使 ATF 温度迅速升高。当 ATF 滤清器的流动阻力过高时（如滤芯堵了），差压阀 DDV2 打开，阻止 DDV1 打开。

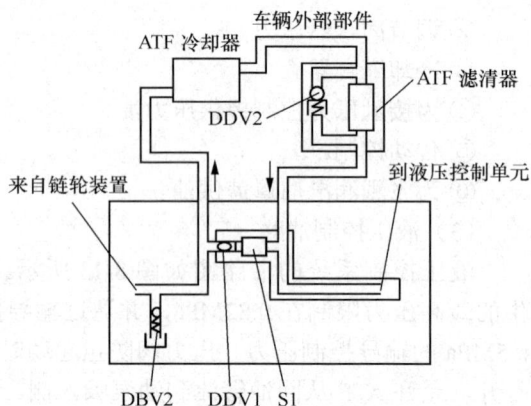

图 8-14　ATF 冷却系统

提示

为了使离合器不暴露在高温之下，离合器由单独的油流来冷却（特别是在苛刻条件下行驶时）。

为了减少离合器冷却时的动力损失，冷却油流由控制单元控制。

冷却油可通过吸气喷射泵来增加而不必对油泵容量有过高的要求。

前进挡离合器的冷却油和压力油是通过变速器输入轴的孔道流通的。两油路由钢管彼此分开，变速器输入轴出油孔上安装有"润滑油分配器"，将润滑油引导到前进挡离合器或倒挡制动器。

在离合器工作的同时，离合器冷却系统接通。变速器控制单元向电磁阀 N88 提供一额定电流，该电流产生一控制压力控制离合器冷却阀（KKV），KKV 将压力从冷却油回油管传到吸气喷射泵（吸气泵），用于操纵吸气喷射泵（吸气泵）。

（5）润滑系统

位于链轮装置 2 上的飞溅润滑油罩盖是变速器又一个独特的结构，它可阻止压力缸建立起动态压力，其结构如图 8-15 所示。在发动机转速很高时，压力缸内变速器油承受很高的旋转离心力，使其压力上升，此过程称为"动态压力建立"。动态压力建立不是我们所希望的，它能不恰当地提高接触压力，并对传动控制产生有害的影响。

提示

封闭在飞溅润滑油罩盖内的油承受与压力缸内油相同的动态压力，这样，压力缸内的动态压力得到补偿。

飞溅润滑油腔通过燃油喷射孔直接从液压控制单元处获得润滑油，通过此孔，润滑油连续喷入飞溅润滑油腔入口。

飞溅润滑油腔容积减小（当改变传动比时）使润滑油从供油入口排出。

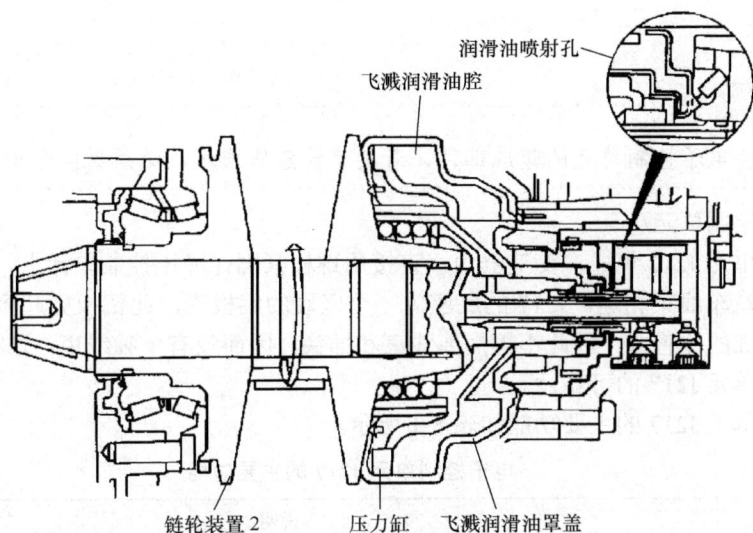

润滑油喷射孔

飞溅润滑油腔

链轮装置 2　　　压力缸　飞溅润滑油罩盖

图 8-15　飞溅润滑油罩盖

3.　电控系统

奥迪 01J CVT 的电子控制系统的组成如图 8-16 所示,主要由电子控制单元、输入装置(传感器、开关)和输出装置(电磁阀)3 部分组成。其特点是电子控制单元集成在速比变换器内,并直接用螺栓紧固在液压控制单元上。3 个压力调节阀与电子控制单元间直接通过坚固的插头连接 (S 形接头),没有连接线。电子控制单元用一个 25 针脚的小型插头与汽车线束相连。电控系统更具特点的是集成在电子控制单元内的传感器技术,壳体容纳全部的传感器,因此不再需要线束和插头,这种结构大大提高了工作效率和可靠性。另外将发动机转速传感器和多功能开关设计成霍尔传感器,霍尔传感器没有机械磨损,信号不受电磁干扰,这使其可靠性进一步提高。

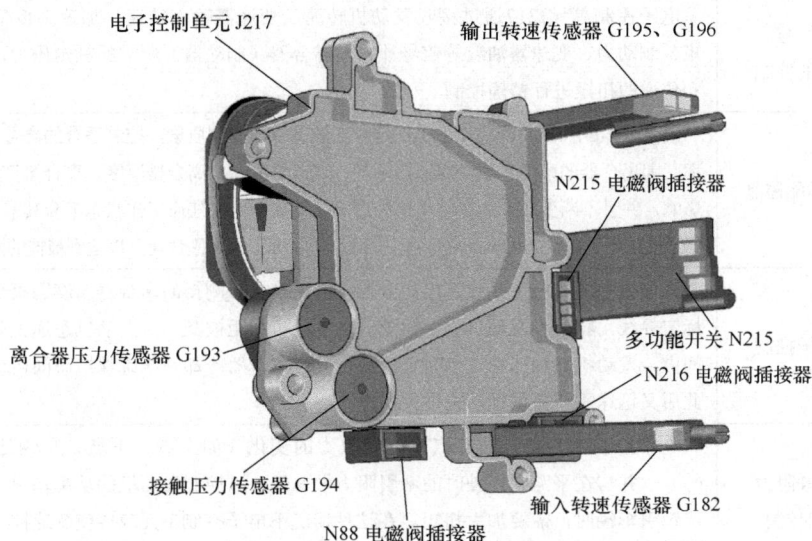

电子控制单元 J217　　　　　输出转速传感器 G195、G196

N215 电磁阀插接器

多功能开关 N215

离合器压力传感器 G193

N216 电磁阀插接器

接触压力传感器 G194

输入转速传感器 G182

N88 电磁阀插接器

图 8-16　电子控制系统的组成

提示

传感器为电子控制单元的集成部件，若某个传感器损坏，必须更换电子控制单元。

（1）电子控制单元

电子控制单元J217集成在变速器内，直接用螺栓紧固在液压控制单元上，用一个25针的小型插头与汽车线束相连。J217的底座为一个坚硬的铝板壳，此铝板壳起到了隔热作用。该壳体容纳全部的传感器，因此不再需要线束和插头，因而没有单独线束，这种结构更加提高了电子控制单元J217的可靠性。

电子控制单元J217的主要功能如表8-1所示。

表8-1 电子控制单元 J217 的主要功能

功能	说明
微量打滑控制	微量打滑控制功能是针对离合器进行控制，它能减缓发动机产生的扭转振动，在部分负荷下，离合器特性被调整到发动机输出扭矩为160N·m时的状态。 当发动机转速上升到大约1 800r/min时，发动机输出扭矩达到220N·m左右，此时离合器进入"微量打滑"模式工作。在此模式下，变速器输入轴和主动链轮装置之间的打滑率保持在5～20r/min
动态换挡控制程序	电子控制单元J217有一个动态换挡控制程序（DRP），用于计算变速器目标输入转速。DRP的目标是将操纵性能尽可能与驾驶员输入相适应，使驾驶员有如机械模式下驾驶的感觉。电子控制单元J217接收驾驶员动作、车辆运动状态和路面情况信息，计算加速踏板动作频率和加速踏板角度位置、车速和车辆加速情况等信息，并利用这些信息和逻辑组合，在发动机转速范围内，通过改变传动比，将变速器输出转速设定在最佳动力性和最佳经济性之间，使汽车操作性和驾驶性能与驾驶员输入信号尽可能匹配
离合器与制动器的控制	电子控制单元J217通过接收发动机转速、变速器输入转速、加速踏板位置、发动机扭矩、制动力、变速器油温等信号计算出离合器（制动器）所需的额定压力，对离合器压力和传递的扭矩进行精确控制
离合器匹配控制	离合器匹配控制功能的作用是保持恒定的离合器控制质量，控制适合的离合器压力，提高效率。因离合器的摩擦系数受变速器油质、变速器油温、离合器温度、离合器打滑率等许多因素影响，并且不断变化，为了补偿这些影响，使离合器在任何工作状态下和其寿命内保持控制的舒适性能不变，控制电流及离合器扭矩之间的关系必须不断优化，以达到最佳的匹配状态
过载保护控制	变速器电子控制单元计算出离合器打滑温度，若测得的离合器温度因离合器过载而超出标定界线，将减小发动机输出扭矩。当发动机扭矩被减小到发动机怠速上限时，在一段时间内，发动机对加速踏板信号无反应，同时离合器冷却系统确保短时间内使离合器降温，此后又迅速重新提供发动机最大扭矩
依据行驶阻力自适应控制	电子控制单元通过计算汽车行驶阻力的变化（如上坡、下坡、车辆处于被牵引状态等），并与在平路上行驶时的牵引阻力做比较，以控制发动机的功率输出。例如，在上坡或牵引车辆时，需要加大扭矩。在这种情况下电子控制单元J217使变速控制向减速方向调节，通过减挡来增加发动机扭矩

续表

功能	说明
爬坡控制功能	爬坡控制的特点是当车辆静止、制动起作用时，减小爬坡扭矩，发动机不必产生很大的扭矩，降低了发动机的怠速运转噪声，驾驶员只需稍加制动即可停住汽车，因而改善了燃油经济性和舒适性。 若汽车停于坡道上，制动压力不足，车辆回溜时，离合器压力将增大，使汽车停住（"坡道停住"功能）。该功能是通过两个变速器输出速度传感器G195和G196区分汽车是向前行驶还是向后行驶来实现的
强制降挡功能	驾驶员通过把加速踏板踩到底，激活接通强制降挡开关，告知自动变速器电子控制单元，现在需要最大加速度，为此，发动机转速被调整到最大功率处的转速，直到加速踏板角度减小为止
故障自诊断功能	电子控制单元J217与其他自动变速器电子控制单元一样，具有故障自诊断功能，将检测到的故障以故障码的形式存储在故障存储器中，并通过仪表板上的换挡杆位置指示灯显示给驾驶员
升级程序	电子控制单元可以通过软件进行升级。电子控制单元的程序、特性参数和数据以及计算出的输出信号值，都永久性地存储于"Flash EEPROM"电子可编程储存器中，可采用V.A.S 5051设备进行升级

（2）输入装置

输入装置主要由各种传感器和开关组成，如表8-2所示。

表8-2　　　　　　　　　　　　　　　　输入装置的组成

传感器和开关信号	说明
变速器输入转速传感器G182	该传感器用于检测主动链轮的转速，提供实际的变速器输入转速。它与发动机转速一起用于离合器控制和作为变速控制的输入变化参考量。 如果G182损坏，电子控制单元将以发动机转速作为替代值，无故障码指示，起步加速过程可利用电子控制单元内部设定的固定参数完成。这时微量滑转控制和离合器匹配控制功能失效
变速器输出转速传感器G195和G196	两个传感器用于检测从动链轮装置的转速，它们安装在传感器轮背面，其安装相位角差为25%，通过它们的信号识别变速器输出转速和行驶方向，该传感器主要用于变速控制、爬坡控制、坡道停车功能和为仪表板组件提供车速信号。其中来自G195的信号用于监测转速，来自G196的信号用来区别旋转的方向。 如果G195损坏，变速器输出转速可用G196的信号替代，但坡道停车功能失效。如果G196损坏，坡道停车功能失效。如果G195和G196两个传感器都损坏，将用ABS的轮速传感器信号作为替代值（通过CAN总线），坡道停车功能失效
自动变速器油压传感器G193	该传感器用于检测前进挡和倒挡制动器压力，是进行离合器控制的重要信号。离合器压力监控有高优先权，因此多数情况下，G193失效都会使安全阀被激活
自动变速器油压传感器G194	该传感器用于检测链轮与链条间的接触压力，接触压力由转矩传感器调节，因为接触压力总是与实际变速器输入转矩成比例，利用G194的信号可十分准确地计算出变速器输入转矩

续表

传感器和开关信号	说明
变速器油温度 传感器G93	该传感器集成在变速器电子控制单元电子器件中，用于检测变速器电子控制单元变速器油温度。变速器油温将影响离合器控制和变速器输入转速控制。 为了保护变速器部件，若变速器油温超过约145℃，发动机输出功率下降。若变速器油温继续升高，发动机输出功率逐渐减小，若有必要，直至发动机以怠速运转。 若G93损坏，电子控制单元利用发动机温度计算出一个替代值。匹配功能和某些控制功能失效。故障灯显示为"倒置"
强制降挡信号	强制降挡信号不需要单独的开关，由加速踏板组件传感器G79和G185提供信号，当驾驶员激活强制降挡功能时，传感器G79和G185信号电压值超过强制降挡点相对应的电压值时，发动机电子控制单元通过CAN总线向变速器电子控制单元发出一个强制降挡信号，此时电子控制单元将选择最大加速的最大动力控制参数
多功能开关F125	多功能开关F125由4个霍尔传感器组成，用于检测换挡杆位置信息。每个霍尔传感器均有两种状态：高电位和低电位，用二进制1和0表示，因此4个霍尔传感器能产生16种不同的组合，其中4个组合用于识别换挡杆的"P""R""N"和"D"位，2个换挡组合用于监测中间位置（P—R，R—N—D），10个换挡组合用于故障分析。 电子控制单元根据换挡杆位置信息，完成起动机锁止控制、倒车灯控制、P/N内部锁控制、离合器控制、倒车锁止变速比等功能。 F125出现故障时，车辆有时不能行驶，故障指示灯将闪烁
Tiptronic开关F189	Tiptronic开关F189集成在换挡杆下面的鱼鳞板中，由3个霍尔传感器组成，霍尔传感器由位于鱼鳞板上的电磁阀激活。 鱼鳞板上有7个LED指示灯，4个用于换挡杆位置显示，1个用于"制动动作"信号，其余2个用于Tiptronic护板上的"+"和"−"信号

（3）执行机构

01J自动变速器的执行机构主要是电磁阀N88、N215和N216，它们接受自动变速器电子控制单元的指令，实现控制换挡和油压调节等功能。N88用于控制离合器冷却阀和溢流阀，N215用于离合器控制，N216用于速比变换器控制。

·· □任务实施□ ··

提示

发动机运转时，对车辆进行维修工作前务必将换挡杆挂入"P"位，并拉紧驻车制动器，谨防发生事故。

不允许用超声波清洗装置来清洁液压控制单元和电子控制单元。

操作一 检查ATF油位

ATF油位检查的前提条件如下。

① 变速器不允许处于紧急运转状态。

② 车辆必须处于水平位置。

③ 连接故障诊断仪 V.A.S 5051，然后选择车辆自诊断和车辆系统 "02—变速器电气设备"。

④ 发动机必须处于怠速运转。

⑤ 必须关掉空调和暖风。

⑥ 开始检查前，ATF 的温度不允许超过 30℃，必要时先冷却变速器。

步骤一　在故障诊断仪 V.A.S 5051 上读取 ATF 温度，变速器温度在 30～35℃时进行操作。

步骤二　发动机处于怠速运转，踩下制动器，在所有挡位（P、R、N、D）上停留一遍，并且在每一个位置上发动机怠速运转约 2s，最后将换挡杆置于 "P" 位。

步骤三　举升车辆，拧下变速器壳体上的检查螺栓，检查有无 ATF 从检查孔溢出，如果没有需加注 ATF，直到 ATF 从检查孔溢出为止。

操作二　更换 ATF

步骤一　打开变速器底部放油螺栓，将旧的 ATF 排出，然后拧紧放油螺栓。

步骤二　将变速器底部的 ATF 加注螺栓拆下来，用专用 ATF 加注器将新的 ATF 加入变速器内部。

步骤三　检查 ATF 油面高度，直到符合标准为止。

操作三　无级变速器检修方法

步骤一　问诊

通过询问车主，可以帮助诊断故障信息的来源，确认故障发生时间、故障症状等，是故障维修的第一步。

步骤二　基本检查

基本检查主要是一些外围的检查，包括发动机怠速检查、ATF 液面高度检查、油质检查、换挡操纵机构的检查等。

步骤三　自诊断检查

无级变速器电子控制系统具有故障自诊断功能，可通过故障指示灯的闪烁来指示故障，并将故障存储在电子控制单元内。可通过故障指示灯的情况进行初步诊断，如果有故障存储，用故障诊断仪读取故障码，并按维修提示进行维修。

步骤四　电子液压控制系统的检修

有些 CVT 的液压控制系统是可以直接通过油压试验来检查故障原因的。大多数 CVT 的液压系统是通过油压传感器来反映变速器内部工作油压的，因此必须使用专用检测仪器通过读取汽车运行状态下的动态数据来进一步确认故障信息。对于液压控制元件（阀体）和液压执行元件（离合器或制动器）可进行液压测试和解体检查。

对 CVT 电子控制系统的故障检修与其他电子控制自动变速器的故障检修几乎是一样的，可通过专用检测仪器的故障引导功能对故障码、动态数据流、波形、ECU 电路以及对网络数据通信进行分析，对电子元件（传感器、开关、电磁阀）进行元件测试和更换等进行故障排除。

步骤五 机械元件的检修

对于 CVT 机械元件的检修，只能解体检查，对故障部位进行修理或更换新件。

□ 维修实例 □

奥迪A6轿车在行驶过程中车身有抖动的感觉

（1）故障现象

一辆奥迪 A6 轿车，装配 01J 型无级变速器，行驶里程 8 万千米，该车在行驶过程中，车身有抖动的感觉。

（2）故障原因

自动变速器的油泵严重磨损。

（3）故障诊断与排除

通过路试，发现该车在不同的车速行驶时，都不同程度地出现车身抖动的现象，尤其是车速在 20km/h、40km/h 时，车辆抖动更加明显。

① 首先利用故障诊断仪 V.A.S 5051 对变速器控制系统进行检测，但没有发现故障码，读取变速器相关的数据流也未发现异常。

② 根据该车的故障现象，怀疑液压控制系统故障的可能性较大，于是对变速器进行了解体检查。

③ 在检查的过程中，发现从动锥轮的 2 个锥面和链条已有不同程度的轻微磨损，且磨损的部位主要是从动锥轮的下锥面，因此判定故障是由于锥面和链条间的压力不够，变速器在工作中造成打滑所致。

④ 经过分解变速器进行检查，最终发现油泵磨损严重。自动变速器的油泵严重磨损后，造成液压控制系统中的油压不能达到规定值，使变速器因打滑而引起动力传递下降，车身就出现了抖动现象。更换油泵后故障排除。

任务二 双离合器自动变速器的检修

□ 学习目标 □

（1）熟悉双离合器自动变速器的基本组成与工作原理。

（2）熟悉双离合器自动变速器主要部件的结构及工作过程。

（3）掌握双离合器自动变速器的检查方法与维护方法。

□ 案例引入 □

一辆大众迈腾汽车，装备 DSG 双离合器自动变速器，该车在起步时偶尔会出现加油发动机空转，车辆无法行驶的故障现象。根据以往的维修经验，分析该车产生故障的主要原因可能是变速器的电控系统有故障。

该车的故障现象是典型的双离合器自动变速器故障。为了查明故障原因，正确地判断双离合器自动变速器的故障，汽车维修人员必须全面认识和了解双离合器自动变速器，熟悉双离合器自动变速器的结构与工作原理，掌握双离合器自动变速器的故障检查与诊断方法。

□ 相关知识 □

一、双离合器自动变速器的基本知识

双离合器自动变速器是基于手动变速器发展而来的，并且综合了手动变速器与自动变速器的优点。双离合器自动变速器也称直接换挡变速器（Direct-Shift-Gearbox，DSG）。

1. 双离合器自动变速器的优点
① 传动效率高，油耗低。
② 换挡时没有动力中断，换挡平稳。
③ 能跳过一个挡。
④ 具有良好的驾驶舒适性、动力性和操控性。

2. 双离合器自动变速器的结构特点
① 有两根输入轴，挡位按奇、偶数分开布置在两根输入轴上。
② 换挡方式及换挡齿轮基本结构与手动变速器一样。
③ 有两个离合器进行换挡控制。
④ 离合器的切换和挡位变换由控制单元和执行机构进行自动控制。

3. 双离合器自动变速器的基本工作原理

双离合器自动变速器的工作原理如图8-17所示。它是通过将变速器挡位按奇、偶数分开布置，形成两个彼此独立的传动单元。

每个传动单元的结构都与一个手动变速器相同，每个传动单元都配有一个湿式多片离合器，传动单元1通过湿式多片离合器 K_1 来选择1挡、3挡、5挡和倒挡，传动单元2通过湿式多片离合器 K_2 来选

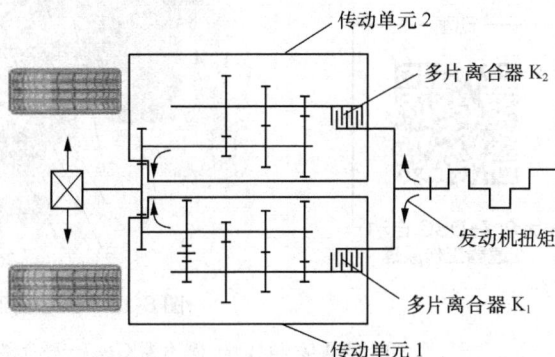

图 8-17　双离合器自动变速器工作原理图

择2挡、4挡、6挡，因此，只需通过切换两个离合器的工作状态就可以完成换挡操作。

二、典型车型双离合器自动变速器的结构与工作原理

一汽大众公司的02E双离合器自动变速器主要由机械传动机构、电控系统、液压控制机构等几部分组成，内部结构如图8-18所示。

1. 机械传动机构
机械传动机构的组成如图8-19所示，主要由双质量飞轮、两个多片离合器、输入轴及齿轮、输出轴及齿轮等组成。

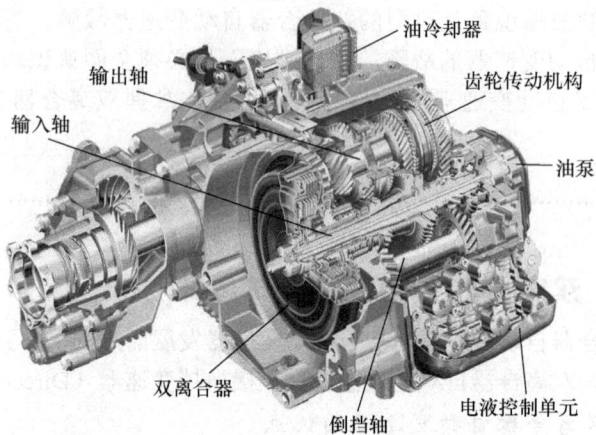

图 8-18　02E 双离合器自动变速器内部结构

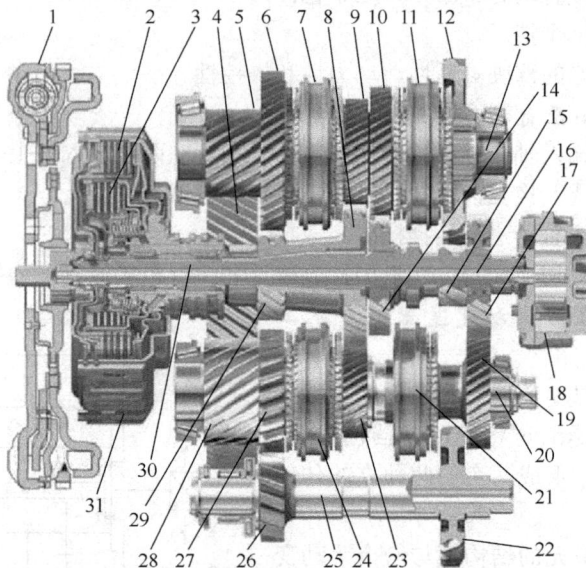

图 8-19　02E 变速器机械传动机构的组成

1—双质量飞轮；2—离合器K_1；3—离合器K_2；4—差速器输入齿轮；5—输出轴1上的输出齿轮；6—输出轴1上的2挡齿轮；7—2挡、4挡接合套；8—输入轴2上的4挡、6挡齿轮；9—输出轴1上的4挡齿轮；10—输出轴1上的3挡齿轮；11—1挡、3挡接合套；12—输出轴1上的1挡齿轮；13—输出轴1；14—输入轴1上的3挡齿轮；15—输入轴1上的1挡、倒挡齿轮；16—油泵轴；17—输入轴1上的5挡齿轮；18—油泵；19—输出轴2上的5挡齿轮；20—输出轴2；21—5挡接合套；22—倒挡轴上的倒挡齿轮1；23—输出轴2上的6挡齿轮；24—倒挡、6挡接合套；25—倒挡轴；26—倒挡轴上的倒挡齿轮2；27—输出轴2上的倒挡齿轮；28—输出轴2上的输出齿轮；29—输入轴2上的2挡齿轮；30—输入轴2；31—双离合器

（1）双质量飞轮

双质量飞轮的结构如图 8-20 所示。由于在 DSG 中没有使用液力变矩器等可以吸收系统

振动的元件，所以需要采用扭转减振器来吸收系统的扭转振动，采用这种带有双质量飞轮的扭转减振器，可以非常有效地控制汽车动力传动系统的扭转振动及噪声，提高整车的舒适性。

提示

　　双质量飞轮有2个质量，即初级质量和次级质量，初级质量与发动机曲轴相连，起到原来普通飞轮的作用，次级质量与变速器相连，用于提高变速器的扭转惯量，初级质量和次级质量之间通过扭转减振器相连。

　　双质量飞轮内有2个内花键，外侧内花键与离合器外花键毂相连，内侧内花键与油泵驱动轴相连。

（2）多片离合器

离合器采用湿式多片离合器，其内部组成结构如图8-21所示。

离合器的外花键毂与双质量飞轮的内花键相连，2个离合器的外片支架与离合器的花键毂相连，内片支架与输入轴1和输入轴2相连，当离合器接合时，便可将发动机的动力传递给变速器输入轴。

图 8-20　双质量飞轮

1—初级质量；2—次级质量；3—减振器；4—与离合器相连的内花键；5—与油泵轴相连的内花键

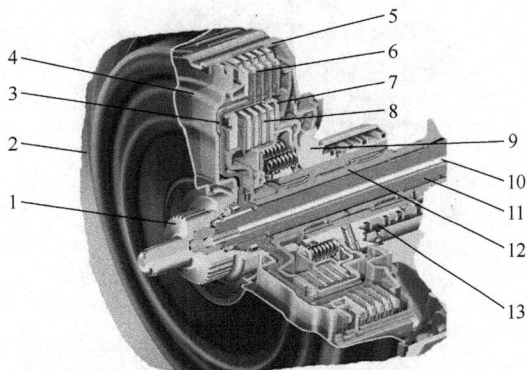

图 8-21　多片离合器结构

1—离合器外花键毂；2—离合器外壳；3—离合器 K_1 内片支架；4—离合器驱动盘；5—离合器 K_1 外片支架；6—离合器 K_1；7—离合器 K_2 外片支架；8—离合器 K_2；9—齿毂；10—油泵驱动轴；11—输入轴1；12—输入轴2；13—旋转进油口

① 离合器 K_1 的工作过程。如图8-22所示，K_1 是外离合器，离合器外片支架与离合器外花键毂连接，内片支架与输入轴1连接，用于连接发动机与输入轴1，可将扭矩传递到与输入轴1相连的1挡、3挡、5挡和倒挡齿轮。

a.当液压油进入离合器的压力腔时，离合器的活塞1沿轴向移动，使离合器片组压在一起，发动机转矩便可传给输入轴1，并且带动1挡、3挡、5挡和倒挡齿轮。

b.当压力腔没有压力油时，由膜片弹簧将活塞推回到离合器分离位置，使离合器分离。

② 离合器的工作过程。如图 8-23 所示，K_2 是内离合器，离合器外片支架与离合器 K_1 外片支架相连，离合器内片支架与输入轴 2 连接，用于连接发动机与输入轴 2，可将扭矩传递到与输入轴 2 相连的 2 挡、4 挡、6 挡齿轮。

提示

当液压油进入到离合器的工作缸时，离合器的活塞 1 沿轴向移动，使离合器片组压在一起，发动机扭矩便可传给输入轴 2，并且带动 1 挡、3 挡、5 挡和倒挡齿轮。

当压力腔没有压力油时，由螺旋复位弹簧将活塞推回到离合器分离位置，使离合器分离。

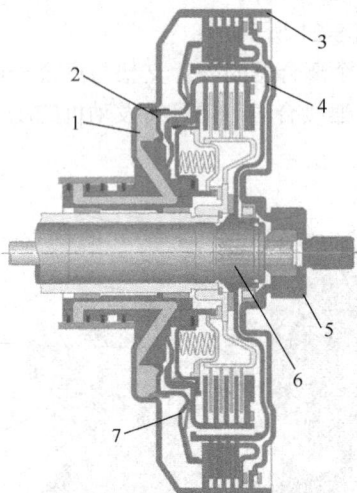

图 8-22　离合器 K_1 工作过程

1—K_1 压力腔；2—K_1 活塞；3—K_1 外片支架；4—K_1 内片支架；5—离合器花键毂；6—输入轴 1；7—膜片弹簧

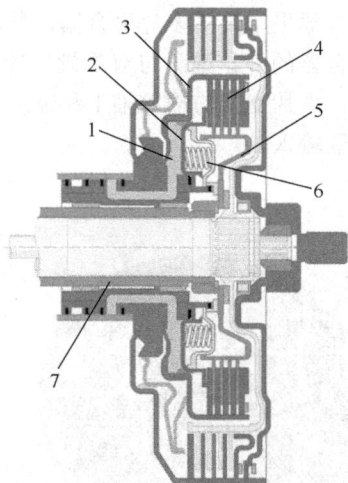

图 8-23　离合器 K_2 工作过程

1—K_2 压力腔；2—K_2 活塞；3—K_2 外片支架；4—K_2 离合器片；5—K_2 内片支架；6—K_2 复位弹簧；7—输入轴 2

（3）输入轴及齿轮

输入轴及齿轮结构如图 8-24 所示。

输入轴 1 与离合器的内片支架相连，在输入轴 1 上有 1 挡和倒挡共用斜齿轮、3 挡斜齿轮、5 挡斜齿轮、输入轴 1 转速传感器信号转子。

输入轴 2 与离合器的内片支架相连，在输入轴 2 上有 2 挡斜齿轮，4 挡、6 挡共用斜齿轮，输入轴 2 转速传感器信号转子。

（4）输出轴及齿轮

① 输出轴 1 及齿轮。其结构如图 8-25 所示，输出轴 1 上有 1 挡、2 挡、3 挡、4 挡换挡齿轮和各挡同步器组件，还有与差速器相连的输出齿轮。其中，1 挡、2 挡、3 挡使用三件式同步器，4 挡使用单件式同步器。

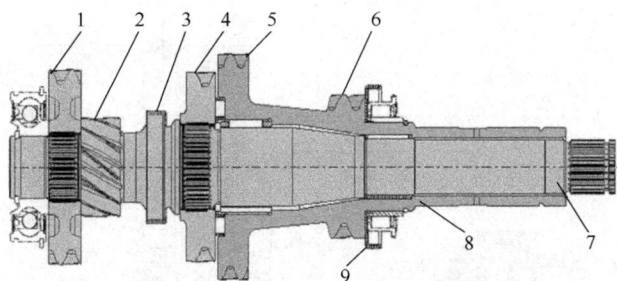

图 8-24　输入轴及齿轮结构

1—输入轴1上的5挡齿轮；2—输入轴1上的1挡、倒挡齿轮；3—输入轴1转速传感器信号转子；
4—输入轴1上的3挡齿轮；5—输入轴2上的4挡、6挡齿轮；6—输入轴2上的2挡齿轮；
7—输入轴1；8—输入轴2；9—输入轴2转速传感器信号转子

② 输出轴 2 及齿轮。其结构如图 8-26 所示，输出轴 2 上有 5 挡、6 挡和倒挡换挡齿轮与差速器相连的输出齿轮，变速器输出转速传感器信号转子。其中，5 挡、6 挡使用单件式同步器，倒挡使用三件式同步器。

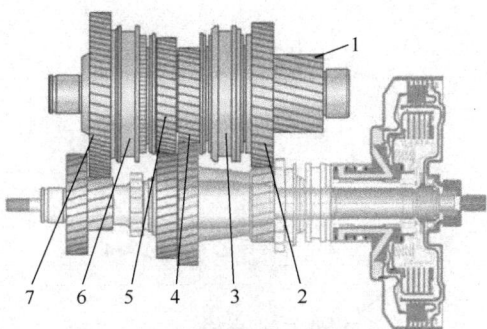

图 8-25　输出轴 1 及齿轮结构

1—输出轴 1 上的输出齿轮；2—输出轴 1 上的 2 挡齿轮；3—2 挡、4 挡接合套；4—输出轴 1 上的 4 挡齿轮；5—输出轴 1 上的 3 挡齿轮；6—1 挡、3 挡接合套；7—输出轴 1 上的 1 挡齿轮

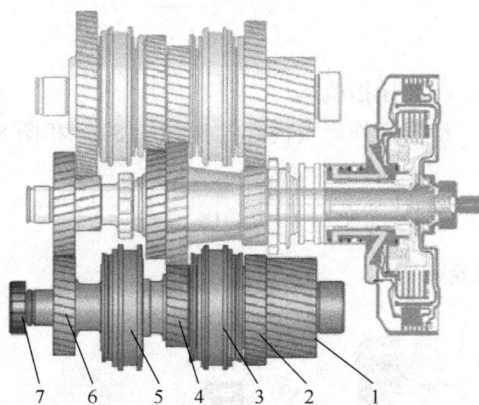

图 8-26　输出轴 2 及齿轮结构

1—输出轴 2 上的输出齿轮；2—输出轴 2 上的倒挡齿轮；3—倒挡、6 挡接合套；4—输出轴 2 上的 6 挡齿轮；5—5 挡接合器　6—输出轴上的 5 挡齿轮；7—输出轴转速传感器的信号转子

③ 三件式同步器。其结构如图 8-27 所示，带有钼涂层的黄铜同步环是转速同步的基础。三件式同步器与单件式同步器相比，所提供的摩擦面积要大得多，因此可提高同步效率。

（5）倒挡轴及齿轮

倒挡齿轮轴用于改变输出轴 2 的旋转方向，倒挡齿轮轴上有两个齿轮，即倒挡齿轮 1 和倒挡齿轮 2，两个齿轮均与倒挡轴制成一体，倒挡齿轮 1 与输入轴 1 上的 1 挡、倒挡共用齿轮相啮合，倒挡齿轮 2 与输出轴 2 上的倒挡齿轮相啮合，如图 8-28 所示。

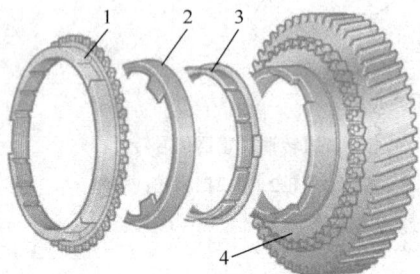

图 8-27　三件式同步器结构

1—外环；2—中间环；3—内环；4—摩擦锥面

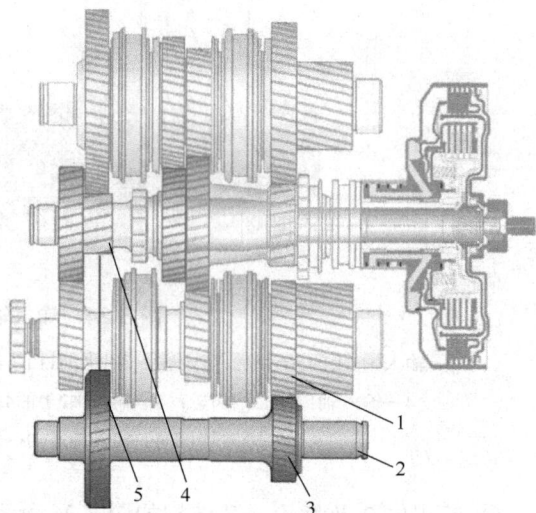

图 8-28　倒挡轴及齿轮结构

1—输出轴 2 上的倒挡齿轮；2—倒挡轴；3—倒挡轴上的
倒挡齿轮2；4—输入轴1上的1挡、倒挡齿轮；
5—倒挡轴上的倒挡齿轮1

（6）换挡机构

换挡杆外形及内部结构如图 8-29 和图 8-30 所示。

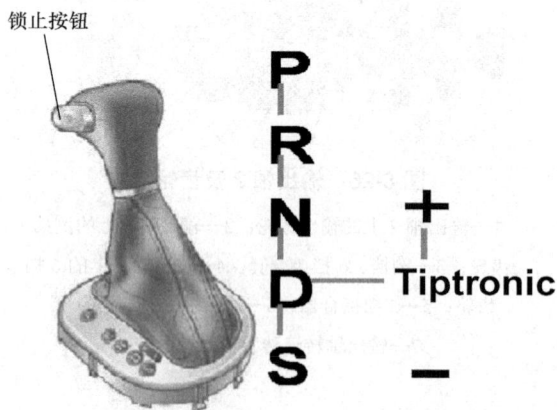

锁止按钮

图 8-29　换挡杆外形及挡位情况

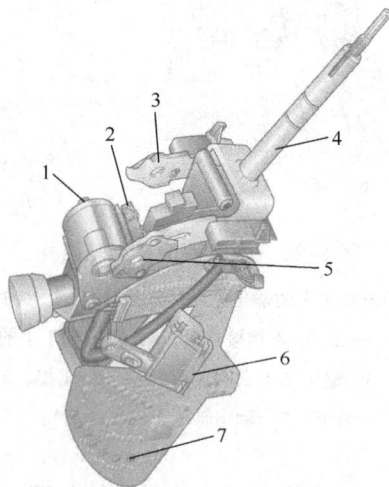

图 8-30　换挡杆内部结构

1—换挡杆锁电磁阀N110；2—换挡位置开关F319；
3—锁销孔"P"位；4—换挡杆；5—锁销孔"N"位；
6—换挡杆传感器控制单元；7—换挡杆位置传感器

① 换挡杆锁电磁铁 N110。电磁铁用于将换挡杆保持在"P"位和"N"位，电磁阀由传

感器控制单元 J587 控制工作。

② 换挡杆"P"位锁止开关 F319。如果换挡杆位于"P"位，换挡杆"P"位锁止开关 F319 则向控制单元 J587 发送一个信号，J587 利用这个信号来控制点火钥匙是否允许拔出点火开关。

③ 换挡杆锁止在"P"位时的工作情况。当换挡杆在"P"位时，锁销插在"P"位锁销孔内，从而将换挡杆锁止在"P"位，可避免换挡杆被随意移动到其他位置，如图 8-31（a）所示。此时如果想移动换挡杆至其他位置，需打开点火开关，踩下制动踏板，并按下换挡杆上的锁止按钮，传感器控制单元 J587 将向电磁铁 N110 供电，将锁销从锁销孔中拔出，换挡杆便可移动，如图 8-31（b）所示。

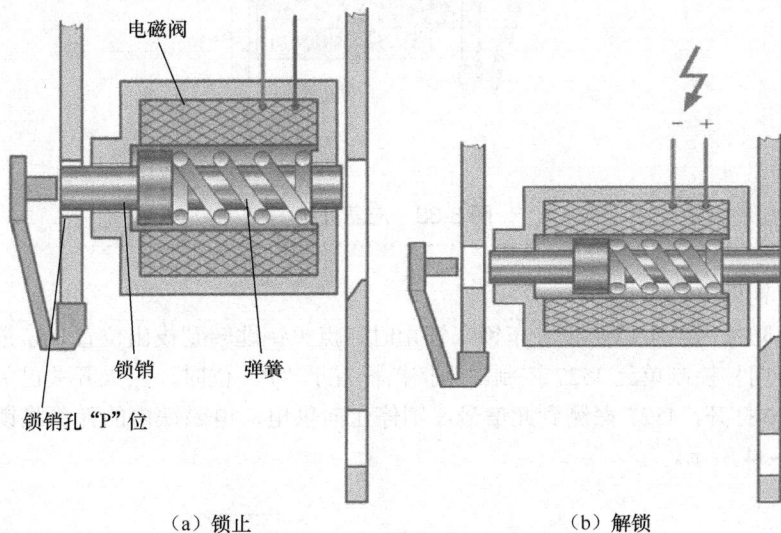

（a）锁止　　　　　　　　　　（b）解锁

图 8-31　换挡杆在"P"位

④ 换挡杆锁止在"N"时的工作情况。如果换挡杆位于"N"位的时间超过 2s，控制单元将向电磁铁供电，将锁销插入"N"位锁孔内，如图 8-32 所示。

⑤ 应急开锁。如果出现故障使换挡杆锁电磁铁 N110 供电中断，则将导致换挡杆无法移动，因为此时换挡杆锁保持启用状态。

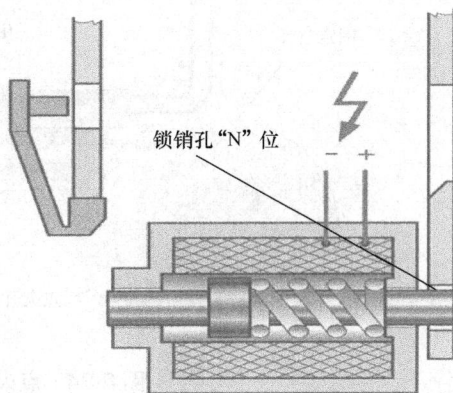

图 8-32　换挡杆在"N"位的锁止与解锁

提示

只有在踩下制动踏板时，锁销才会自动松开，换挡杆才可以移动到其他位置。

在紧急情况下，将一个较薄的物体压入锁销内，即可松开换挡杆锁，如图 8-33 所示。

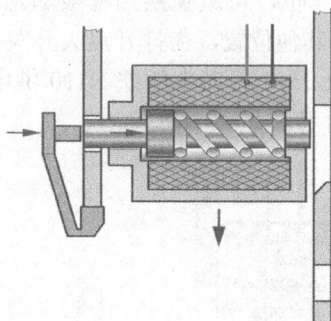

图 8-33　应急开锁

（7）点火钥匙防拔出锁

点火钥匙防拔出锁可以防止驻车锁未锁止时，点火钥匙转到拔出位置。该锁采用电控机械原理，由转向柱控制单元 J527 控制。当换挡杆置于"P"位时，点火开关已关闭，换挡杆位置开关 F319 打开，J527 探测到此信号，则停止向供电，电磁铁内的弹簧将锁销推到开锁位置，如图 8-34 所示。

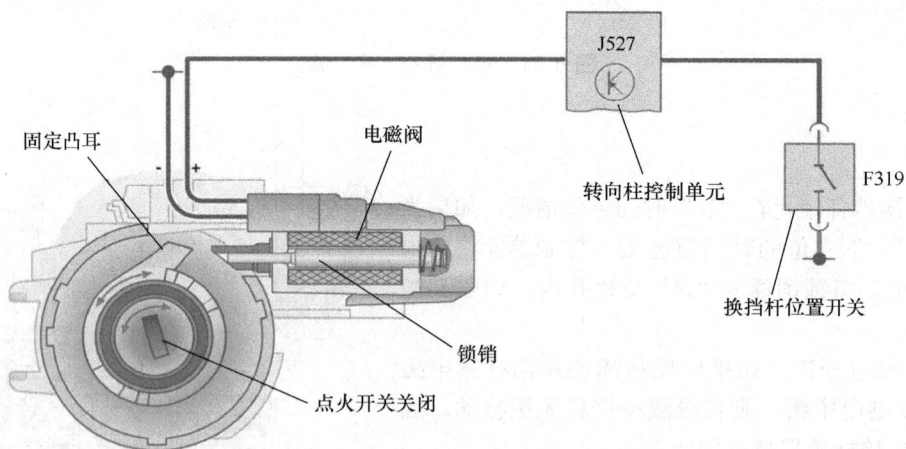

图 8-34　点火钥匙防拔出锁开锁工作原理

点火开关打开，F319 闭合，控制单元 J527 向电磁铁 N376 供电。电磁铁克服弹簧力将锁销推到锁止位置，此时锁销可以防止点火钥匙转回和拔下，如图 8-35 所示。

2. 电子控制系统

电子控制系统的组成如图 8-36 所示，主要由输入装置（传感器和开关信号）、电子控制单元和执行机构组成。

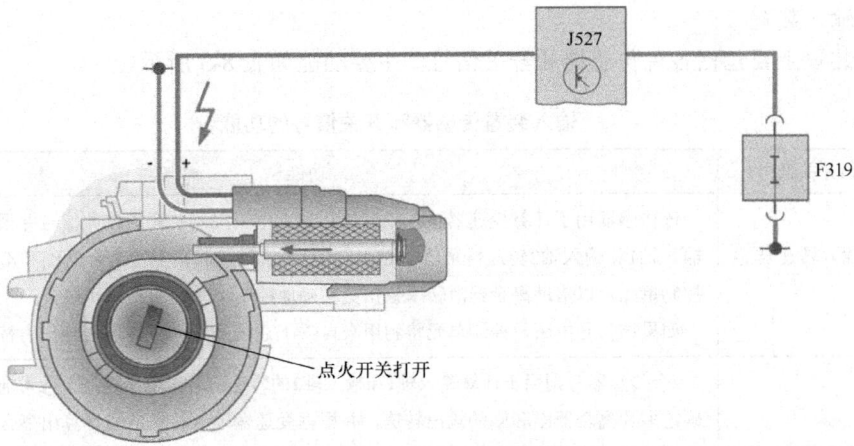

图 8-35　点火钥匙防拔出锁锁止工作原理

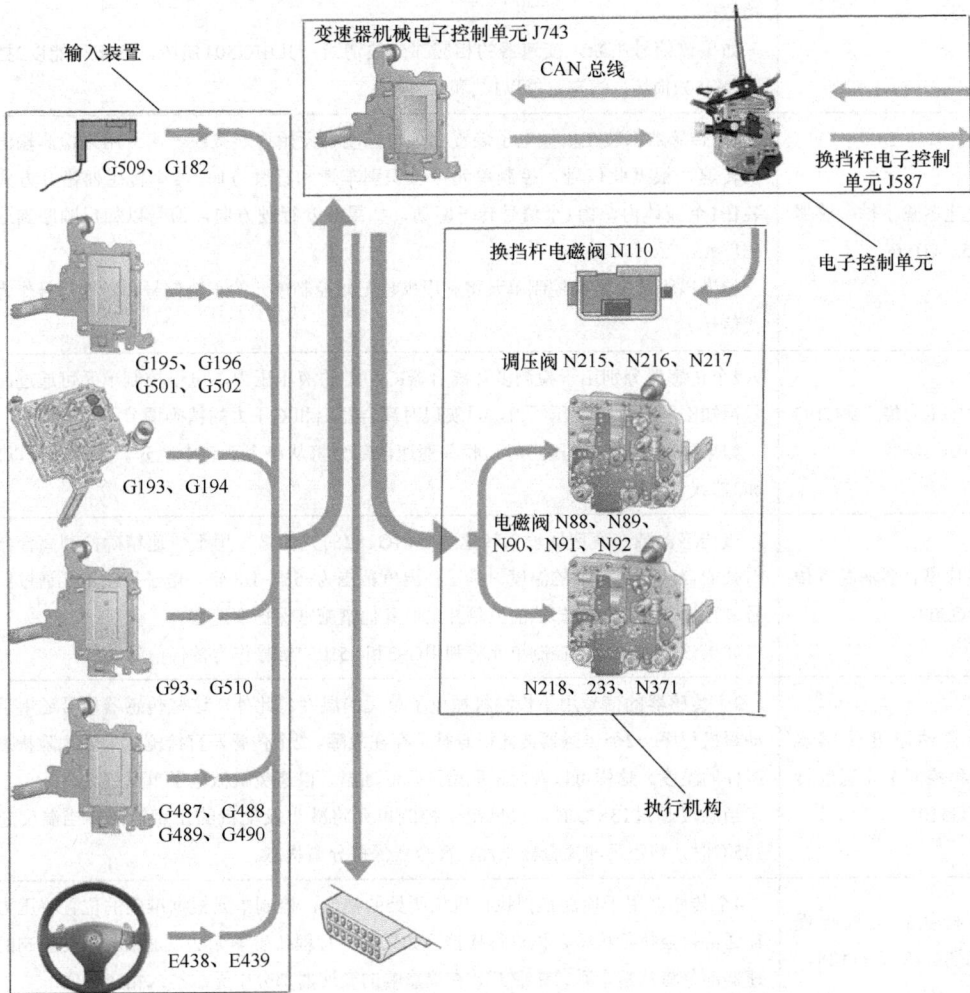

图 8-36　电子控制系统组成

（1）输入装置

输入装置主要包括各种传感器和开关信号，主要功能如表 8-3 所示。

表 8-3 输入装置传感器和开关信号的功能

传感器和开关信号	功能
变速器输入转速传感器G182	该传感器用于计算变速器输入轴转速信号，电子控制单元通过此信号并根据变速器输入轴1和输入轴2转速传感器G501和G502的信号计算出多片离合器K$_1$和K$_2$滑转率，控制单元可以借助离合器滑转率数据更精确地控制离合器的分离和接合。 如果该信号中断，控制单元将利用来自CAN总线的发动机转速信号作为替代信号
输入轴1转速传感器G501和输入轴2转速传感器G502	2个传感器分别用于计算输入轴1和输入轴2的转速信号，电子控制单元可通过此信号确定多片离合器K$_1$和K$_2$的输出转速，并根据变速器输入转速信号计算出离合器K$_1$和K$_2$的滑转率，根据滑转率电子控制单元可识别离合器的接合和分离的状况，可对其实现精确控制。另外，控制单元可根据此信号和变速器输出转速信号判定是否已挂入正确挡位。 如果该信号中断，变速器的相应部分被切断，其中G501损坏，汽车只能以2挡行驶，G502损坏，汽车只能以1挡和3挡行驶
变速器输出轴传感器G195、G196	2个传感器都装在机械电子装置上，与控制单元始终连接在一起，用来检测输出轴的转速，根据此信号，控制单元可以识别车速和行驶方向。2个传感器错开方式安装在1个壳体内，由1个信号转子驱动，如果改变行驶方向，信号以相反顺序到达控制单元。 如果该信号中断，控制单元将利用来自ABS控制单元的车速信号和转速信号作为替代信号
液压压力传感器G193和G194	2个传感器分别用于检测多片离合器K$_1$和K$_2$的液压压力，电子控制单元可通过此信号得知K$_1$和K$_2$处的液压压力，以实现对离合器K$_1$和K$_2$压力的精确调节。 如果中断信号或无压力时，相关变速器部分将从整个系统中脱开。车辆只能以1挡和3挡或者2挡行驶
多片离合器油温度传感器G509	该传感器装在变速器输入转速传感器G182的壳体里，用于快速精确检测离合器出口处的自动变速器油的温度。其工作温度范围为-55～180℃。电子控制单元通过此信号进行调节离合器冷却油的流量并采取其他措施来保护变速器。 如果该信号中断，控制单元将利用G93和G510的信号作为替代信号
齿轮油温度传感器G93和控制单元温度传感器G510	2个传感器的信号用于检测机械电子单元的温度。此外，这些传感器信号还用于起动暖机程序。2个传感器彼此检查是否存在故障。2个传感器直接测量处于危险状态的组件的温度。这样可以及时采取措施降低油温，以避免机械电子单元过热。 当温度超过138℃时，机械电子控制单元将减小发动机的扭矩输出；当温度超过145℃时，将不再向离合器供油，离合器保持分离状态
换挡执行机构行程传感器G487、G488、G489、G490	4个传感器用于检测换挡执行机构所处的挡位，控制单元根据准确的位置将压力油输送给换挡执行机构，以进行换挡。如果某一行程传感器无法发送信号，受影响的变速器部分将从整个系统中脱开。在受影响的变速器部分中无法挂入相应挡位。 G487用于1挡/3挡，G488用于2挡/4挡，G489用于6挡/R挡，G490用于5挡/N挡

（2）电子控制单元

提示

电子控制单元与电动液压控制单元集成在一起，装在变速器内部，并浸在变速器油中，是变速器控制的核心，所有的传感器信号和来自其他控制单元的信号都由电子控制单元接收并进行监控。

电子控制单元具有以下功能。

① 能够根据需求情况调整液压系统压力。

② 精确控制双离合器的压力和流量。

③ 对离合器进行冷却控制。

④ 根据传感器信号进行换挡点选择。

⑤ 和其他控制单元进行信息交换。

⑥ 激活应急模式。

⑦ 进行故障自诊断。

⑧ 同时可根据发动机扭矩、离合器控制压力、离合器温度等信号对离合器进行过载保护和安全切断。

⑨ 电子控制单元会不断检测离合器控制和离合器输出扭矩之间出现的轻微打滑，对离合器进行匹配控制。

（3）执行元件

电子控制装置里的执行元件主要是各种电磁阀，可分为占空比电磁阀和开/关电磁阀两类。各执行元件电磁阀的功能如表8-4所示。

表8-4　　　　　　　　　　　　　　　　执行元件电磁阀的功能

电磁阀	功能
调压阀N217（主压力阀）	该阀位于机械电子单元的电液控制单元内，是1个占空比阀。其作用是用来调节机械电子液压系统内压力。计算主压力时最重要的因素是离合器实际压力，该压力取决于发动机扭矩。发动机温度和发动机转速用于校正主压力。控制单元不断调整主压力，以满足当前工作条件要求
离合器调压阀N215、N216	2个阀也都是占空比阀，用于产生控制多片离合器的压力。调压阀N215控制多片离合器K_1的压力，调压阀N216控制多片离合器K_2压力。离合器压力计算的基础是当前发动机扭矩。控制单元根据多片离合器摩擦力的变化调节离合器压力
冷却油流量调节阀N218	该阀位于电液控制单元内，是1个占空比阀，它通过一个液压滑阀控制冷却油流量。控制单元使用多片离合器油温度传感器G509的信号来对其进行控制。 如果N218失效，冷却油将以最大流量到多片离合器，这可能造成环境温度较低时换挡困难及耗油量明显提高

续表

电磁阀	功能
换挡电磁阀N88、N89、N90、N91	这4个电磁阀都位于机械电子单元的电液控制单元内，是开/关型阀，电磁阀通过多路转换器滑阀控制至所有挡执行机构的油压，不通电时电磁阀处于闭合位置，压力油无法到达换挡执行机构。其中电磁阀N88控制1挡/5挡的换挡油压，电磁阀N89控制3挡/空挡的换挡油压，电磁阀N90控制2挡/6挡的换挡油压，电磁阀N91控制4挡/倒车挡的换挡油压
多路转换控制阀N92	该阀位于机械电子单元的电液控制单元内，也是开/关型阀，用于控制液压控制单元内的多路转换器。电磁阀接通，可以选择2挡、4挡、6挡。电磁阀断开，可以选择1挡、3挡、5挡和倒挡
调压阀N233和N371	调压阀N233和N371位于机械电子单元的液压模块内，是占空比阀，用于控制机械电子单元阀箱内的安全滑阀。当变速器部分出现与安全有关的故障时，安全滑阀使该部分内的液压压力与系统隔开

3. 液压控制系统

液压控制系统以 ATF 为介质，主要的功用是根据需求调整液压系统压力，并对双离合器和换挡调节器进行控制，对离合器冷却控制，为整个齿轮机构提供可靠的冷却和润滑。

整个液压控制系统的组成如图 8-37 所示，主要由变速器油、供油装置、冷却装置、过滤装置、电液控制装置和油路组成。

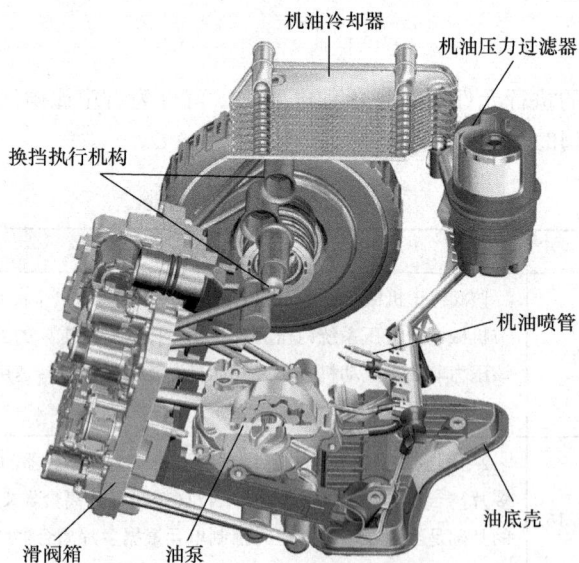

图 8-37　液压控制系统组成

（1）变速器油

变速器油是变速器中的传力介质，用于驱动离合器和换挡执行元件工作，并承担着润滑和冷却整个系统的重要作用。

变速器油必须满足以下要求。

① 确保离合器的调节和液压控制。

② 整个温度范围内黏度稳定。

③ 可以抵抗高的机械压力，能承受高机械负荷。

④ 不起泡沫。

（2）供油装置

油泵是供油装置的主要部件，油泵的作用是为整个系统提供压力油，该变速器采用的是月牙形内啮合齿轮泵，其结构和工作原理如图 8-38 所示。油泵由油泵轴驱动，油泵轴位于输入轴 1 和输入轴 2 的内部，由发动机飞轮驱动，以发动机转速运转，其最大输出量 100L/min，最大供油压力为 20MPa。

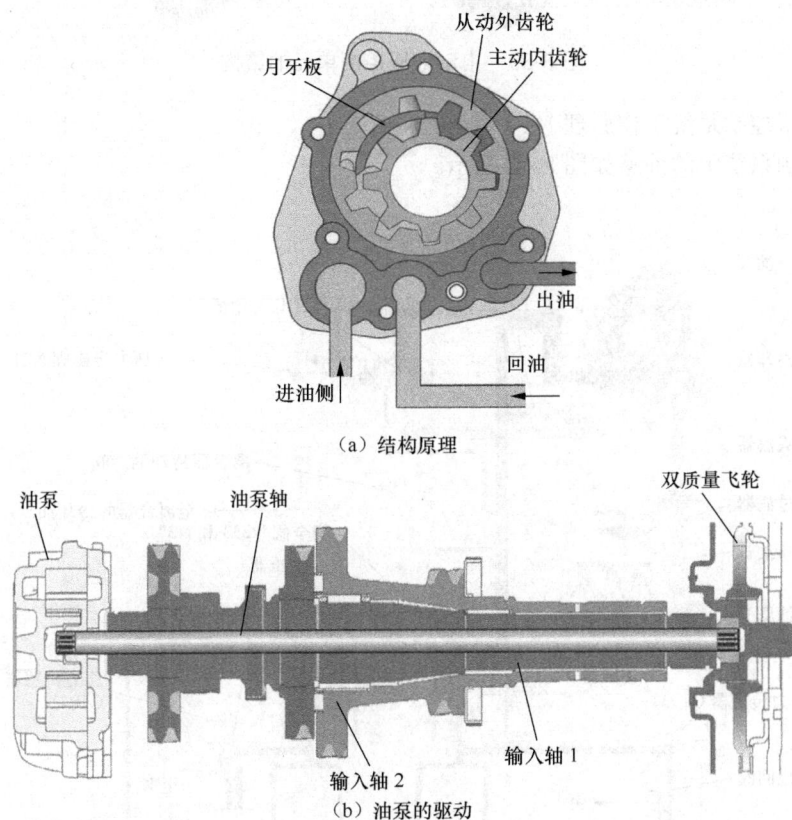

（a）结构原理

（b）油泵的驱动

图 8-38　油泵结构及工作原理

（3）冷却装置

变速器油冷却装置安装在发动机冷却系统里，由发动机冷却液进行冷却，可将油温冷却到 135℃以下，以保证变速器正常工作。

（4）电动液压控制单元

电动液压控制单元如图 8-39 所示，其上装有电磁阀、压力调节阀、各种液压滑阀、多路转换阀、卸压阀和印刷电路板等，主要作用是通过压力调节阀和换挡滑阀来控制 2 个离合器和挡位调节器中自动变速器油的流量和压力，以实现平稳换挡。

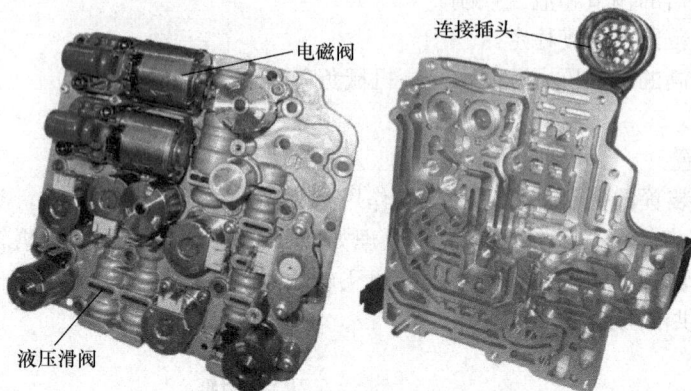

图 8-39　电动液压控制单元的结构

（5）液压控制系统工作原理

液压控制系统中的油路如图 8-40 所示。

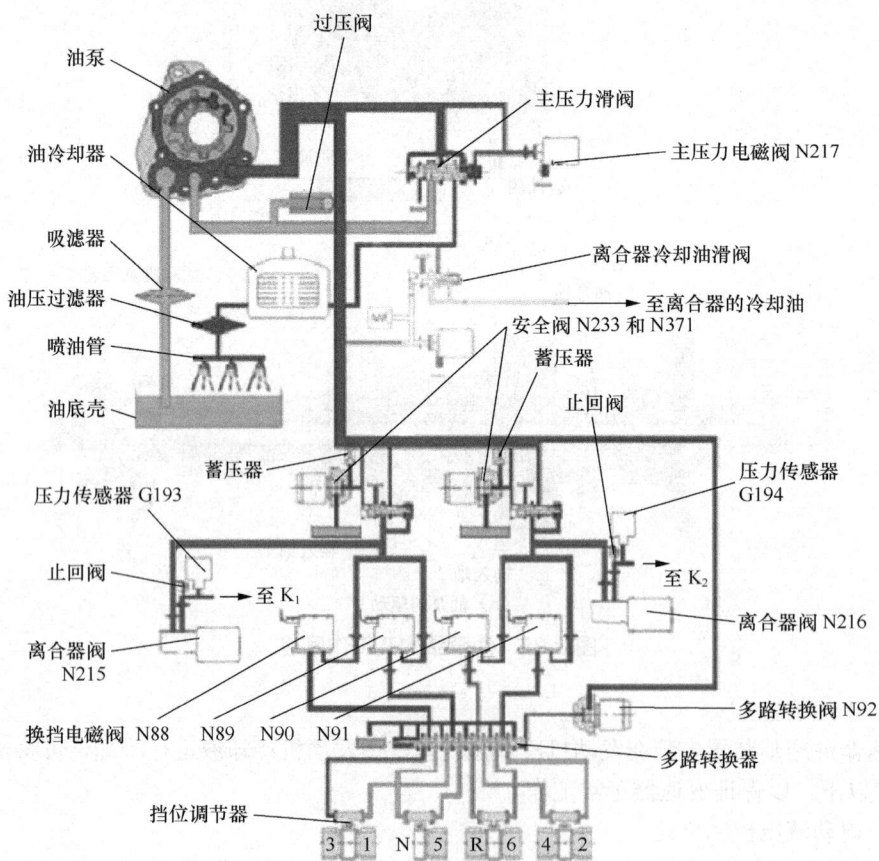

图 8-40　液压控制系统油路

机油泵经吸滤器从油底壳中吸入机油，并将机油加压后输送到主压力滑阀，主压力滑阀下有一油道，机油通过该油道回流至机油泵吸油侧。主压力滑阀由压力调节阀 N217 控制，用于调节变速器系统液压油的工作压力。

提示

经主压力滑阀的油路分为 2 条：一条将机油送到机油冷却器，再经滤清器流回油底壳，另一条将机油送至离合器冷却机油滑阀，对离合器进行冷却。

经调节后的工作油压直接被送往安全阀，并经安全阀送至离合器阀和换挡电磁阀，进行离合器控制和换挡控制。当离合器的实际工作压力超过规定值时，安全阀就会切断离合器的工作油路，使其迅速脱开，以保护离合器。送至换挡电磁阀的液压油再经过多路转换器来控制换挡调节器节的工作状况，以实现挡位的切换，多路转换器由多路转换阀 N92 进行控制。

（6）离合器工作控制

离合器工作控制包括离合器的接合 / 分离控制、离合器压力控制、离合器过载保护控制和离合器安全切断控制，离合器控制油路如图 8-41 所示。

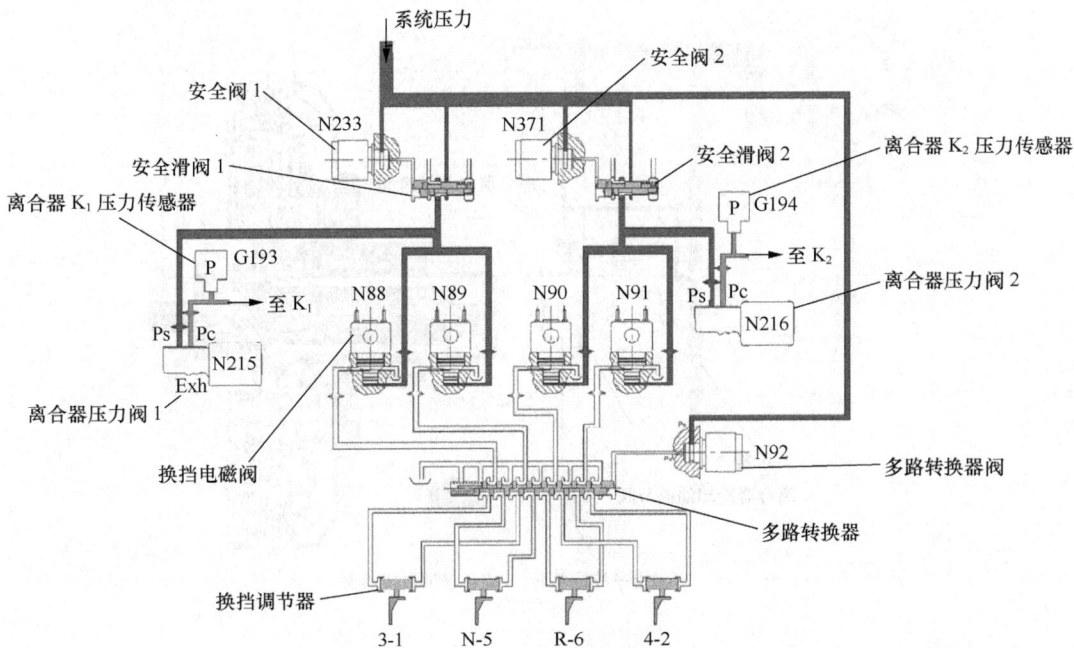

图 8-41　离合器控制油路

离合器的接合 / 分离和压力控制主要通过离合器压力调节阀进行，离合器压力调节阀可以调节通往离合器液压油的压力和流量，从而控制其接合 / 分离及接合程度。

离合器安全切断控制主要由安全滑阀和安全阀进行，当液压压力传感器和温度传感器检测到压力和温度高于规定值时，控制单元通过控制安全阀来控制安全滑阀，切断通往离合器的液压油通路，以保护变速器。

提示

离合器过载保护是控制单元通过检测离合器的滑转率、传递的扭矩和变速器的油温等信号，一旦发现离合器过载，控制单元便控制减小发动机的输出扭矩，同时通过增加对离合器的冷却以对离合器进行保护。

（7）离合器冷却润滑控制

离合器内部的机械摩擦会导致离合器温度上升，为防止离合器过热，必须对其进行冷却，液压控制系统设有单独的离合器冷却油路，如图 8-42 所示。冷却油路由离合器冷却油调节阀 N218 及离合器冷却油滑阀进行控制。控制单元根据多片离合器油温传感器 G509 测得的油温来控制离合器冷却油调节阀 N218，从而提高或降低离合器冷却油滑阀处的油压，冷却油滑阀再根据油压打开或关闭至多片离合器的油道。冷却油最大流量为 20L/min，冷却油最大压力为 200kPa。

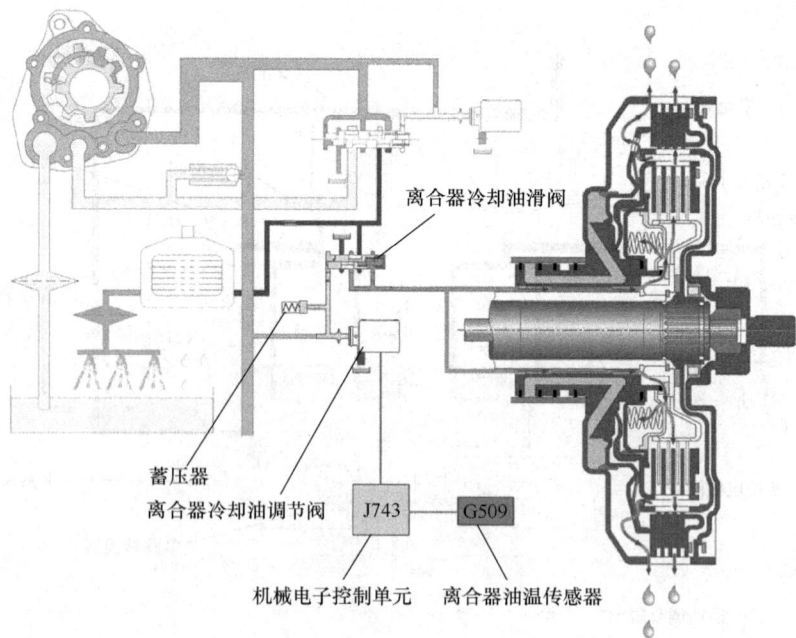

图 8-42　离合器冷却润滑控制油路

（8）换挡机构控制

与手动变速器一样，DSG 变速器挡位变换也是通过拨叉来实现的，一个拨叉控制 2 个挡位，但与手动变速器的操作方式不同，拨叉的动作是通过液压方式驱动的，液压通过驱动换挡调节器来驱动拨叉动作换入相应的挡位，其结构和工作原理如图 8-43 所示。

换挡时，控制单元将压力油引入换挡调节器的一侧，而另一侧无压力，换挡拨叉在压力的作用下移动到无压力侧，从而挂上相应的挡位，一旦挂入挡位，通过换挡齿轮的倒角和换挡拨叉的锁止机构将挡位保持在该位置。

每个拨叉上都有拨叉位置传感器，用于识别换挡拨叉的准确位置。

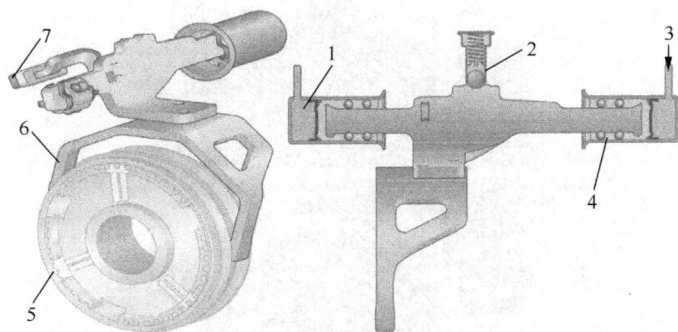

图 8-43　换挡执行机构的结构

1—液压缸活塞；2—锁紧套；3—来自机械电子控制单元的压力油；4—液压缸；5—接合套；
6—换挡拨叉；7—行程传感器

4.各挡动力传递路线

（1）1 挡动力的传递路线

1 挡动力的传递路线如图 8-44 所示。

发动机动力经离合器 K_1 →输入轴 1 →输入轴 1 上的 1 挡齿轮→输出轴 1 上的 1 挡齿轮→ 1 挡 /3 挡接合套→输出轴 1 →输出轴 1 上的输出齿轮→差速器。

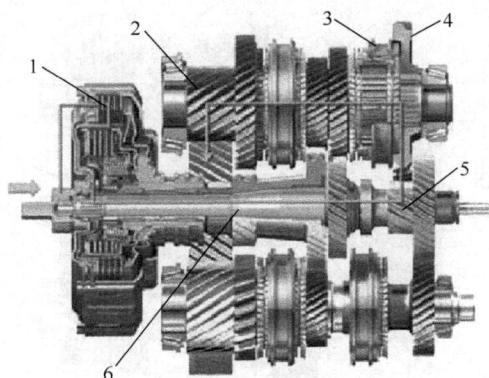

图 8-44　1 挡动力传递路线

1—离合器K_1；2—输出轴1上的输出齿轮；3—1挡/3挡接合套；4—输出轴1上的1挡齿轮；
5—输入轴1上的1挡、倒挡齿轮；6—输入轴1

（2）2挡动力的传递路线

2挡动力的传递路线如图8-45所示。

发动机动力经离合器K_2→输入轴2→输入轴2上的2挡齿轮→输出轴1上的2挡齿轮→2挡、4挡接合套→输出轴1→输出轴1上的输出齿轮→差速器。

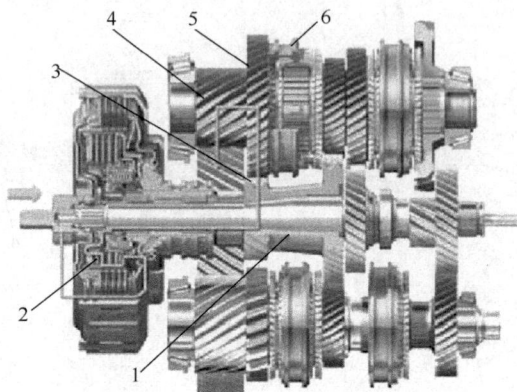

图8-45　2挡动力传递路线

1—输入轴2；2—离合器K_2；3—输入轴2上的2挡齿轮；4—输出轴2上的输出齿轮；

5—输出轴2上的2挡齿轮；6—2挡、4挡接合套

（3）3挡动力的传递路线

3挡动力的传递路线如图8-46所示。

发动机动力经离合器K_1→输入轴1→输入轴1上的3挡齿轮→输出轴1上的3挡齿轮→1挡、3挡接合套→输出轴1→输出轴1上的输出齿轮→差速器。

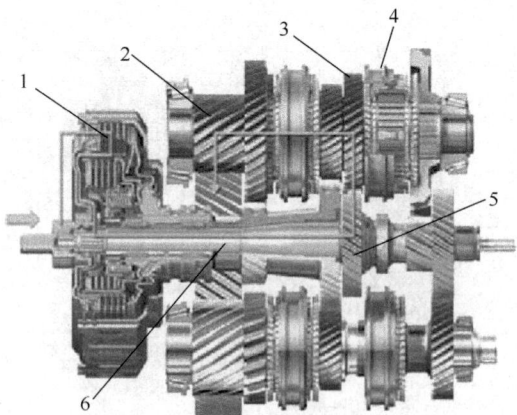

图8-46　3挡动力传递路线

1—离合器K_1；2—输出轴1上的输出齿轮；3—输出轴1上的3挡齿轮；4—1挡、3挡接合套；

5—输入轴1上的3挡齿轮；6—输入轴1

（4）4挡动力的传递路线

4挡动力的传递路线如图8-47所示。

发动机动力经离合器K_2→输入轴2→输入轴2上的2挡齿轮→输出轴1上的2挡齿轮→2挡、4挡接合套→输出轴1→输出轴1上的输出齿轮→差速器。

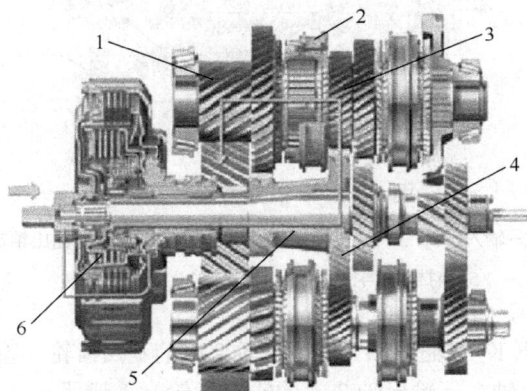

图8-47　4挡动力传递路线

1—输出轴1上的输出齿轮；2—2挡、4挡接合套；3—输出轴2上的4挡齿轮；
4—输入轴1上的4挡、6挡齿轮；5—输入轴2；6—离合器K_2

（5）5挡动力的传递路线

5挡动力的传递路线如图8-48所示。

发动机动力经离合器K_1→输入轴1→输入轴1上的5挡齿轮→输出轴2上的5挡齿轮→5挡接合套→输出轴2→输出轴2上的输出齿轮→差速器。

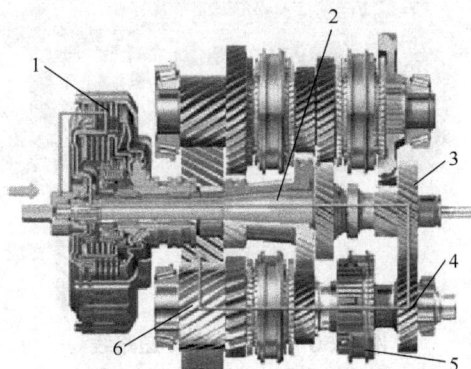

图8-48　5挡动力传递路线

1—离合器K_1；2—输入轴1；3—输入轴1上的5挡齿轮；4—输出轴2上的5挡齿轮；
5—5挡接合套；6—输出轴2上的输出齿轮

（6）6挡动力的传递路线

6挡动力的传递路线如图8-49所示。

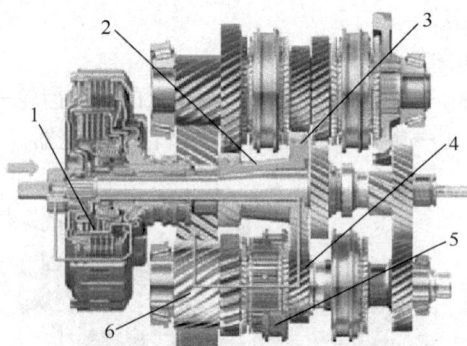

图 8-49　6 挡动力传递路线

1—离合器K₂；2—输入轴2；3—输入轴2上的4挡、6挡齿轮；4—输出轴2上的6挡齿轮；
5—4挡、6挡拨叉；6—输出轴2上的输出齿轮

发动机动力经离合器 K₂→输入轴 2→输入轴 2 上的 6 挡齿轮→输出轴 2 上的 6 挡齿轮→6 挡、倒挡接合套→输出轴 2→输出轴 2 上的输出齿轮→差速器。

（7）倒挡动力的传递路线

倒挡动力的传递路线如图 8-50 所示。

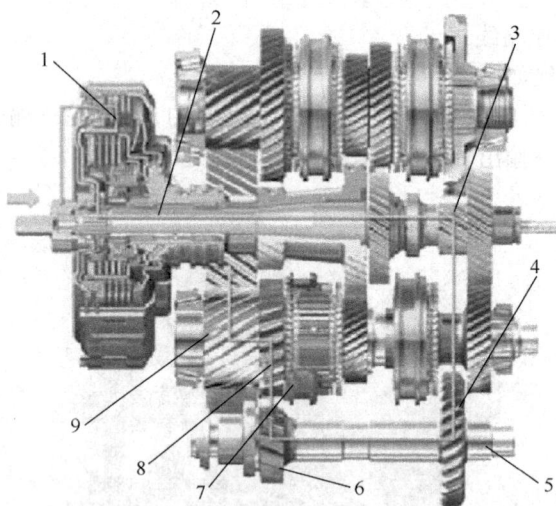

图 8-50　倒挡动力传递路线

1—离合器K₁；2—输入轴1；3—输入轴1上的1挡、倒挡齿轮；4—倒挡轴上的倒挡齿轮1；5—倒挡轴；
6—倒挡轴上的倒挡齿轮2挡、7—倒挡、6挡接合套；8—输出轴2上的倒挡齿轮；9—输出轴2上的输出齿轮

发动机动力经离合器 K₁→输入轴 1→输入轴 1 上的倒挡齿轮→倒挡轴上的倒挡齿轮 1→倒挡轴→倒挡轴上的倒挡齿轮 2→输出轴 2 上的倒挡齿轮→6 挡、倒挡接合套→输出轴 2→输出轴 2 上的输出齿轮→差速器。

（8）P挡

换挡杆移动到"P"位时，驻车锁接合，制动爪卡入驻车锁齿轮的轮齿内，驻车锁结构如图8-51所示。

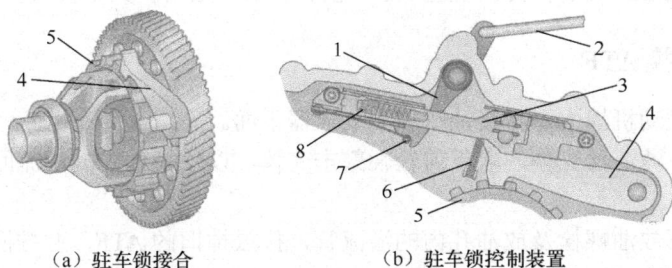

（a）驻车锁接合　　　　（b）驻车锁控制装置

图8-51　驻车锁结构

1—连杆；2—连接至换挡杆的拉线；3—滑板；4—止动爪；5—驻车锁齿轮；6—弹簧2；7—锁止弹簧；8—弹簧1

如果驻车锁接合，止动爪卡入驻车锁齿轮的一个齿内，弹簧1拉紧，锁止弹簧卡入连杆内并使止动爪保持不动，如果车辆开始移动，就会通过松开弹簧1将止动爪推到驻车锁齿轮上的下一个空隙处。

换挡杆移出"P"位时，驻车锁松开。滑板向右后侧退回到其初始位置，弹簧2将止动爪从驻车锁齿轮的空隙中推出。

·········☐ **任务实施** ☐·········

维修注意事项如下。

发动机运转时，应将换挡杆挂入"P"位，并拉紧驻车制动器后方可对车辆进行维修，以防发生事故。

当需要对装有电控双离合器自动变速器的车辆进行牵引时，应将驱动轮支起离开地面，以免损坏变速器。

不允许用超声波清洗装置来清洁液压控制单元和电子控制单元。

需要对自动变速器进行解体修复时，一定注意零件的装配标记，并注意保护零件及管路的清洁，否则会影响自动变速器的性能。

操作一 **检查ATF**

检查的前提条件如下。

① 变速器不允许处于运转状态。

② 车辆必须处于水平位置。

③ 连接故障诊断仪V.A.S 5051。

④ 发动机必须处于怠速运转，必须关掉空调和暖风。

⑤ 开始检查前，ATF的温度不允许超过30℃。

步骤一　用故障诊断仪V.A.S 5051读取ATF温度，注意使变速器油温在30～35℃时进行操作。

步骤二 起动发动机，使发动机处于怠速运转。

步骤三 踩下制动器，在所有挡位（P、R、N、D）上停留一遍，并且在每一个位置上发动机怠速运转约 2s，最后将换挡杆置于"P"位。

步骤四 通过油面高度检查孔检查 ATF 是否有 ATF 溢出，如果没有，应添加 ATF。

操作二 更换 ATF

步骤一 将发动机熄火，将接油盘放到变速器下面。

步骤二 拧下滤清器壳体，取下前轻轻敲击壳体，以使壳体内的油流回变速箱，更换滤芯后拧紧壳体。

步骤三 拧下放油螺栓及放油孔内的溢流管，排放掉旧的 ATF，并拧回溢流管。

步骤四 将 ATF 专用加注器连接到加注口，加注 ATF，并接上 V.A.S 5051，阅读变速器油温。

步骤五 起动发动机，踩下制动踏板，试挂所有挡位，每个挡位停留 2s，最后将换挡杆置入"P"位。

步骤六 当变速器油温达到 35 ～ 45℃时，检查是否有 ATF 从检查孔流出，当变速器油开始滴出时，拧上放油螺栓，加注完成。

□ 维修实例 □

大众迈腾轿车起步时偶尔会出现加油发动机空转不走车的现象

（1）故障现象

一辆大众迈腾轿车，装备 DSG 双离合器自动变速器，车主反映，该车起步时偶尔会出现加油发动机空转不走车的现象，在等待交通信号灯之后起步时有时故障会出现，有时在正常行驶中加速时出现，故障出现得没有规律，出现故障时仪表上的挡位指示灯全部变红且闪烁报警。

（2）故障原因

离合器油温传感器有故障。

（3）故障诊断与排除

①首先使用故障诊断仪 V.A.S 5051 进行自诊断，无故障码存储。

②结合该车的故障现象，判断可能的原因有变速器离合器进行了保护性切断，或离合器本身有机械故障。

③通过读取数据流 02-08-64 组 1 区提供的对离合器切断数据的监控，发现离合器切断动力传递次数为 52 次，而正常值应为 0，这显然说明离合器进行了保护性切断。

④根据离合器保护切断的原因分析为离合器油温传感器有故障，通过读取油温传感器数据，发现离合器油温传感器 G509 信号有异常。

⑤更换离合器油温传感器 G509 后，反复路试，故障现象消失，故障排除。

小 结

本项目主要介绍了自动变速器的液力变矩器、齿轮变速机构和液压控制机构的结构及检修方面的相关知识，介绍了自动变速器的初步检查和性能试验，介绍了无级变速器和电控双离合器自动变速器相关的结构与维修方面的知识，并对几种自动变速器常见故障进行了分析。

练习思考题

1. 自动变速器的基本组成及各部分的功用有哪些？
2. 液力变矩器的结构、功用及工作原理是怎样的？
3. 说明单排行星齿轮机构的组成、连接关系和运动规律。
4. 照图说明典型 4 挡辛普森式行星齿轮变速器各挡动力传递路线。
5. 如何检修、调整离合器和制动器？
6. 照图说明 4 挡拉维挪行星齿轮变速器各挡的动力传递路线。
7. 简述自动变速器在不同工况时对油压的要求。
8. 简述自动变速器信号输入装置的组成及功用。
9. 简述自动变速器电子控制单元的功能。
10. 如何检测开关式电磁阀和占空比式电磁阀？
11. 如何读取、清除 01N 自动变速器的故障码？
12. 简述自动变速器油质的检查方法。
13. 如何判断锁止离合器的工作情况？
14. 简述失速试验的操作方法，并对试验结果进行分析。
15. 分析自动变速器打滑的故障现象及原因。
16. 简述无级变速器的特点。
17. 简述 01J 无级变速器的基本组成及各部分的作用。
18. 照图说明 01J 无级变速器动力传递过程。
19. 简述 01J 无级变速器速比变换的控制过程。
20. 简述 01J 无级变速器接触压力的控制过程。
21. 简述电控双离合器自动变速器的基本组成及工作过程。
22. 简述电控双离合器自动变速器的结构特点。
23. 电控双离合器自动变速器的电子控制单元具有哪些功能？
24. 电控双离合器自动变速器的液压控制系统具有哪些功能？
25. 照图说明电控双离合器自动变速器各挡位传递路线。

项目九
自动变速器故障诊断与检查调整

□ 学习目标 □

（1）熟悉自动变速器故障诊断的基本原则。
（2）熟悉自动变速器故障诊断的流程。
（3）熟悉自动变速器常见故障诊断。
（4）熟悉自动变速器的基本检查。
（5）熟悉自动变速器的性能试验。

□ 案例引入 □

　　一辆丰田卡罗拉轿车，装配 U340E 型自动变速器，行驶里程为 13.3 万千米。驾驶员反映该车在当节气门全开时，最高车速只能达到 100km/h，车速不能再提升。

　　为了对该车自动变速器进行维修，应熟悉自动变速器的故障诊断流程、基本检查和性能试验等方面的知识。

□ 相关知识 □

一、自动变速器故障诊断的基本原则

① 诊断、检修时要遵循由简入繁、由表及里的原则。
② 要根据厂家推荐的程序进行。
③ 拆卸自动变速器时应先清洗外部。
④ 更换新的离合器片或制动器片等应在装配前放入 ATF 中浸泡 15min 以上。
⑤ 液压件及油路应用同型号的 ATF 清洗，油路用压缩空气吹通，不能用抹布擦拭。
⑥ 零部件装配时应涂抹 ATF。
⑦ 分解时应将零部件按原顺序放好。

二、自动变速器故障诊断的流程

自动变速器故障诊断的一般流程如图 9-1 所示。

确认客户报修的故障 （第1步）

初步检查和调整 确认车型配置 （第2步）

必要的测试及分析 （第3步）

自诊断	道路试验	油压测试	失速试验	时滞试验	手动换挡试验	油路图分析	传动路线分析

（第4步）

机械故障

拆解检查 寻找故障

修理、分总 成装配

分总成压力试验， 阀体清洁、修理

总成装配

总成压力和 泄漏试验

泄漏　　良好

电子故障

线路及插头	传感器	ECU	CAN
测量	测量	测量与数据比较	测量线路及输入输出阻抗
更换修理	替换试验	替换试验	更换修理
	更换调整	更换	

基本设定（coding）

偶发性故障

捕捉—利用行车记录、分析故障码和数据晃动试验人工制造条件重现故障

测量

更换修理

症状诊断分析

查找故障原因

测量

更换修理

路试验车 （第5步）

换挡点	换挡品质	换挡模式切换功能	强制降挡功能	TCC锁止功能	系统油压	变速器油温	运转噪声

不成功

确认维修成功 交车，回访

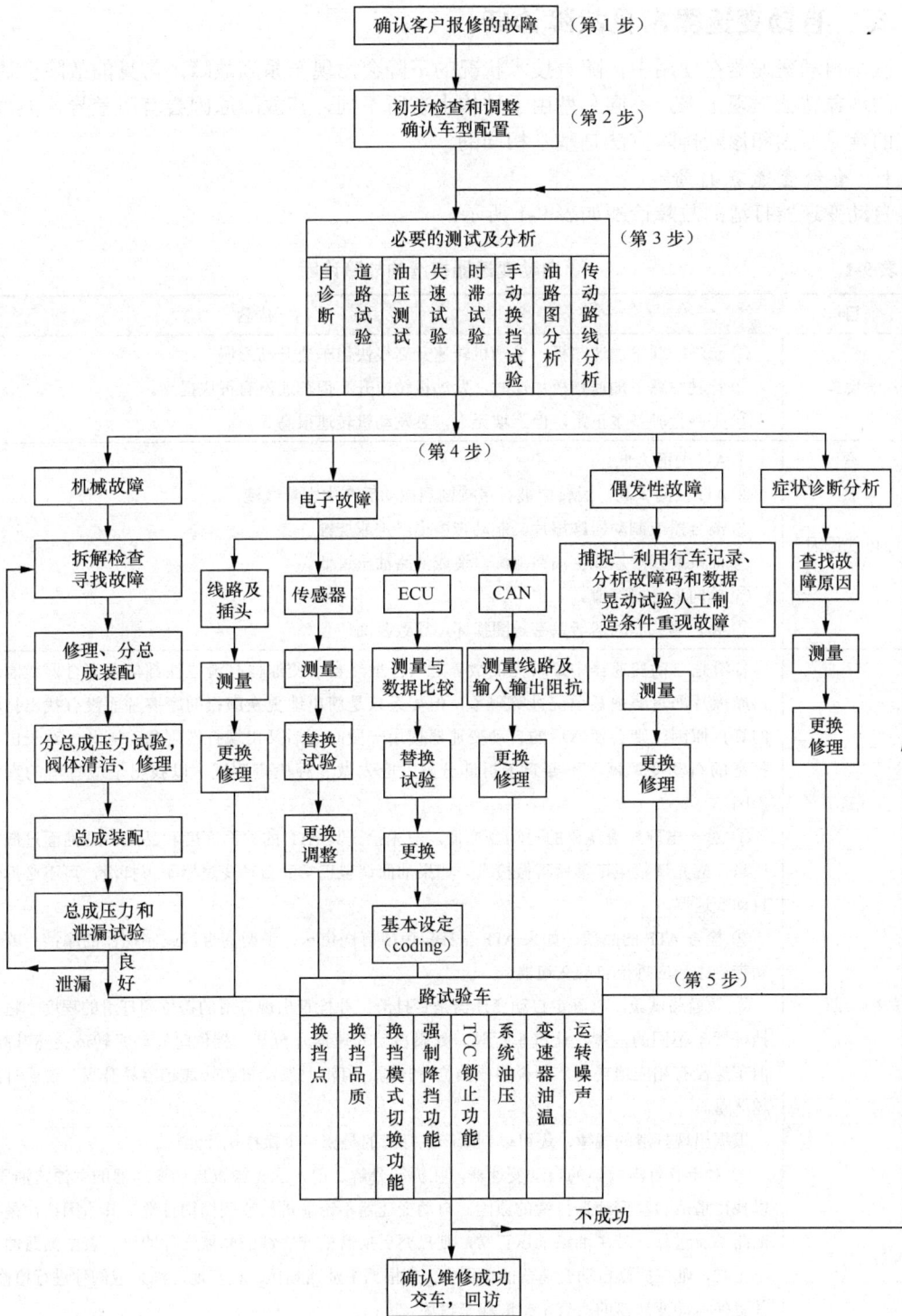

图 9-1 自动变速器故障诊断的一般流程

三、自动变速器常见故障诊断

汽车自动变速器在使用中，随着技术状况的下降会出现一系列故障，常见的故障会通过一定的现象特征表现出来，不同车型由于结构上有所不同，其故障原因会有所差异，但故障产生的常见原因和诊断排除方法是基本相同的。

1. 自动变速器打滑

自动变速器打滑的故障诊断如表 9-1 所示。

表 9-1 自动变速器打滑的故障诊断

项目	内容
故障现象	① 起步时踩下加速踏板，发动机转速升高很快但车速升高缓慢。 ② 行驶中踩下加速踏板加速时，发动机转速升高但车速没有很快提高。 ③ 平路行驶基本正常，但上坡无力，且发动机转速很高
故障可能原因	① ATF油面太低。 ② ATF油面太高，运转中被行星排剧烈搅动后产生大量气泡。 ③ 离合器或制动器摩擦片、制动带磨损严重或烧蚀。 ④ 油泵磨损严重或主油路泄漏，造成油路油压过低。 ⑤ 单向离合器打滑。 ⑥ 离合器或制动器活塞密封圈损坏，导致漏油
故障诊断	打滑是自动变速器中最常见的故障之一，虽然自动变速器打滑往往都伴有离合器或制动器摩擦片严重磨损甚至烧蚀等现象，但如果只是简单地更换磨损的摩擦片而没有找出打滑的真正原因，则会使修后的自动变速器使用一段时间后又出现打滑现象。因此，对于出现打滑的自动变速器，不要急于拆卸分解，应先做各种检查测试，以找出造成打滑的真正原因。 ① 对于出现打滑现象的自动变速器，应先检查其ATF的油面高度和品质。若油面过低或过高，应先调整至正常后再做检查。如果油面调整正常后自动变速器不再打滑，可不必拆修自动变速器。 ② 检查 ATF 的品质。如果 ATF 呈棕黑色或有烧焦味，说明离合器或制动器的摩擦片或制动带烧蚀，应拆检自动变速器。 ③ 做道路试验，以确定自动变速器是否打滑，并检查出现打滑的挡位和打滑的程度。将换挡杆置于不同的位置，让汽车行驶。如果自动变速器升至某一挡位时发动机转速突然升高，但车速没有相应地提高，即说明该挡位有打滑。打滑时发动机的转速越容易升高，说明打滑越严重。 根据出现打滑的规律，还可以判断产生打滑的是哪一个换挡执行元件。 ④ 对于有打滑故障的自动变速器，在拆卸分解之前，应先检查自动变速器的主油路油压，以找出造成自动变速器打滑的原因。自动变速器不论前进挡或倒挡均打滑，其原因往往是主油路油压过低。若主油路油压正常，则只要更换磨损或烧蚀的摩擦元件即可。若主油路油压不正常，则在拆修自动变速器的过程中，应根据主油路油压，相应地对油泵或阀体进行检修，并更换自动变速器的所有密封圈和密封环。 自动变速器打滑的故障诊断程序如图 9-2 所示

续表

项目	内容
故障诊断	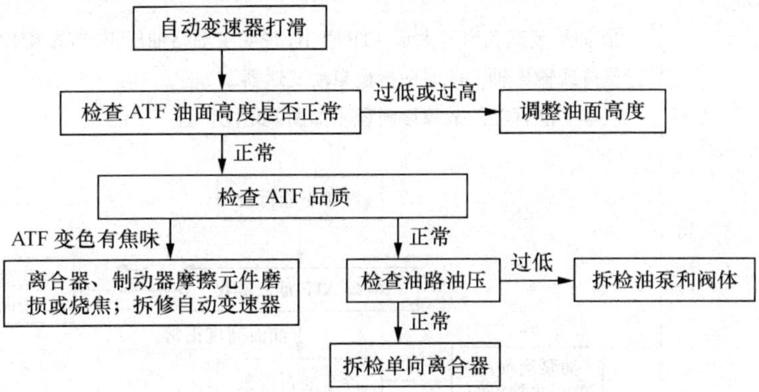 图9-2 自动变速器打滑的故障诊断程序

2. 汽车不能行驶

汽车不能行驶的故障诊断如表9-2所示。

表9-2 汽车不能行驶的故障诊断

项目	内容
故障现象	① 换挡杆置于任何动力挡（"D"位、"R"位、"2"位、"L"位），汽车都不能行驶； ② 冷车起动后汽车能行驶一小段路程，但热车状态下汽车不能行驶
故障可能原因	① 自动变速器油底壳漏油，ATF全部漏光。 ② 换挡杆和手动阀之间的连接松脱，手动阀保持在空挡位置。 ③ 油泵进油滤网堵塞。 ④ 主油路严重泄漏。 ⑤ 油泵损坏
故障诊断	① 检查自动变速器内有无ATF。其方法是：拔出自动变速器的油尺，观察油尺上有无ATF。如果油尺上没有ATF，说明自动变速器内的ATF已漏光。此时应进行自动变速器的漏油检查。 ② 检查自动变速器换挡杆与手动阀之间是否松脱。如果松脱，应予以装复，并重新调整好换挡杆的位置。 ③ 拆下主油路测试孔上的螺塞，起动发动机，将换挡杆置于"D"位或"R"位，检查测试孔内有无ATF流出。 ④ 如果主油路测试孔内没有ATF流出，应打开油底壳，检查手动阀是否工作正常。如果手动阀工作正常，则说明油泵损坏。此时应拆卸分解自动变速器，更换油泵总成。 ⑤ 如果主油路测压孔内只有少量ATF流出，油压很低或基本上没有油压，应打开油底壳，检查油泵进油滤网是否堵塞。如无堵塞，说明油泵损坏或主油路严重泄漏。此时应拆卸分解自动变速器，予以修理。 ⑥ 如果冷车起动时主油路有一定的油压，但热车后油压明显下降，说明油泵磨损严重。此时应更换油泵总成。

续表

项目	内容
故障诊断	⑦ 如果测试孔内有大量 ATF 喷出，说明主油路油压正常，故障出在自动变速器中的输入轴、行星排或输出轴。此时应拆检自动变速器。 汽车不能行驶的故障诊断程序如图9-3所示 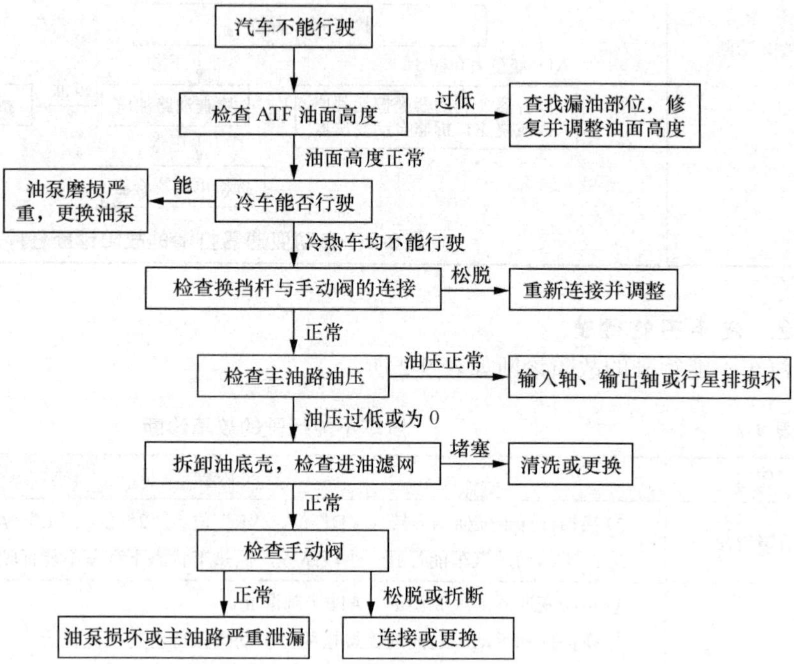 图 9-3　汽车不能行驶的故障诊断程序

3. 换挡冲击过大

换挡冲击过大的故障诊断如表 9-3 所示。

表 9-3　　　　　　　　　　　　换挡冲击过大的故障诊断

项目	内容
故障现象	① 在起步时，换挡杆由 "P" 位或 "N" 位置于 "D" 位或 "R" 位时，汽车振动较严重。 ② 行驶中，在自动变速器升挡的瞬间汽车有较明显的闯动
故障可能原因	导致自动变速器换挡冲击大的故障原因很多，主要原因在于调整不当，机构元件性能下降或损坏，电子控制系统有故障，具体原因如下。 ① 发动机怠速转速过高。 ② 节气门拉索或节气门位置传感器调整不当。

续表

项目	内容
故障可能原因	③升挡过迟。 ④真空式节气门阀的真空软管破裂或松脱。 ⑤主调压阀有故障，使主油压过高。 ⑥蓄能器活塞卡住，不起作用。 ⑦单向阀钢球漏装，换挡执行元件接合过快。 ⑧换挡执行元件打滑。 ⑨油压电磁阀不工作。 ⑩ECU有故障
故障诊断	由于引起换挡冲击的原因较多，因此，在诊断故障的过程中，必须循序渐进，对自动变速器的各个部分做认真检查。一定要在全面检测的基础上，有针对性地进行分解修理，切不可盲目地拆修。总体而言，若是由于调整不当所造成的，只要稍做调整即可排除；若是自动变速器内部控制阀、蓄能器或换挡执行元件有故障，应分解自动变速器，予以修理；若是电子控制系统有故障，应对电子控制系统进行检测，找出具体原因，加以排除。具体检查诊断与排除步骤如下。 　　①检查发动机怠速转速。装用自动变速器汽车的发动机怠速转速一般为750r/min左右。如果怠速过高，应按标准予以调整。 　　②检查节气门拉索或节气门位置传感器的调整情况。如果不符合标准，应重新予以调整。 　　③检查真空式节气门阀的真空软管。如有破裂，应更换；如有松脱，应重新连接。 　　④做道路试验。如果有升挡过迟的现象，则说明换挡冲击大的故障是升挡过迟所致。如果在升挡之前发动机转速异常升高，导致在升挡的瞬间有较大的换挡冲击，则说明离合器或制动器打滑，应分解自动变速器，予以修理。 　　⑤检测主油压。如果怠速时的主油压高，则说明主调压阀或节气门阀有故障，可能是调压弹簧的预紧力过大或阀芯卡滞所致；如果怠速时主油压正常，但起步挂挡时有较大的冲击，则说明前进挡离合器或倒挡及高速挡离合器的单向阀球阀损坏或漏装。此时应拆卸阀板，予以修理。 　　⑥检测换挡时的主油压。在正常情况下，换挡时的主油压会有瞬时的下降。如果换挡时主油压没有下降，则说明蓄能器活塞卡滞。此时应拆检阀板和蓄能器。 　　⑦电控自动变速器如果出现换挡冲击过大的故障，应检查油压电磁阀的线路以及油压电磁阀工作是否正常、ECU是否在换挡的瞬间向油压电磁阀发出控制信号。如果线路有故障，应予以修复；如果电磁阀损坏，应更换电磁阀；如果ECU在换挡的瞬间没有向油压电磁阀发出控制信号，说明ECU有故障，应更换ECU。 　　自动变速器换挡冲击大的故障诊断与排障程序如图9-4所示

项目	内容
故障诊断	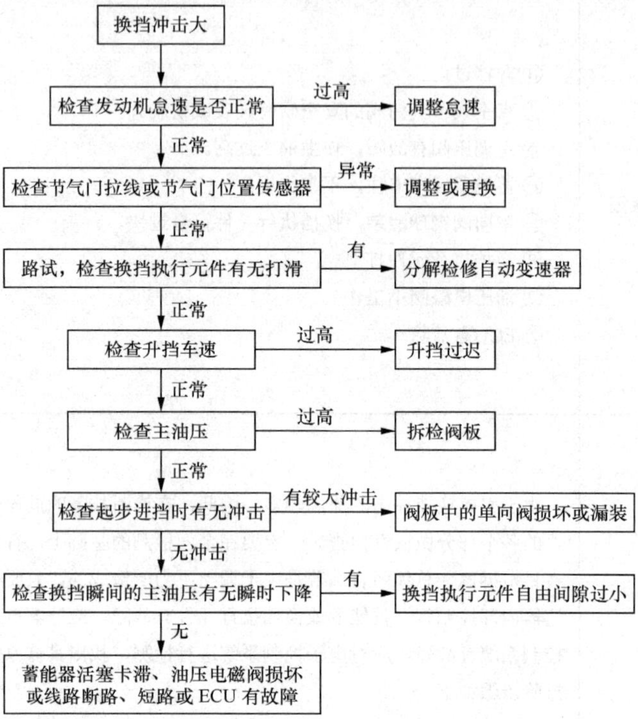 图 9-4　自动变速器换挡冲击大的故障诊断与排障程序

4. 升挡过迟

升挡过迟的故障诊断如表 9-4 所示。

表 9-4　　　　　　　　　　　　升挡过迟的故障诊断

项目	内容
故障现象	① 在汽车行驶中，升挡车速明显高于标准值，升挡前发动机转速偏高。 ② 须采用"松节气门"提前升挡的操作方法，才能使自动变速器升入高速挡或超速挡
故障可能原因	① 节气门拉索或节气门位置传感器调整不当。 ② 节气门位置传感器损坏。 ③ 速控阀卡滞。 ④ 速控阀弹簧预紧力过大。 ⑤ 速控阀壳体螺栓松动或速控阀进出油孔处的密封环磨损，导致速控阀漏油。 ⑥ 真空式节气门阀椎杆调整不当。 ⑦ 真空式节气门阀的真空软管破裂或真空膜片室漏气。 ⑧ 主油压或节气门油压太高。 ⑨ 强制降挡开关短路。 ⑩ ECU或传感器有故障

项目	内容
故障诊断	① 对于电控自动变速器，应先进行故障自诊断，如果有故障码则按故障码的提示查找故障原因。 ② 检查节气门拉索或节气门位置传感器的调整情况。如果不符合标准，应重新进行调整。 ③ 测量节气门位置传感器的电阻。如果不符合标准，应予以更换。 ④ 对于采用真空式节气门阀的自动变速器，应拔下真空式节气门阀上的真空软管，检查在发动机运转时真空软管内有无吸力。如果没有吸力，说明真空软管破裂、松脱或堵塞。此时应予以修复。 ⑤ 检查强制降挡开关。如果短路，应予以修复或更换。 ⑥ 测量怠速时的主油压，并与标准值进行比较。如果油压太高，应通过节气门拉索或节气门位置传感器予以调整。采用真空式节气门阀的自动变速器，应采用减少节气门阀推杆的长度的方法，予以调整。如果调整无效，应拆检主调压阀或节气门阀。 ⑦ 用举升器将汽车升起，让驱动轮悬空，然后起动发动机，挂上前进挡，让自动变速器运转，同时测量速控阀油压。速控阀油压应能随车速的升高而增大。如果油压值低于标准值，说明速控阀有故障或速控阀油路有泄漏。此时应拆卸自动变速器，检查速控阀固定螺栓有无松动、速控阀油路上的各处密封圈或密封环有无磨损漏油、速控阀阀芯有无卡滞或磨损严重、速控阀弹簧是否太硬。 ⑧ 如果速控阀油压正常，则升挡过迟的故障原因为换挡阀工作不良。此时应拆检、更换阀板。 自动变速器升挡过迟的故障诊断程序如图9-5所示 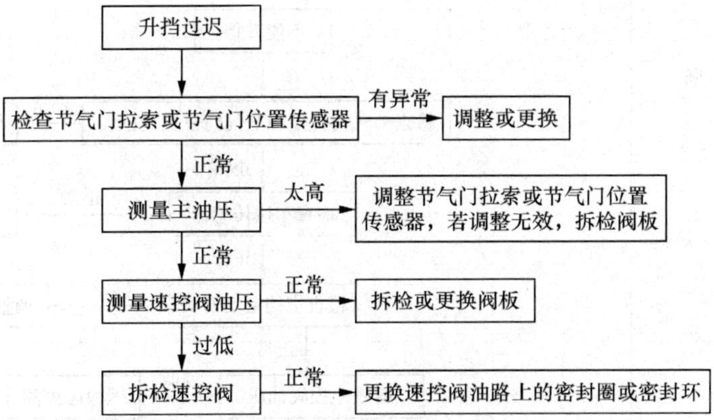 图 9-5 自动变速器升挡过迟的故障诊断程序

5. 不能升挡

不能升挡的故障诊断如表 9-5 所示。

表 9-5   不能升挡的故障诊断

项目	内容
故障现象	① 汽车行驶中自动变速器始终保持在1挡，不能升入2挡和高速挡。 ② 行驶中自动变速器可以升入2挡，但不能升入3挡和超速挡
故障可能原因	① 节气门拉索或节气门位置传感器调整不当。 ② 速控阀有故障。 ③ 速控阀油路严重泄漏。 ④ 车速传感器有故障。 ⑤ 2挡制动器或高速挡离合器有故障。 ⑥ 换挡阀卡滞。 ⑦ 空挡起动开关有故障
故障诊断	① 对于电控自动变速器，应先进行故障自诊断。影响换挡控制的传感器有节气门位置传感器、车速传感器等。按故障码的提示查找故障原因。 ② 按标准重新调整节气门拉索或节气门位置传感器。 ③ 检查车速传感器。如有损坏，应予以更换。 ④ 检查空挡起动开关。如有异常，应予以调整或更换。 ⑤ 测量速控阀油压。如果车速升高后，速控阀油压仍为零或很低，说明速控阀有故障或速控阀油路严重泄漏。此时应拆检速控阀。 ⑥ 用压缩空气检查速控阀油路有无泄漏。如有泄漏，应更换密封圈或密封环。 ⑦ 如果速控阀油压正常，应拆卸阀板。检修各个换挡阀。 ⑧ 人工控制系统无故障，应分解自动变速器，检查各个换挡执行元件有无打滑现象，用压缩空气检查各个离合器、制动器油路或活塞有无泄漏。 自动变速器不能升挡的故障诊断程序如图9-6所示 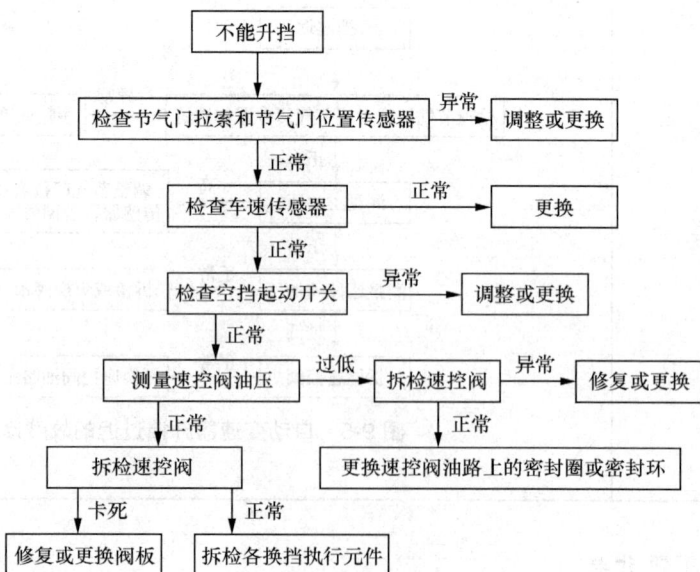 图 9-6　自动变速器不能升挡的故障诊断程序

6. 无前进挡

无前进挡的故障诊断如表 9-6 所示。

表 9-6　　　　　　　　　　　无前进挡的故障诊断

项目	内容
故障现象	① 汽车倒挡行驶正常，在前进挡时不能行驶。 ② 换挡杆在"D"位时不能起步，在"2"位、"L"位时可以起步
故障可能原因	① 前进挡离合器严重打滑。 ② 前进挡单向离合器打滑或装反。 ③ 前进挡离合器油路严重泄漏。 ④ 换挡杆调整不当
故障诊断	① 检查换挡杆的调整情况。如果异常，应按规定程序重新调整。 ② 测量前进挡主油压。如果油压过低，说明主油路严重泄漏，应拆检自动变速器，更换前进挡油路上各处的密封圈和密封环。 ③ 如果前进挡主油压正常，应拆检前进挡离合器。如果摩擦材料磨损严重或烧蚀，应更换摩擦片。 ④ 如果主油压和前进挡离合器都正常，应拆检前进挡单向离合器，检查是否装反及打滑。如果装反，应重新安装；如有打滑，应更换新件。 自动变速器无前进挡的故障诊断程序如图9-7所示 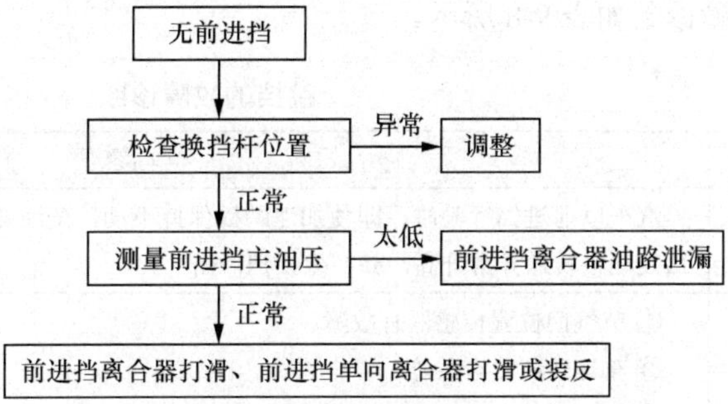 **图 9-7　自动变速器无前进挡的故障诊断程序**

7. 无倒挡

无倒挡的故障诊断如表 9-7 所示。

表 9-7　　　　　　　　　　　无倒挡的故障诊断

项目	内容
故障现象	汽车在前进挡能正常行驶，但在倒挡不能行驶
故障可能原因	① 换挡杆调整不当。 ② 倒挡油路泄漏。 ③ 倒挡及高速挡离合器或低速挡及倒挡制动器打滑

项目	内容
故障诊断	① 检查换挡杆的位置。如有异常，应按规定程序重新调整。 ② 检查倒挡油路油压。如果油压过低，则说明倒挡油路泄漏。此时应拆检自动变速器，予以修复。 ③ 如果倒挡油路油压正常，则应拆检自动变速器，更换损坏的离合器或制动器。 自动变速器无倒挡的故障诊断程序如图9-8所示 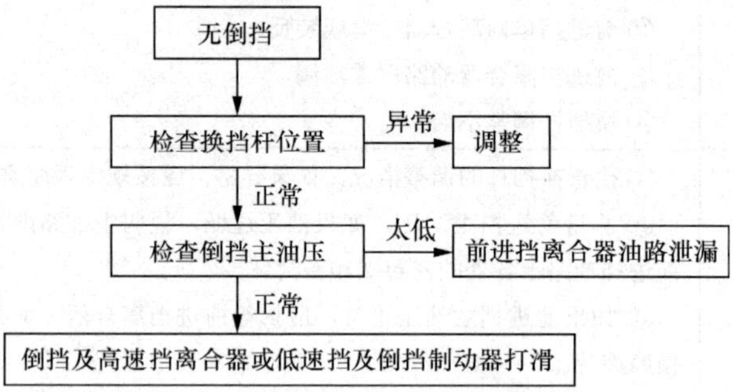 图 9-8　自动变速器无倒挡的故障诊断程序

8．跳挡

跳挡的故障诊断如表 9-8 所示。

表 9-8　　　　　　　　　　　　　　　　跳挡的故障诊断

项目	内容
故障现象	汽车以前进挡行驶时，即使加速踏板保持不动，变速器仍会经常出现突然降挡现象。降挡后发动机转速异常升高，并产生换挡冲击
故障可能原因	① 节气门位置传感器有故障。 ② 车速传感器有故障。 ③ 控制系统电路搭铁不良。 ④ 换挡电磁阀接触不良。 ⑤ ECU有故障
故障诊断	① 对于电控自动变速器，应先进行故障自诊断。如果有故障码，则按故障码的提示查找故障原因。 ② 测量节气门位置传感器。如有异常，应更换。 ③ 测量车速传感器。如有异常，应更换。 ④ 检查控制系统电路各搭铁线。如有搭铁不良现象，应予以修复。 ⑤ 拆下自动变速器油底壳,检查各个换挡电磁阀线束接头的连接情况。如有松动，应予以修复。 ⑥ 检查控制系统ECU各端子的工作电压。如有异常，应予以修复或更换。 ⑦ 更换阀板或ECU。如果故障消失，说明原阀板或 ECU 损坏。 ⑧ 更换控制系统所有线束。

续表

项目	内容
故障诊断	自动变速器跳挡的故障诊断程序如图9-9所示 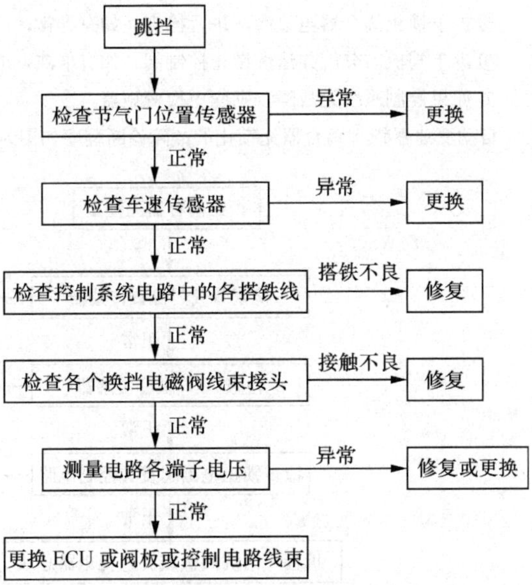 图 9-9　自动变速器跳挡的故障诊断程序

9. 锁止离合器无锁止

锁止离合器无锁止的故障诊断如表 9-9 所示。

表 9-9　　　　　　　　　　锁止离合器无锁止的故障诊断

项目	内容
故障现象	① 汽车行驶中，车速、挡位等已满足锁止离合器起作用的条件，但锁止离合器仍没有产生锁止作用。 ② 汽车油耗较大
故障可能原因	① ATF温度传感器有故障。 ② 节气门位置传感器有故障。 ③ 锁止电磁阀有故障或线路短路。 ④ 锁止控制阀有故障。 ⑤ 变矩器中的锁止离合器损坏
故障诊断	① 对于电控自动变速器，应先进行故障自诊断，检查有无故障码。如有故障码，则可按故障码的提示查找相应的故障原因。与锁止控制有关的部件包括 ATF 温度传感器、节气门位置传感器、锁止离合器电磁阀等。 ② 检查节气门位置传感器。如果在一定节气门开度下的节气门位置传感器输出电压过高或电位计电阻过大，应予以调整。如果调整无效，应更换节气门位置传感器。

项目	内容
故障诊断	③ 打开油底壳，拆下ATF温度传感器。检测ATF温度传感器，如不符合标准，应更换。 ④ 测量锁止离合器电磁阀。如有短路或断路，应检查电路。如电路正常，则应更换电磁阀。 ⑤ 拆下锁止离合器电磁阀，进行检查。如有异常，应予以更换。 ⑥ 拆下阀板。分解并清洗锁止控制阀。如有卡滞，应修复或更换阀板。 ⑦ 如果控制系统无故障，则应更换变矩器。 自动变速器锁止离合器无锁止的故障诊断程序如图9-10所示 锁止离合器无锁止 ↓ 检查节气门位置传感器 —异常→ 调整或更换 ↓正常 检查 ATF 温度传感器 —异常→ 更换 ↓正常 检查锁止电磁阀及其控制电路 —异常→ 调整或更换 ↓正常 拆检、清洗阀板或更换变矩器总成 图 9-10　自动变速器锁止离合器无锁止的故障诊断程序

·········☐ 项目实施 ☐·········

操作一 自动变速器的基本检查

自动变速器的很多常见故障是由于发动机怠速不正常，ATF 液面高度不正确、油质不良，换挡杆位置不准确等原因造成的，对这些方面的检查就是自动变速器的基本检查。

视频

自动变速器的基本检查

（1）ATF 液面高度的检查

ATF 液面高度过高会导致主油压过高，从而出现换挡冲击振动、换挡提前等故障；ATF 液面高度过高还会导致空气进入 ATF。如果 ATF 液面高度过低则又会导致主油压过低，从而出现换挡滞后、离合器和制动器打滑等故障。

ATF 油液面高度检查的具体方法、步骤如下。

步骤一 使发动机冷却液温度和 ATF 温度达到正常工作温度。

步骤二 将车辆停在水平地面，并可靠驻车。

步骤三 发动机怠速运转，将换挡杆由"P"位切换至各挡位，再退回"P"位。

步骤四 拉出变速器油尺，并将其擦拭干净。

步骤五 将油尺全部插回套管。

步骤六　再将油尺拉出，检查油面是否在"HOT"范围，如图9-11所示；如果不在，应加油。

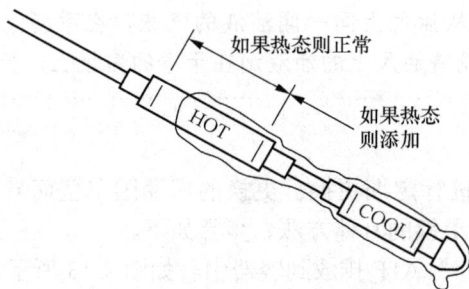

图9-11　ATF液面高度的检查

提示

一般车辆经过1万千米的行驶里程就要检查ATF液面高度。

有些车型的变速器没有提供液面检查油尺，如宝马、大众等车型。图9-12所示为大众车型自动变速器油底壳上的检查液面装置。当液面加够时，ATF会从检查口溢出。

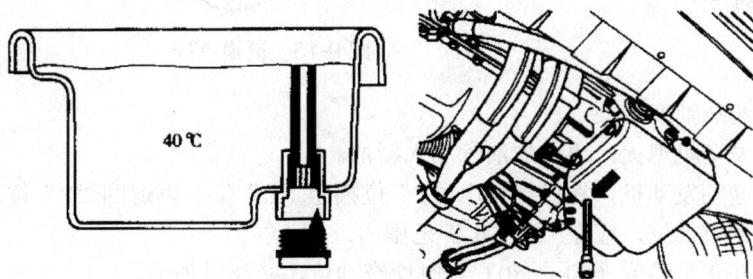

图9-12　大众自动变速器液面检查装置

（2）ATF油质的检查

从油质中可以了解自动变速器具体的损坏情况。油质的好坏主要从以下几个方面进行识别。

步骤一　观颜色：正常颜色为鲜亮、透明的红色，如果发黑则说明已经变质或有杂质，如果呈粉红色或白色则说明油冷却器进水。

步骤二　闻气味：正常的ATF没有气味，如果有焦糊味，说明ATF过热，有摩擦材料烧蚀。

步骤三　测杂质：如果ATF中有金属屑，说明有元件严重磨损或损伤；如果ATF中有胶质状油，说明ATF因油温过高或使用时间过长而变质。

检查 ATF 油质时，从油尺上闻一闻油液的气味，在手指上点少许油液，用手指互相摩擦看是否有颗粒，或将油尺上的油液滴在干净的白纸上，检查油液的颜色及气味。

（3）ATF 的更换

ATF 的要按维修要求进行定期更换，更换的周期因车型而异，一般为 2 万～ 4 万千米或 24 个月进行更换。ATF 更换的具体方法、步骤如下。

步骤一 拆下放油塞，将 ATF 排放到容器中，如图 9-13 所示。

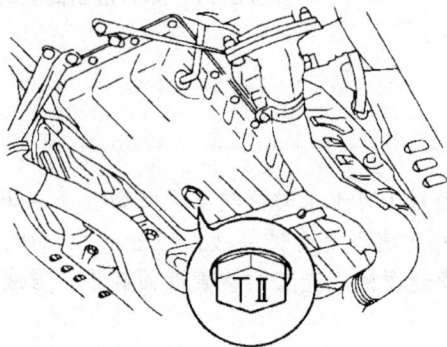

视频

自动变速器油的更换

图 9-13　更换 ATF

步骤二 将放油塞紧固上。

步骤三 发动机熄火，通过加油管加入新油。

步骤四 起动发动机，将换挡杆由"P"位换至"L"位，再退回"P"位。

步骤五 检查油位，应在"COOL"范围内。

步骤六 在正常温度（70 ～ 80℃）时检查油位，必要时加油。

要按照厂家的推荐选择 ATF。

有些自动变速器如丰田皇冠轿车 A761E 自动变速器，不采用上述的方式。加注或更换 ATF 时，先拆下注液塞和溢流塞，从注液孔处注入 ATF 直到油液从溢流孔流出即可。

（4）换挡杆位置检查和调整

将换挡杆从"N"位换到其他挡位，检查换挡杆是否能平稳而又精确地换到其他挡位。同时检查挡位指示器是否正确地指示挡位。

如果挡位指示器与正确挡位不一致，进行下述调整。

步骤一 松开换挡杆上的螺母。

步骤二 将控制轴杆向后推到位，然后将控制轴杆退回两个槽口到"N"位，如图 9-14 所示。

步骤三 将换挡杆定位在"N"位。

步骤四 稍微朝"R"位定位换挡杆，拧紧换挡杆螺母。

步骤五 起动发动机，确认换挡杆自"N"位换到"D"位时，车辆向前移动而换到"R"位时，车辆后退。

（5）空挡起动开关检查和调整

检查发动机是否仅能在换挡杆位于"N"位或"P"位时起动，在其他挡位不能起动。如果不符合要求，则应进行如下的调整，如图 9-15 所示。

步骤一 松开空挡起动开关螺栓，将换挡杆置于"N"位。

步骤二 将槽口对准空挡基准线。

步骤三 定位位置并按规定力矩拧紧螺栓。

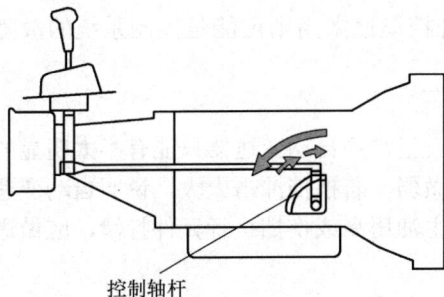

图 9-14 将控制轴杆移到"N"位

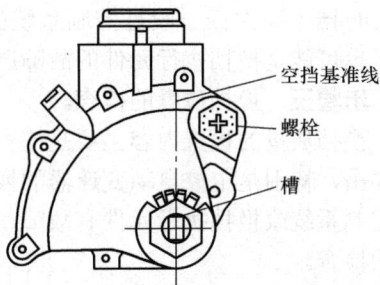

图 9-15 空挡起动开关的调整

操作二 自动变速器性能试验

自动变速器的性能试验是检测自动变速器性能好坏的有效方法，也是判断自动变速器故障诊断的有效途径，无论是在维修前还是在维修后都应进行相应的性能试验，以判断自动变速器的性能。自动变速器的性能试验包括道路试验、失速试验、油压试验、换挡迟滞试验、手动换挡试验等。

（1）道路试验

道路试验是诊断、分析自动变速器故障最有效的手段之一。此外，自动变速器在修复之后，也应进行道路试验，以检查其工作性能，检验修理质量。自动变速器的道路试验内容主要有检查换挡车速、换挡质量以及检查换挡执行元件有无打滑等。在道路试验之前，应先让汽车以中低速行驶 5～10min，让发动机和自动变速器都达到正常工作温度。在试验中，通常应将 O/D 开关置于"ON"的位置（即 O/D OFF 熄灭），并将模式选择开关置于常规模式或经济模式。道路试验的内容和方法如下。

步骤一 升挡检查。

将换挡杆置于"D"位，踩下加速踏板，使节气门保持在 50% 开度左右，让汽车起步加速，检查自动变速器的升挡情况。自动变速器在升挡时发动机会有瞬时的转速下降，同时车身有轻微的振动感。正常情况下，汽车起步后随着车速的升高，试车者应能感觉到自动变速器顺利地由 1 挡升入 2 挡，随后再由 2 挡升入 3 挡，最后升入超速挡。若自动变速器不能升入高挡（3 挡或超速挡），说明控制系统或换挡执行元件有故障。

步骤二 升挡车速的检查。

在上述升挡检查的过程中，当察觉到自动变速器升挡时，记下升挡车速。一般 4 挡自动变速器在节气门开度 50% 时由 1 挡升至 2 挡的车速为 25 ～ 35km/h，由 2 挡升至 3 挡的车速为 55 ～ 70km/h，由 3 挡升至 4 挡（超速挡）的车速为 90 ～ 120km/h。由于升挡车速和节气门开度有很大的关系，即节气门开度不同时，升挡车速也不同，而且不同车型的自动变速器各挡位传动比的大小都不相同，其升挡车速也不完全一样。因此，只要升挡车速基本保持在上述范围内，而且汽车行驶中加速良好，无明显的换挡冲击，都可认为其升挡车速基本正常。若汽车行驶中加速无力，升挡车速明显低于上述范围，说明升挡车速过低（即升挡提前）；若汽车行驶中有明显的换挡冲击，升挡车速明显高于上述范围，说明升挡车速过高（即升挡滞后）。

升挡车速太低一般是控制系统的故障所致；升挡车速太高则可能是控制系统的故障所致，也可能是换挡执行元件的故障所致。

步骤三 换挡质量的检查。

换挡质量的检查内容主要是检查有无换挡冲击。正常的自动变速器只能有不太明显的换挡冲击，特别是电控自动变速器的换挡冲击应十分微弱。若换挡冲击太大，说明自动变速器的控制系统或换挡执行元件有故障，其原因可能是主油压高或换挡执行元件打滑，应做进一步的检查。

步骤四 锁止离合器工作状况的检查。

自动变速器液力变矩器中锁止离合器的工作是否正常也可以采用道路试验的方法进行检查。试验中，让汽车加速至超速挡，以高于 80km/h 的车速行驶，并让节气门开度保持在低于 50% 的位置，使变矩器进入锁止状态。此时，快速将加速踏板踩下使节气门开度超过 85%，同时检查发动机转速的变化情况。若发动机转速没有太大的变化，说明锁止离合器处于接合状态；反之，若发动机转速升高很多，则表明锁止离合器没有接合，其原因通常是锁止控制系统有故障。

步骤五 发动机制动作用的检查。

检查自动变速器有无发动机制动作用时，应将换挡杆置于"2"位或"L"位。在汽车以 2 挡或 1 挡行驶时，突然松开加速踏板，检查是否有发动机制动作用。若松开加速踏板后车速立即随之下降，说明有发动机制动作用；否则说明控制系统或换挡执行元件有故障。

步骤六 强制降挡功能的检查。

检查自动变速器强制降挡功能时，应将换挡杆置于"D"位，保持节气门开度为 30% 左右，在以 2 挡、3 挡或超速挡行驶时突然将加速踏板完全踩到底，检查自动变速器是否被强制降低一个挡位。在强制降挡时，发动机转速会突然升至 4 000r/min 左右，并随着加速升挡，转速逐渐下降。若踩下加速踏板后没有出现强制将挡，说明强制降挡功能失效。若在强制降挡时发动机转速升高反常，达 5 000r/min，并在升挡时出现换挡冲击，则说明换挡执行元件打滑，应拆修自动变速器。

（2）手动换挡试验

手动换挡试验用于判断自动变速器故障来自电控系统还是机械系统。手动换挡试验是将电控自动变速器所有换挡电磁阀的线束插接器全部脱开，此时 ECU 不能控制换挡，自动变速器的挡位取决于操纵手柄位置。不同车型电控自动变速器在脱开换挡电磁阀插接器后的挡位的操纵手柄的关系不同。丰田汽车的各种电子控制自动变速器在脱开换挡电磁阀线束插接器后的挡位和操纵手柄关系如表 9-10 所示。

表 9-10　　　　　　　　　　　　手动换挡试验

换挡杆位置	D	2	L	R	P
挡位	4挡	3挡	1挡	倒挡	锁定棘轮

试验步骤如下。

步骤一　脱开电控自动变速器所有换挡电磁阀的线束连接器。

步骤二　起动发动机，将操纵手柄拨至不同位置，然后做道路试验。

步骤三　观察发动机转速和车速的对应关系，以判断自动变速器所处的挡位。不同挡位时发动机转速与车速的关系可参照表 9-11。

表 9-11　　　　　　　　　不同挡位时发动机转速与车速的关系

挡位	发动机转速/（r/min）	车速/（km/h）
1挡	2 000	18～22
2挡	2 000	34～38
3挡	2 000	50～55
O/D挡	2 000	70～75

步骤四　不同挡位的发动机转速与车速与标准值相比较，如果出现异常，说明故障在机械系统。

步骤五　试验结束后插上换挡电磁阀连接器，清除故障码。

（3）失速试验

在前进挡或倒挡中，踩住制动踏板并完全踩下加速踏板时，发动机处于最大扭矩工况，而此时自动变速器的输出轴及输入轴均静止不动，变矩器的涡轮不动，只有变矩器壳及泵轮随发动机一同转动，此工况称为失速工况，此时发动机的转速称为失速转速。失速试验用于检查发动机输出功率、变矩器及自动变速器中制动器和离合器等换挡执行元件的工作是否正常。

① 准备工作

步骤一　让汽车行驶至发动机和自动变速器均达到正常工作温度。

步骤二　检查汽车的脚制动和驻车制动，确认其性能良好。

步骤三　检查自动变速器液压油高度，应正常。

② 试验步骤

自动变速器失速试验的步骤示意图如图 9-16 所示，一般流程如图 9-17 所示。

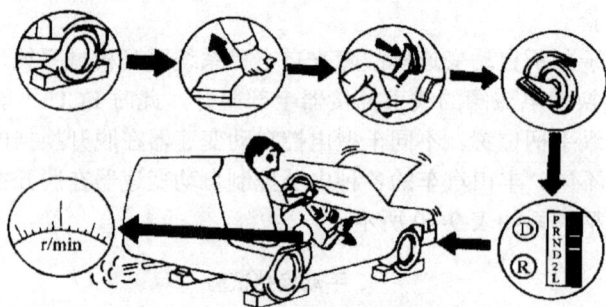

图 9-16　失速试验的步骤示意图

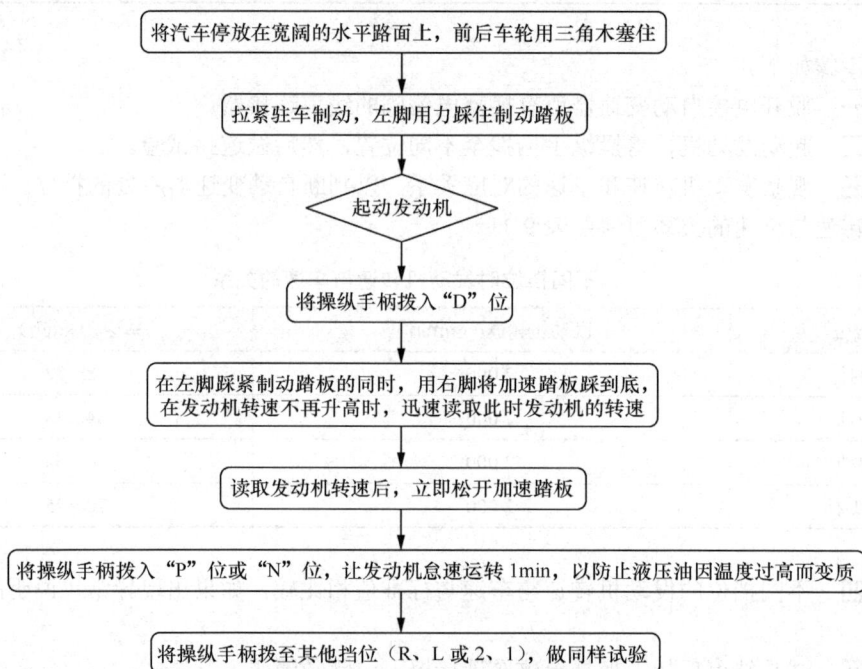

将汽车停放在宽阔的水平路面上，前后车轮用三角木塞住

拉紧驻车制动，左脚用力踩住制动踏板

起动发动机

将操纵手柄拨入"D"位

在左脚踩紧制动踏板的同时，用右脚将加速踏板踩到底，在发动机转速不再升高时，迅速读取此时发动机的转速

读取发动机转速后，立即松开加速踏板

将操纵手柄拨入"P"位或"N"位，让发动机怠速运转 1min，以防止液压油因温度过高而变质

将操纵手柄拨至其他挡位（R、L 或 2、1），做同样试验

图 9-17　失速试验一般流程

③ 注意事项

a. 在正常工作温度下进行该试验（50 ～ 80℃）。

b. 该试验连续进行不得超过 5s。

c. 在每一个挡位试验完成后，不要立即进行下一个挡位的试验，要等油温下降后再进行。

d. 试验后不要立即熄火，让发动机怠速运转几分钟，以便使液压油温度降至正常。

e. 为保证安全，请在宽阔水平地面上进行。这种地面可提供附着力。

f. 失速试验应两人共同完成。一人应观察车轮情况，另一人应同时进行试验。

g. 如果在发动机转速达到规定失速转速之前，后轮开始转动，应放松加速踏板停止试验。

④ 试验结果分析

将测得的失速转速与标准数值进行比较，若失速转速与标准值相符，说明自动变速器的油泵、主油路油压及各个换挡执行元件工作基本正常；若失速转速高于标准值，说明主油路油压过低或换挡执行元件打滑；若失速转速低于标准值，则可能是发动机动力不足或液力变矩器有故障。例如，当液力变矩器中的导轮单向离合器打滑时，液力变矩器在液力耦合工况下工作，其变矩比下降，从而使发动机的负荷增大，转速下降。不同挡位失速转速不正常的原因如表 9-12 所示。

表 9-12　　　　　　　　　　　　　　　失速转速不正常的原因

操纵手柄位置	失速转速	故障原因
所有位置	过高	主油路油压过低 前进挡和倒挡的转换执行元件打滑 低挡及倒挡制动器打滑
	过低	发动机动力不足 变矩器导轮的单向离合器打滑
"D"位	过高	前进挡油路油压过低 前进离合器打滑
"R"位	过高	倒挡油路油压过低 倒挡及高速挡离合器打滑

（4）换挡迟滞试验

在发动机怠速运转时将操纵手柄从"N"位拨至"D"位或"R"位后，需要一段时间的迟滞或延时才能使自动变速器完成换挡工作，这一时间称为自动变速器换挡迟滞时间。根据迟滞时间的长短可判断主油路油压及换挡执行元件的工作是否正常。迟滞时间的大小取决于自动变速器油路油压、油路密封情况以及离合器和制动器的磨损情况。

① 试验步骤

自动变速器换挡迟滞试验的步骤示意图如图 9-18 所示，一般流程如图 9-19 所示。

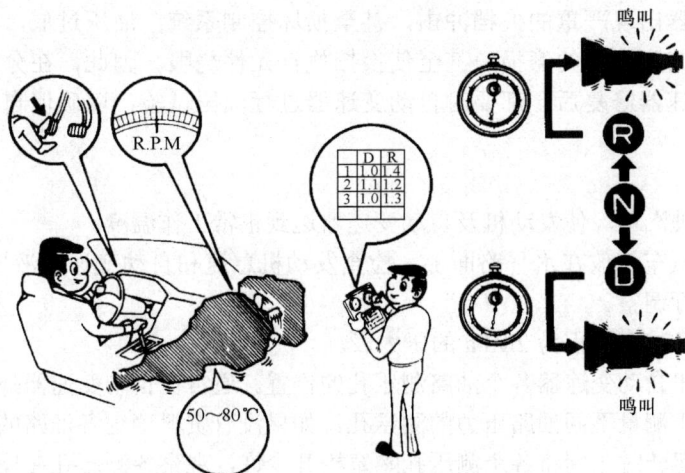

图 9-18　换挡迟滞试验的步骤示意图

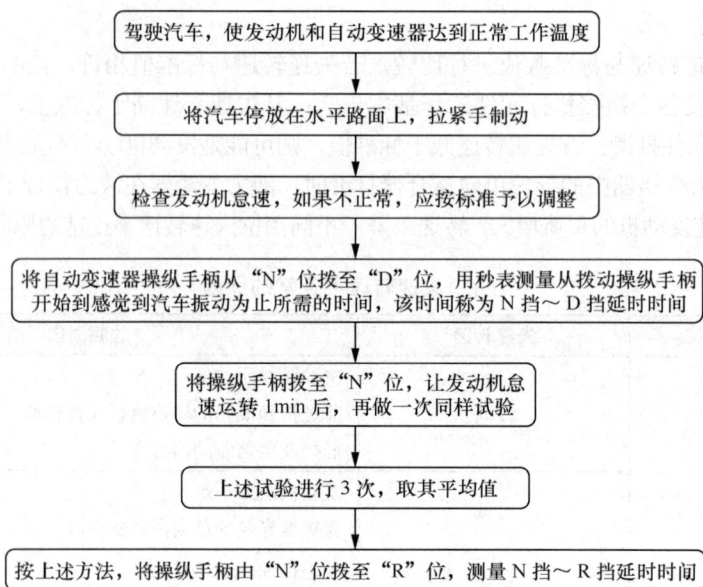

图 9-19　换挡迟滞试验一般流程

② 试验结果分析

大部自动变速器 N 挡～D 挡延时时间小于 1.0～1.2s，N 挡～R 挡延时时间小于 1.2～1.5s。若 N 挡～D 挡延时时间过长，说明油路油压过低，前进离合器摩擦片磨损过多或前进挡单向离合器工作不良；若 N 挡～R 挡延时时间过长，说明倒挡主油路油压过低、倒挡离合器或倒挡制动器磨损过大或工作不良。

（5）油压试验

油压试验是在自动变速器工作时，通过测量液压控制系统各油路的压力来判断各元件的功能是否正常，目的是检查液压控制系统各管路及元件是否漏油及各元件（如液力变矩器、蓄压器等）是否工作正常，判别故障是在自动变速器机械系统还是在液压系统。油压过高，使自动变速器出现严重的换挡冲击，甚至损坏控制系统；油压过低，会造成换挡执行元件打滑，加剧其摩擦片的磨损，甚至使换挡执行元件烧毁。因此，在分解修理自动变速器之前和自动变速器修复后，都要对自动变速器进行油压试验，以确保自动变速器的维修质量。

① 试验准备

步骤一　行驶汽车，使发动机及自动变速器达到正常工作温度。

步骤二　将汽车停放在水平路面上，检查发动机怠速和自动变速器液压油的液面高度。如不正常，应进行调整。

步骤三　准备一个量程为 2MPa 的压力表。

步骤四　找出自动变速器各个油路测压孔的位置。通常在自动变速器外壳上有几个用方头螺塞堵住的用于测量不同油路压力的测压孔。如果没有资料确定各油路的测压孔，可举升车辆，在发动机运转时分别将各个测压孔螺塞松开少许，观察各测压孔在操纵手柄位于不同挡位时是否有压力油流出，以此判断各油路测压孔的位置。

操纵手柄位于前进挡或倒挡时都有压力油流出，为主油路测压孔。

操纵手柄位于前进挡时才有压力油流出，为前进挡油路测压孔。

操纵手柄位于倒挡时才有压力油流出，为倒挡油路测压孔。

操纵手柄位于前进挡，并且在驱动轮转动后才有压力油流出，为调速器油路测压孔。

② 试验步骤

油压试验的步骤示意图如图 9-20 所示。

图 9-20　油压试验的步骤示意图

步骤一　前进挡主油路油压的测试。前进挡主油路油压的测试一般流程如图 9-21 所示。

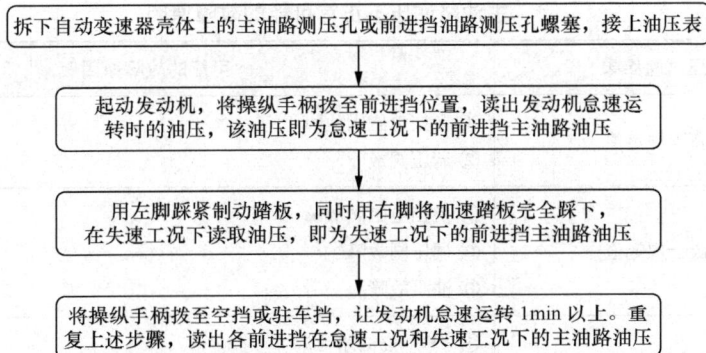

图 9-21　前进挡主油路油压的测试一般流程

步骤二　倒挡主油路油压测试。倒挡主油路油压的测试一般流程如图 9-22 所示。

```
拆下自动变速器壳体上的主油路测压孔或倒挡油路测压孔螺塞，接上油压表
```
↓
```
起动发动机，将操纵手柄拨至倒挡位置，读出发动机怠速
运转时的油压，该油压即为怠速工况下的倒挡主油路油压
```
↓
```
用左脚踩紧制动踏板，同时用右脚将加速踏板完全踩下，
在失速工况下读取油压，即为失速工况下的倒挡主油路油压
```
↓
```
将操纵手柄拨至空挡或驻车挡，让发动机怠速运转
1min 以上，将测得的主油路油压与标准值进行比较
```

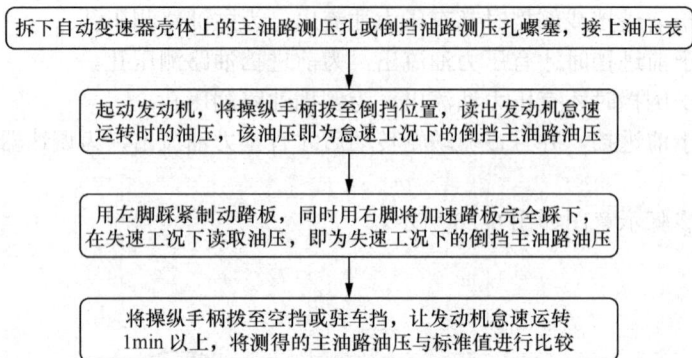

图 9-22　前进挡主油路油压的测试一般流程

丰田 A341E 型自动变速器的主油压值如表 9-13 所示。

表 9-13　　　　　　　　　丰田 A341E 型自动变速器的主油压值　　　　　　单位：kPa

"D" 位		"R" 位	
怠速	失速	怠速	失速
363～422	902～1147	500～598	1 236～1 589

如果测得的油压未达到规定值，重新检查节气门拉索的调整情况并重复做油压测试。

③ 试验结果分析

不同车型自动变速器的主油路油压不完全相同。若主油路油压不正常，说明油泵或控制系统有故障，可能的故障原因如表 9-14 所示。

表 9-14　　　　　　　　主油路油压不正常可能的故障原因

主油路油压试验结果	可能的故障原因
在任何范围油压均高于规定值	① 换挡电磁阀故障 ② 调压阀故障
在任何范围油压均低于规定值	① 换挡电磁阀故障 ② 调压阀故障 ③ 油泵故障
只在 "D" 位油压低	① "D" 位油路泄漏 ② 前进挡离合器故障
只在 "R" 位油压低	① "R" 位油路泄漏 ② 直接挡离合器故障 ③ 倒挡制动器故障

□ 维修实例 □

丰田卡罗拉轿车最高车速只能达到100km/h

（1）故障现象

一辆丰田卡罗拉轿车，装配 U340E 自动变速器，行驶里程为 13.3 万千米。驾驶员反映该车在当节气门全开时，最高车速只能达到 100km/h，车速不能再提升。

（2）故障原因

直接挡离合器内活塞上的密封环严重磨损。

（3）故障诊断与排除

① 先将点火开关转到点火挡，观察仪表板上的自动变速器故障指示灯不亮，也无故障码，因而初步判断故障在自动变速器内部。

② 使发动机和自动变速器达到正常工作温度，检查 ATF 液面高度和油质。油尺上 ATF 的油迹在热态（HOT）标记的范围以下，油面高度偏低；同时发现 ATF 的颜色已呈暗褐色，并且伴有烧焦气味，在油液中还有黑色固体碎粒。

③ 拆卸并分解、清洗自动变速器，发现固定超速挡太阳轮的制动器摩擦片及直接挡离合器摩擦片和个别压盘已有不同程度的烧蚀和损坏。更换制动器、离合器摩擦片和压盘后，将自动变速器装车，并按要求加注新的 ATF，起动发动机进行路试。在开始行驶的 80km 内，换挡杆在"D"位时，自动变速器可以自动从 D_3 挡换入超速（O/D）挡，并且车速能随着节气门开度的增大而加速到 120km/h。

④ 对该车继续路试发现，随着节气门开度的增大，车速不升反而逐渐开始降低了。当行驶到 20km 左右时，自动变速器不仅不能从 D_3 挡换入超速（O/D）挡，而且还从 D_3 挡降至 D_2 挡。此后，即使将加速踏板踩到底，最高车速也只能达到 110km/h。

⑤ 将车辆开回修理厂，对自动变速器进行油压试验，发现自动变速器仅在 D 挡时，油压为标准值的 1/3，显然油压过低。根据该型自动变速器的工作原理分析，D_3 挡和超速（O/D）挡各换挡元件的工作情况，判定可能是直接挡离合器油路漏油。

⑥ 对自动变速器再次分解检查，发现直接挡离合器内活塞上的密封环磨损严重，故障原因终于找到。由于该密封环磨损而漏油，油压降低，使活塞作用在离合器摩擦片上的压紧力降低，从而导致直接挡离合器摩擦片在传递动力时打滑，造成在超速（O/D）挡和 D_3 挡时车速降低，且加不上速。

⑦更换直接挡离合器内活塞密封环，并将轻度烧蚀的摩擦片修理后装复自动变速器，再次上路试车，该车行驶正常，故障消失。

通过本例故障诊断，说明在排除自动变速器故障时，应依照科学合理的故障诊断流程进行，对自动变速器不能盲目分解。在拆解自动变速器之前，应做一些基本的性能试验，如失速试验、油压试验，这样就可以缩小故障范围，找到故障根源，避免出现本例中的返工现象。制动器、离合器摩擦片有烧蚀的现象，重要的是查找出烧蚀摩擦片的原因，如果只是简单地更换烧损的摩擦片和压盘，装车后行驶不久，故障还会再次出现。必须查找故障根源，彻底排除故障。

小 结

1. 对自动变速器进行故障诊断时，应熟知自动变速器故障诊断基本原则和自动变速器故障诊断的一般流程。

2. 自动变速器常见故障有自动变速器打滑、汽车不能行驶、换挡冲击过大、升挡过迟、不能升挡、无前进挡、无倒挡、跳挡、锁止离合器无锁止等。

3. 自动变速器的性能试验是检测自动变速器性能好坏的有效方法，包括道路试验、失速试验、油压试验、延时试验、手动换挡试验等。

练习思考题

1. 自动变速器故障诊断的基本原则有哪些？
2. 自动变速器故障诊断的一般流程是怎样的？
3. 怎样检查 ATF 液面高度？
4. 怎样检查 ATF 油质？
5. 如何更换 ATF？
6. 自动变速器的性能试验有何功用？自动变速器的性能试验包括哪些内容？

参考文献

[1] 张红伟 . 汽车自动变速器实训 [M]. 北京：高等教育出版社，2007.

[2] 刘步丰，王树立 . 汽车自动变速器及其检修 [M]. 北京：人民邮电出版社，2009.

[3] 林晨 . 桑塔纳 2000 GSi-AT/GSi/GLi/GLS 轿车维修手册 [M]. 北京：机械工业出版社，2002.

[4] 杨智勇，刘柱 . 自动变速器维修就这么简单 [M]. 北京：机械工业出版社，2015.

[5] 田夏 . 桑塔纳 2000 俊杰轿车使用与维修手册 [M]. 北京：机械工业出版社，2004.

[6] 贺展开 . 汽车维修工实训教程（上）[M]. 北京：机械工业出版社，2005.

[7] 余云龙，程继学，沃森 . 汽车拆卸与装配 [M]. 北京：机械工业出版社，2001.

[8] 幺居标 . 汽车底盘构造与维修 [M]. 北京：机械工业出版社，2012.

[9] 李培军 . 汽车底盘电控技术 [M]. 2 版 . 北京：人民邮电出版社，2015.

[10] 李京申，刘波 . 自动变速器 [M]. 北京：教育科学出版社，2003.